모두 아픈 학교, 공동체로 회복하기

모두 아픈 학교, 공동체로 회복하기

초판 1쇄 인쇄 2024년 10월 11일
초판 1쇄 발행 2024년 10월 26일

지은이 김성천·공후재·서용선·이슬아·이윤경·정유숙·한수현
펴낸이 김승희
펴낸곳 도서출판 살림터

기획 정광일
편집 송승호·조현주
디자인 유나의숲

인쇄·제본 (주)신화프린팅
종이 (주)명동지류

주소 서울시 양천구 목동동로 293, 2215-1호
전화 02-3141-6553
팩스 02-3141-6555

출판등록 2008년 3월 18일 제313-1990-12호
이메일 gwang80@hanmail.net
블로그 http://blog.naver.com/dkffk1020

ISBN 979-11-5930-291-6(03370)

모두 아픈 학교,
공동체로 회복하기

김성천 | 공후재 | 서용선 | 이슬아 | 이윤경 | 정유숙 | 한수현 | 지음

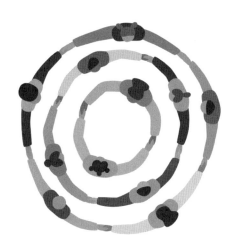

살림터

학교 공동체 회복을 위한 진단과 대안

대립과 분열에서 연대와 협력으로, 불신과 분리에서 신뢰와 소통으로, 교육의 사법화에서 공동체 회복으로, '제도 오차'에서 '제도 수정'으로, 누군가를 향한 "탓"에서 함께 "공감하고, 성찰"하기로—이 책에 담긴 핵심 메시지다. 하인리히의 법칙이 있다. 1:29:300의 법칙이라고도 한다. 어떤 대형 사고가 터지기 전에 300번의 경미한 징후와 29번의 작은 사건이 있었다는 것이다. 서이초 사건도 어찌 보면 어느 날 갑자기 터진 사건이 아니라 그 전부터 크고 작은 수많은 징후가 있었지만, 눈치채지 못했거나 애써 외면한 결과인지 모르겠다.

서이초의 비극은 하나의 원인으로 설명하기 어려운 복잡성의 영역이며, 여전히 밝혀내지 못한 진실도 많고, 앞으로 해결해야 할 과제도 적지 않다. 「학교폭력예방법」과 「아동학대처벌법」을 생각해보자. 어떤 비극적인 사건이 터졌고, 국민적 공분이 발생하면서 국회와 교육부 중심으로 제도와 정책의 창을 열었다. 하지만, 나비의 날갯짓이 미국 텍사스 지역에 토네이도를 일으킨다고 했던가? 법률 통과 이후 전혀 예상치 못한 상황이 벌어졌다. 학교폭력 가해 학생에 대한 강력한 응징 차원으로 생활기록부에 가해 사실을 기록하는 등 불이익을 주기 위한 응보적 패러다임을 점차 강화했다. 그러나 문제가 해결되기보다는 자녀의 피해를 최소화하기 위한 학부모의 방어 전략이 정교해지고 강화되었다. 행정 절차 미비와 소통 과정의 오해 등을 문제 삼고, 아동학대를 무기 삼아 민원과 소송이 증가하기 시작했다. 한마디로 학교는 몸살을 앓게 되었다. 이러한 과정에서 교사는 무기력해졌고, 상처를 입었으며, 직업적 효능감과 자부심은 사라져 버렸다. 한마디로 학교 공동체와 교권의 붕괴 현상이 나타났다.

도대체 무엇이 문제였을까? 응보적 패러다임에 입각한 각종 법률의 강화와 법화 현상의 심화, 공적 서비스 강화를 요구하면서 '우리 아이'가 아닌 '내 아이'를 중시하는 학부모의 출현, 교육부와 교육청의 취약한 교권 보호 시스템, 학교 내부의 민원과 갈등을 처리할 수 있는 체계적 시스템과 리더십의 부재, 코로나19 이후 정서·행동·학습 차원의 위기 학생 증가, 수십 년간 변화하지 않고 너무나 오랫동안 묵힌 교원 정책, 소통과 상호작용과 협력이 사라진 소위 '독박주의'의 교직 문화, 전문성과 현장성 없는 국회의원과 시·도의원들이 줄기차게 생산해 내는 법률과 조례, 교육부와 교육청이 만들어내는 면피성 각종 지침과 매뉴얼, 온갖 서류와 절차를 요구하면서 현장을 지원하지 못하는 경직된 관료 행정의 심화, 학부모와 소통하는 방법을 제대로 익히지 못한 일부 교원, 세대 특성을 반영한 젊은 학부모와 교사 간 상호작용의 갈등 양상, 교원의 정치적 기본권 박탈과 탈정치화 현상 등 돌아봐야 할 주제들이 크고 작은 독립변수 혹은 매개변수였으리라. 종속변수는 학교 공동체의 붕괴였다.

2023년 뜨거운 여름날, 많은 교사들은 왜 거리로 나갔을까? 상주(喪主)이며 당사자라는 절박한 마음으로 설명할 수 있다. 교원들의 강력한 응집에 놀란 대통령실, 교육부와 교육청, 국회에서는 전례 없이 빠르게 교권 보호를 위한 제도와 정책 개선안을 발표했다. 과연 학교에 어떤 변화가 나타났는가? 그 평가는 시간이 더 지나 봐야겠지만, 민원 처리의 체계화라든지 교권보호위원회의 교육청 이관 등 시스템 개선이 있었고, 심각하게 교권을 침해하는 일부 학부모에게 교육청이 적극적으로 대응하기 시작했다. 막무가내식 민원을 제기하던 일부 학부모들이 교사들을 대할 때 이전에 비해 조심스러워하며 한 번 더 생각하고 말하기 시작한 점도 긍정적인 변화로 볼 수 있지만, 여전히 체감할 만한 변화에 이르지 못했다는 의견도 적지 않다.

그렇다면 기존 법률을 대폭 개정하면 문제가 다 해결될까? 물론, 교육의 행정화, 입법화, 사법화의 부작용을 해소하려면 그 원인을 촉발하는 제도를 손봐야 한다. 하지만, 법화사회를 비판하면서 법률을 강화하여 문제를 해결하자는 방식도 고민해 봐야 한다. 당연히 제도와 정책 개선이 필요하지만, 이 과정에서 놓치지 말아야 할 교육과 공동체, 사람의 가치와 본질, 방향에 대해 저자들은 이야기하고 싶었다. 즉, 어떤 법이 문제이니 법을 바꾸자는 식의 접근만으로는 충분하지 않다는 것이다. 오해 마시라. 각종 규제와 법안의 문제와 대안을 저자들은 다루고 있다. 그것은 그것대로 해소하면서, 상식과 소통, 문화, 주체, 공감, 성찰의 관점에서 각 사안들을 바라보자고 한다. 교실에서 특정한 잘못된 행동을 하는 학생이 있다면, 그 심연의 본질을 간파할 수 있는 전문가로서의 안목이 필요하며, 담임 교사에게만 어려운 상황을 몰아버리는 관행에서 벗어나 동료 교원 차원, 학교 공동체 차원, 교육청 차원, 마을교육공동체 차원의 '두터운' 지원 시스템을 구축해야 한다. 동시에, 학부모와 교원은 학생의 변화와 성장이라는 공동 목표를 둔 동지적 관계라는 인식 전환이 꼭 필요하다.

그런 점에서 국회와 교육부에 모든 책임을 말하기 전에, 각자 할 수 있고 실천할 수 있는 일부터 찾아보자는 것이다. 어떤 사안이 터지면 담임 교사와 학부모, 학생 간 갈등이 직접적으로 표출되고, 민원, 소송, 교사의 소진, 휴직, 담임 부재에 따른 학생들의 충격으로 이어지는 악순환이 반복된다. 신뢰의 선순환 구조를 위한 제도, 문화, 구조, 체계, 소통의 동시 개혁이 불가피하다.

한편, 교육부나 교육청의 관점에서 학부모 정책은 변방의 정책이었으며, 교원 입장에서 학부모는 '불가근 불가원'의 존재였다. 교원도, 학생도, 학부모도 실은 함께 성장하는 존재다. 교사는 연수가 있고, 학생은 수업과 상담을 통해 성장할 수 있는데, 학부모는 체계적이고 의미 있는 배움과 소통, 성장의 장을 경험하지 못한 채 사교육의 공포 마케팅에 노출된다. 근래 들어 교육의 3주체론(학생, 학부모, 교원)을 부정하고 교사만이 교육의 분명한 주체라고 주장하는 흐름도 나타나고 있다. 우려된다. 학부모는 객체이며, 봉사와 동원 대상에 불과한 것인가? '내 아이'가 아닌 '우리 아이'를 바라보는 공적 관점을 지닌 학부모는 성숙한 분들로 볼 수 있는데, 그들이 학교와 교육의 장에서 분명한 주체로 세울 수 있는 학교와 교육청과 교육부의 실천 전략은 무엇인가? 악화가 양화를 구축하는 방식에서 어떻게 탈피할 것인가?

학생 개인이 학교에 특정 불만이 있다 해서 교장실로 막바로 들어가지는 않는다. 학급 자치와 학생회를 거쳐 시스템과 문화로 처리하듯, 학부모 역시 그래야 한다. 인간들이 살아가는 공간에서 갈등과 불만, 민원을 없앨 수는 없다. 그것을 잘 처리하는 문화와 시스템, 리더십이 중요하다. 정보가 필요하면 정보를 제공하고, 인식 변화가 필요하면 체계적인 전환 학습을 모색하고, 주체 간 이해관계가 충돌하면 설득과 조정이 불가피하다. 이런 과정에서 학교장의 리더십은 더욱 중요하다. 그러나 학교장의 리더십 발현 양상에 편차가 나타났다는 점에서, 도대체 교장의 직무와 역할은 무엇이며, 필요한 리더십을 어떻게 형성할 수 있는지에 대한 질문도 제기되고 있다.

"호미로 막을 것을 가래로 막는다"는 속담처럼, 소통을 차단하는 방식으로는 일이 커지면 커졌지 결코 작아지지는 않을 것이다. '현실 모르는 이상적인 소리를 그만두라'라는 반론도 있을 수 있다. 충분히 이해한다. 쉽지 않은 길이기 때문이다. 누적된 상처에 의한 트라우마가 존재하기 때문이다. 학부모는 일부 문제 교사를, 교사는 일부 문제 학부모를 몰아치면서, 언론이 좋아하는 극단적인 사례로 대립할 것인가? 아니, 좋은 세상을 꿈꾸는 대다수 합리적인 학부모와 교원의 연대를 통해 변화를 일구어 갈 것인가? 공공성과 공화주의의 관점을 지닌 학부모 집단의 힘이 커지면, '내 아이만 생각하는' 이기적인 학부모를 공적으로 제어할 수 있지 않을까?

저자들은 위기 상황에서도 교사와 관리자, 교사와 교사, 학부모와 학부모, 교사와 학부모의 연대와 협력으로 노출된 문제를 의미 있게 풀어간 실천 사례들을 제시했다. 미국의 위기대응 시스템도 소개하면서, 우리 상황을 조금 더 객관화하기 위해 노력했다.

저자들은 학교자치와 공동체, 대화와 소통, 상식이라는 기본기의 문제로 다시 돌아간다. 이 과정에는 서로가 서로를 이해하기 위한 노력이 있으며, 우리 선생님들이 고생하고 있고, 학부모가 우리를 지원하고 있다는 여전한 신뢰가 자리매김하고 있다. 법률과 민원에 의존하는 방식이 아닌, 거버넌스와 참여, 소통과 회복적 대화로 문제를 풀어가는 실천 사례에 우리는 주목한다.

교육정책디자인연구소에서 함께 공부하면서도 경험과 실천 배경이 다양한 저자들로 필진을 구성했다. 교원, 학부모, 연구자, 국회 관계자가 모여 동형화와 이형화의 균형을 도모했다. 즉, 다양한 시선을 담아냈다. 각자 위치에서 사안을 바라보는 관점에 미세한 차이가 있을 수 있지만, 학교 공동체 회복이라는 대의에 이견은 없었다. 그 공동체는 동일한 비전과 가치를 공유하는, 이견 없는 공동체가 아니라 관점 차이가 주체 간에 분명하지만 이견을 좁히기 위해 노력하는 '차이 공동체'며, '열린 공동체'다.

여러 이론과 선행연구, 면담, 통계 자료, 국내외 사례, 내러티브 등을 총동

원하여 원고를 작성했다. 1부는 현실 진단, 2부는 문제의 원인, 3부에서는 실천 사례와 가능성, 대안을 제시했다. 빠르고 쉬운 길은 결코 아니다. 누군가를 향한 원색적인 비난을 넘어, 각자 처소에서 할 일을 찾아 먼저 실천해 보자는 입장을 담았다. 이는 분명 어려운 길이지만, 누군가는 그 길을 걸어야 한다. 그 가능성을 당위가 아닌 실천 사례로 제시한다.

2024년 10월
저자를 대표하여 김성천

3부
공동체로 회복하기

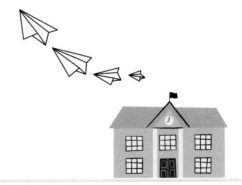

1부

모두가
아팠던
학교

교사, 무엇이 그렇게 아팠을까?

한수현

1. 충격적이고 뜨거웠던 2023년 여름

2023년 여름은 어느 때보다 충격적이고 뜨거웠다. 몇 년 전부터 수업방해 행위 또는 교사 대상 폭력적 행위 등이 보도되었으나 학생 개인의 일탈 행동 정도로 여겨졌다. 그리고 이를 해결하고자 교권보호법(교원의 지위 향상 및 교육 활동 보호를 위한 특별법)이 제정되었으나 실효성이 없다는 의견도 제시되었다. 교사가 교권침해 및 피해 사실을 신고할 수 있는 '교권보호위원회'가 법과 제도상으로 존재하나 5년간 연평균 1.6회 열리는, 유명무실한 상태라는 사실도 확인되었다.[1]

최근 5년간 시도 교권보호위원회 개최 현황(단위: 회)

	2018년	2019년	2020년	2021년	2022년	합계
서울	4	9	3	3	2	21
부산	3	2	1	1	1	8
대구	1	1	1	3	1	7

---

[1] [단독] '유명무실' 교육청 교권보호위원회, 5년간 연평균 1.6회 열려(2023.8.11.)
https://biz.chosun.com/topics/topics_social/2023/08/11/XB5QR74465C7TKAZGA2WPX-AQEE/

인천	1	1	1	1	2	6
대전	2	1	2	2	1	8
울산	2	2	2	2	2	10
광주	3	3	2	1	1	10
세종	1	1	1	2	1	6
경기	3	3	2	4	3	15
강원	1	3	2	1	2	9
충북	2	0	0	1	0	3
충남	2	3	1	2	1	9
전북	1	2	1	1	1	6
전남	1	1	1	1	1	5
경북	1	1	1	1	1	5
경남	0	1	1	1	0	3
제주	1	1	1	1	1	5

출처: 권은희 의원(국민의힘)

이렇듯 교사들의 상처가 염증처럼 곪아가던 2023년 7월, 여름방학식을 며칠 앞두고, 임용 발령을 받은 지 몇 해 되지 않은 서울의 한 초등교사가 스스로 세상을 떠났다. 그 죽음은 50만 교사들을 한자리에 모이게 했으며 일회성 추모로만 끝나지 않았다. 교사들은 거의 매주 토요일 집회를 열었고, 전국 각지에서 모여 그간 겪은 정신적·신체적 고통을 공유했다. 또한, 자신 역시 그가 경험한 '악성 민원'으로 고통받았음을 이야기하며 교육 당국에 교사의 안전 및 교사 인권(이하 교권) 보호 대책을 강구할 것을 요구하는 공론의 장을 형성했다(성열관 외, 2024).

최근 조사에 따르면 교원 96.8%는 본인이나 동료 교사가 민원으로 인한 우울증 치료와 휴직 등을 한 사례가 있다고 응답했다.[2] 대부분의 교사가 교

---

2   서이초 교사 49재... 교사들의 집단적 우울감과 분노, 왜?(2023.9.4.). https://health.chosun.com/site/data/html_dir/2023/09/04/2023090402178.html

권침해라는 공유된 슬픔과 아픔을 겪고 있는 것이다. 그 결과로 교권보호 4법이 도입되었지만 근본적 해결책이 되지 못한 채 새학년, 새학기를 맞이하게 되었다. 진정한 의미의 교권보호는 무엇일까, 그리고 아픔의 강을 건너 교육공동체 회복이라는 땅으로 나아갈 수 있을까?

교권보호를 위해서는 '교권' 개념을 어떻게 정의할지 명확히 할 필요가 있다. 개념 정의에 따라 교사들이 침해당한 것이 무엇인지 파악할 수 있고, 무엇을 지키고 회복해야 하는지 목적이 분명해지기 때문이다. 대개 교권은 '교사의 교육권'이라는 협의(狹義)로 사용되어 수업의 자율성과 신분상 권리 보장에 한정된다(장영수, 2024). 그러나 이 같은 의미로 사용되는 경우, 학생들에게 가르칠 수 있는 권리와 지위가 법적으로 보장되어 있어 침해당한 것이 없으므로 회복할 것도 존재하지 않는다. 한편, 교권을 '교사의 인권'이라고 정의하는 경우, 시민으로서 마땅히 누려야 할 인격권과 신체의 자유 등을 의미한다. 이에 대한 침해는 동료 교사나 학부모(보호자), 학생과의 인간관계 갈등에 기인한다(이명주, 2017). 하지만 이러한 의미만을 교권으로 이해하면 직업별로 인권이 다르다고 여겨질 수 있다. 이는 인권 개념에 내재된 '누구나 태어날 때부터 부여받는 권리'라는 정의와 상충된다. 따라서 이 글에서는 교권을 인권의 보편성과 교사의 직업 특수성이 교차하는 지점에서 '교사로서 자주적이고 안전하게 학생을 교육할 수 있는 권리'로 정의하고자 한다.

그렇다면, 교사들은 자주와 안전 측면에서 어떤 교권침해 사례를 경험했을까? 그리고 그 사례들의 공통점은 무엇일까? 이를 파악하기 위해 유·초·중등 교사를 대상으로 교권침해 사례를 수집했으며, 총 9명의 교사가 자신의 상처와 아픔을 공유했다. 그리고 해당 사례를 (1) 교원 전문성과 인격에 대한 무시, (2) 폭언과 폭력, (3) 아동학대 기소에 대한 두려움으로 분류했다.

2. 교원 전문성과 인격에 대한 무시

교원 전문성이란 수업 내용을 잘 아는 것뿐 아니라 수업을 구상하고 학생을 지도하는 모든 활동에 대한 전문적 능력을 의미한다. 즉, 교사로서 존중받는다는 것은 교원 전문성이 있음을 인정하고 이에 대해 존중하는 것을 의미한다. '교권침해'라는 용어를 떠올렸을 때 가장 먼저 드는 생각은 학생 또는 학부모로 인한 어려움일 것이다. 그러나 2022년 설문 조사에 따르면 교권침해 가해자 1위는 동료 교직원(35.5%)에 의한 것임이 확인되었다.[3] 해당 조사에 제시된 업무 편중 외에도 학생 지도 방식에 대한 과한 개입, 인격적 무시 등이 동료 교원 및 학교 관리자에 의해 벌어졌음이 여러 교사의 인터뷰에 드러났다.

저희 반에 유독 지도하기 힘든 학생이 있었어요. 특히 급식 시간이 제일 힘들었는데, 먹고 싶은 반찬은 여러 번 다시 받고 먹기 싫은 건 아예 손도 안 대는 편이었어요. 반찬 양이 충분하면 괜찮은데, 완제품 같은 경우 다시 주기 어려울 때도 있잖아요. 그런 때는 자기 요구를 들어줄 때까지 큰 소리를 내고 식판을 엎기도 하는 학생이었어요. 그런데 그걸 교장 선생님이 보고는 'A 선생님은 대체 학생을 어떻게 가르치는 거냐?'며 다른 선생님들이랑 학생이 있는 데서 되레 저를 야단치시더라고요. 제가 경력이 짧긴 해도 이렇게 얘기하실 일인가 싶고, '요즘엔 아이들도 그렇게 공개적으로 혼내지 않는데 이게 나를 인격적으로 존중하시는 태도가 맞나?' 싶은 생각이 들었어요.(교사 A)

A씨는 학교 관리자로부터 존중받기보다 모욕감을 느꼈다. 3년차 교사인 A

---

3   교권침해, 작년 437건 발생…가해자 1위는 동료 교직원(2022.5.9.), https://www.newsis.com/view/?id=NISX20220509_0001863777

씨가 학생 지도에 어려움을 겪을 때 선배 교사로서 적절한 지도 방법을 안내하거나 도움을 제공하기보다 A씨를 공개적으로 비난한 것이다. 이는 A씨가 학교 관리자를 신뢰할 수 있는 대상이 아닌 두려움의 대상, 자신을 평가하는 사람으로 여기게 했다.

B씨는 원격 수업 과정에서 다른 사람들과 통일되지 않은 방법을 사용한다는 이유로 동료 교원에게 무시당한 경험을 털어놓았다.

코로나 때 원격 수업을 어떻게 할지 부장 회의를 많이 했어요. 여러 원격 수업 툴을 써보며 비교하니까 A 플랫폼이 제일 유용하겠더라고요. 그래서 부장 회의에서 전달했는데 다들 어렵다고 B 앱을 사용하기를 원하시더라고요. 사실 학년 안에서만 통일되면 되는 사안이잖아요. 그래서 저희 학년 회의에서 제 의견을 말씀드렸더니 다들 동의하셔서 저희 학년에서는 A라는 플랫폼을 쓰게 됐어요. 다른 학년에서 사용하고 싶은데 어려워서 못 하겠다 싶으면 알려드리겠다고도 했고요. 그런데 다른 학년 부장님들이 단체로 오시더니 '왜 자기들을 바보 취급하냐, 그냥 B 쓰면 되지 왜 돋보이려고 하냐'고 말씀하시더니 한동안 제 인사도 안 받고 없는 사람 취급하더라고요. (교사 B)

코로나 바이러스로 인한 갑작스러운 원격 수업은 많은 교사에게 낯설고 어려운 과정이었다. 그로 인한 원격 수업 플랫폼 선정, 수업 방식 등을 논의하는 데 여러 갈등이 있었으나 새로운 상황에서 최선의 방향을 찾기 위한 여정이었다. 그러나 B씨의 경우, 매일 얼굴을 마주하는 동료 교원에게 지지받기보다 자신과 의견이 다르다는 이유로 무시당했다. 이와 같은 교사 전문성과 인격적 무시는 학부모 또는 보호자에 의해서도 행해졌다.

교사들은 수년간의 교육 관련 과목을 이수하며 교육 실습, 교육 봉사 등을 통해 교사로서의 전문성을 기른다. 그리고 수업 계획, 학급 운영, 학생 상담 등 자신의 전문성을 발휘한다. 그러나 때로는 그러한 전문성이 무시되고 평가절하되기도 한다.

학부모 공개수업을 하면 참관록에 자기 아이에 관한 내용을 적잖아요. 아이가 발표를 잘하는 모습이 인상적이었다든지, 친구들과 활동할 때 조금 더 적극적으로 할 수 있게 가정에서 지도하겠다든지. 근데 저에 대한 평가를 쓰셨더라고요. 제가 뭔가 잘못하고 있거나 참고해서 발전시킬 수 있는 내용이면 상관없는데 딱 보자마자 든 생각이, '아, 그냥 나를 무시하는 거구나.' 싶었어요. '이 차시에서는 정적인 활동보다 동적인 활동이 더 좋아 보입니다. 활동할 때 집단 구성을 다양하게 하면 좋겠습니다.'라고 쓰여있더라고요. 공개수업 전에 전화로 상담할 때도 저에게 썩 우호적이지 않은 분이었고, 제가 몇 년차 교사인지 대뜸 물어보신 분이어서 더 불쾌했던 기억이 납니다.(교사 C)

C씨는 학부모에게 원치 않은 평가를 받은 셈이다. 교사의 수업 전문성을 인정받기보다 평가받는 사람으로 가치 절하된 것이다. 이는 학생을 중심으로 한 우호적 협력 관계 형성에 어려움을 주며, 학부모를 부담스러운 존재로 인식하게 했다.

또한 D씨는 학생생활기록부 기록과 관련한 부당한 개입과 민원을 경험했다.

저희 반 학생이 거의 매일 지각해서 학생에게 지도하고 가정에도 말씀드렸는데 전혀 변화 없이 계속 한 교시 이상 지각하더라고요. 그래서 출결 기록에 지각한 날을 표시했고 그게 학기말 통지표에 표시되어 나갔어요. 고등학생이니 생기부(학생생활기록부)에 더 민감할 수밖에 없다는 건 아는데, 그걸 보고 연락하셔서는 해당 기록을 다 지워달라는 거예요. 원하는 대학 가는 데 어려움이 있다고요. 그래서 출결 상황에 따라 기록한 거라고 말씀드렸더니 우리 아이 앞길 막을 일 있냐며, 학교와 교육청에 계속 민원을 넣으시더라고요. 제가 과하게 체크하는 거라고요. 제가 제대로 한 게 맞다고 결론이 나긴 했는데 거의 한 학기 내내 그러서서 스트레스가 상당했습니다.(교사 D)

학생생활기록부의 출결 관리와 평가는 법적으로 정해진 지침이며, 교사의 고유 권한이다. 그러나 D씨는 학생의 대학 입시를 위한 서류 수정을 요구받았으며, 그에 응하지 않자 해당 학부모는 지속적인 민원을 제기하여 정신적 고통을 주었다.

3. 폭언과 폭력에 시달리는 무기력한 교사들

교원 전문성과 인격적 무시가 정신적 고통을 발생시켰다면 폭언과 폭력은 신체적·정신적 고통을 초래한다. 학생의 폭력적 행동을 제지할 현실적인 매뉴얼과 수단이 없어, 교사는 폭언과 폭력을 가만히 받아들이는 소극적 대처를 택한다.

5년차 교사 E씨는 학생의 문제행동을 보호자에게 지속적으로 전달하고 상담했으나, 보호자는 연락받지 않거나 교사가 해결해 주기를 원했다. 이에, 학교 관리자와 동료 교원의 협조를 받아 해결하고자 했으나 학생의 행동을 적극적으로 제지하기 어려운 것은 매한가지였다.

뭔가 자기 맘에 안 들거나 원하는 걸 들어주지 않으면 계속 소리 지르는 학생이 있었어요. 1학년 때부터 그랬다고는 하는데, 학기 초에는 잘 적응하는 것 같더니 저에 대한 파악이 끝났는지 3월 중순부터 서서히 공격적 행동을 보이더라고요. 화가 풀릴 때까지 소리 지르고 울면서 책상이랑 의자를 넘어뜨리는 게

거의 일상이었어요. 다른 학생들도 당황하고 시끄러우니까 수업은 당연히 안 되고요. 그럴 때마다 일단 도서관이나 활동할 수 있는 다른 공간으로 이동시키 니 수업 결손이 누적되더라고요. 저는 물론이고 혼자 지도하기에 역부족이라 같이 지도하려고 올라오신 교장, 교감 선생님도 때리는데, 아이가 진정될 때까 지 지켜보는 소극적 대처밖에 할 수 없더라고요.(교사 E)

E씨가 언급한 바와 같이, 이는 교사에 대한 폭력일 뿐 아니라 다른 학생 들이 폭력적 장면에 계속 노출되게 하는 악영향을 미친다. 그리고 해당 학생 은 자기 행동에 대해 교사가 아무것도 할 수 없다는 것을 의식·무의식적으로 학습하게 되어, 적절한 분노 표현 또는 감정 해소 방법을 배울 기회를 놓치게 된다.

F씨의 경우 학교폭력 신고와 관련해 보호자에 의한 교권침해를 경험했다.

일방적인 폭행으로 학교폭력 신고가 접수된 가해 학생의 보호자가 수시로 저 에게 연락했습니다. 수업 시간, 퇴근 후 늦은 시간, 주말, 방학 가리지 않고요. 이유는 피해 학생을 비롯한 몇몇 학생들이 쓴 사과 편지를 요구하는 거였는데, 그걸 받아야 학교폭력에 대해 사과하겠다고 하셨습니다. 그리고 학교로 찾아 오셔서는 신고 접수를 담임이 중재하지 않은 탓이라며 한 시간가량 폭언을 쏟 아내셨어요.(교사 F)

이는 자신의 요구를 관철하기 위해 교사의 업무 시간이나 휴식 시간에 대 한 고려 없이 계속 연락하며 교권을 침해한 사례다. 즉, 교사를 인격체로 존 중하기보다 자신의 아이만을 위한 도구로 여기는 모습을 확인할 수 있다.

G씨도 학부모의 공격적인 말에 적절한 대응을 하기 어려웠던 교권침해 경 험을 이야기했다.

모두 아픈 학교, 공동체로 회복 하기

코로나가 막 유행할 때 처음 겪어보는 일이니까 다들 혼란스러웠던 건 맞는데, 이건 좀 무리이지 않나 싶은 요구들도 있었어요. 예를 들어 학교에서 애들 원격수업 듣느라 태블릿 대여해 줬잖아요. 근데 (학부모님이) 전화해서 왜 한 대만 대여해주냐, 더 대여해줄 수 있는데 거짓말로 안 주는 거 아니냐, 세금 받고 뭐 하는 거냐며 전화로 계속 고성으로 위협적인 말씀을 하시더라고요. 교감 선생님께 말씀드렸더니, 서로 곤란해지기 전에 남는 수량 확인해서 추가 대여하라고 하시더라고요. 학생 한 명당 태블릿 한 대 대여하기로 했던 규칙은 그럼 뭐가 되는 거지, 싶으면서 이런 요구와 폭언에 아무 대처도 할 수 없다는 데 회의가 느껴지더라고요.(교사 G)

다시 말해, 학교에서 합의된 지침이 있음에도, 학부모의 부당하고 강압적인 요구임에도 학교가 무력하게 대응하는 상황에 G교사는 실망하며 부당함을 느꼈다.

4. 아동학대 기소에 대한 걱정과 두려움

〈아동복지법(제5조, 보호자 등의 책무)〉과 〈아동학대범죄의 처벌 등에 관한 특례법〉에 따라 아동학대에 대한 인식과 책무가 강조되었다. 그에 따라 학교에서 발생할 수 있는 신체적·정서적 학대에 대한 우려도 커졌다. 아동이 건강하고 안전하게 성장할 수 있도록 보호한다는 의미에서 마땅히 경각심을 가져야 한다. 그러나 가해자 대다수가 부모이며 학대 장소가 가정임에도[4] 교사의 교육적 지도를 아동학대로 신고하겠다는 무고성 사례가 다수 발견된다.

---

4   지난해 아동학대 약 2만 8천 건... 피해 아동 50명은 사망, 김영신(2023.8.31.), https://www.yna.co.kr/view/AKR20230831050700530?input=1195m

쉬는 시간에 교실 뒤편에서 학생들끼리 툭툭 치는 장난을 하다가 싸움으로 번졌어요. 말로 말리는 데 한계가 있으니까 학생이 때리지 못하게 잡았어요. 그 과정에서 제 손톱에 팔이 긁혔는데, 학생이 집에 가서 제가 할퀴었다고 와전했더라고요. 아무래도 자기가 싸우다가 그랬다는 얘기는 못 했겠죠. (학부모님은) 자기 아이 이야기만 듣고 제가 학생을 의도적으로 상처 냈다고 생각하시고, 아동학대로 신고하겠다고 하시더라고요. 다행히 나중에 얘기가 잘 풀리긴 했는데, 당시에는 굉장히 스트레스받고 비슷한 상황이 되면 계속 두근거리더라고요. (교사 H)

앱이나 사이트도 잘 되어 있지만 알림장 쓰는 것을 기록 습관 길러주는 것으로 생각해서 손으로 쓰게 하거든요. 그런데 작년에 한 분이 '알림장 쓰느라 우리 애가 손 아프다고 한다. 이것도 학대 아니냐.'며 항의하시더라고요. 그래서 그다음부터는 앱에 올리고 말아요. 학생 잘 가르쳐 보자고 한 건데, 그게 저한테 위협이 되면 안 되잖아요. 동료 교사들끼리 '퇴직 전까지 소송만 당하지 말자.'고 농담조로 얘기해요. 요즘 학부모님들은 학생이 조금만 불편함을 느껴도 그걸 아동학대로 여기는 것 같더라고요. (교사 I)

보건복지부 관리 시스템에 아동학대 행위자로 접수된 교사는 6,787명이며 이 중 검찰이 최종 기소한 교사는 110명이다. 실제 기소된 비율은 1.6% 정도지만, 교사들은 학교와 교육청, 경찰 수사 과정에서 담임 교체, 휴직 등의 불이익을 겪는다.[5] 이로 인해 교사들은 교육활동을 적극적으로 수행하기를 주저하게 된다. 이 같은 난점을 해결하기 위한 방안으로 아동학대 기소를 제외하는 법안이 국회를 통과했으나,[6] '정당한 교육활동'에 대한 정의는 여전히 불

---

5   아동학대처벌법은 학교에서 어떻게 '괴물'이 됐나, 김민석(2023.8.1.), https://omn.kr/25076

6   '교원의 정당한 생활지도, 아동학대 면책' 아동복지법 개정 시동, 남지원(2023.9.7.),
     https://www.khan.co.kr/national/education/article/202309072155025?utm_source=urlCo-

분명하다. 또한, 아동 학대 대상에서 특정 직군을 제외하는 것은 국제적 기준에 합당하지 않다는 반대 의견도 제기되어[7], 현실적인 법률 실효성이 불투명한 상황이다.

5. 법이 아닌 공동체 의식에 기반해 교사의 권리와 가치 인정하기

이 글에서 인용한 교사 9인의 사례를 개인적인 불운으로 치부하거나 법적 절차로 해결할 수 있는 단순한 사안으로 볼 수도 있다. 그러나 이들의 고통을 공론화하려는 것은, 이들의 경험이 사회에서 존중받아야 할 기본적인 가치와 존엄성을 침해하는 문제이기 때문이다. 다시 말해, 교사의 전문성을 바탕으로 이루어진 교육활동이 제대로 인정받지 못하고 무시당하며 다른 사람과 동등한 존재로서 공동체의 일원으로 받아들여지지 못한 것이다. 이러한 문제는 호네스(Honneth)의 인정 이론에 기반해 다음과 같이 재해석될 수 있다.

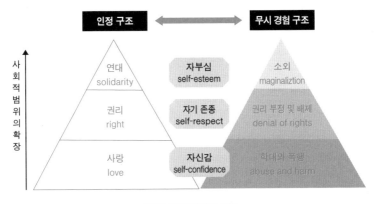

호네스의 인정이론 구조
(Honneteh, 1992/2011, 한수현, 강에스더, 2023에서 재인용)

---

py&utm_medium=social&utm_campaign=sharing

7   교사 학생생활지도는 '정서적 아동학대' 배제?…아동학회 "반대", 김윤주(2023.9.17.), https://www.hani.co.kr/arti/society/rights/1108870

호네스에 따르면, 인간은 누구나 공동체의 일원으로서 인정받고자 하며, 인정과 무시는 공동체의 범위와 내용에 따라 '사랑', '권리', '연대'로 구분된다. '무시'는 스스로 판단하는 것이 아니라 사회적 영향력과 관련되어 평가된다. 가정과 같은 1차적 관계에서의 인정은 보호자를 통해 충족되는 '사랑'이며, 학대와 폭행을 경험하는 경우 자신을 신뢰할 수 없는 존재로 느끼게 된다. 2차적 관계인 소속 공동체에서는 법과 규범으로서 권리를 존중받으며 타인과 자신이 동등한 관계임을 알지만, 반대의 경우 과연 주체적인 인격체로서 권리를 보장받고 있는지 의심하게 된다. 3차적 관계인 사회에서 공동체의 목표를 위해 기여하며 가치를 달성하는 과정에서 자신의 존엄 가치를 부여하고 세상과 연대할 수 있으나 그 반대로 소외감을 겪는 경우 사회적 죽음을 겪게 된다(송호관, 2023).

한수현과 강에스더(2023)는 이러한 내용에 기반하여 저·중경력 초등교사의 교직 이탈을 연구했다. 연구에 따르면, 교육의 목표인 전인적 성장을 위해 학생에게 생활지도를 했음에도 아동학대 등으로 기소가 이루어지는 일련의 무시 경험은 교사가 지녀야 할 자부심을 잃게 하고 교육공동체를 훼손한다. 이는 호네스의 인정이론 중 권리 부정 및 배제, 소외와 관련된다. 동료 교원 또는 학교 관리자로부터 무시되는 경험은 학교 내 의사결정에 적극적으로 참여하기 어렵고 권리와 의무가 동등하지 않다고 여기게 한다.

이 글에서도 유사한 사례가 발견되었다. 특히 교사 A와 B의 사례에서는 학교 관리자나 관련 부처의 교사 보호 조치가 피상적으로 이루어져 공동체 내 권리를 인정받지 못하는 권리 부정 및 배제가 확인되었다. 이에 따라 교사들은 교육의 본 목적인 '학생의 전인적 성장'을 목표하기보다 학생과 학부모로부터 신체적·정신적 폭력을 겪지 않기 위한 방어적 자세를 취하게 된다. 아울러, 교사의 전문성을 인정하지 않는 사회 분위기는 교사를 인격체라기보다 학생의 학업성취를 위한 수단으로 여기게 한다. 그러므로 '무분별한 민원'으로 인한 고통을 해소하려면 법적 차원을 넘어 인권 차원에서 문제를 논하고 교육공동체의 연대성을 회복해야 한다. '정당한 교육활동 보호'는 법적 울타리 조정이 아니라 교사가 인격체로 인정받을 수 있도록 사회적 가치를 인정하는 것에서 시작된다.

6. 내홍의 공간에서 인권친화적 공간으로

교권과 학생인권은 제로섬 게임(Zero-sum game)이 아니다. 교사와 학생 중 어느 한 집단의 권리 및 인권이 우선시될 수 없으며, 학교라는 공동체에서 서로 어울려 다양한 의견을 주고받는 것이 중요하다. 그럼에도 최근 교권침해를 줄이기 위해 학생인권조례를 폐지하거나 체벌을 부활하자는 등 과거로 돌아가려는 의견들이 제기된다. 과연 '사랑의 매'라는 미명 아래 체벌을 부활시키고 학생의 자율성을 제한하는 것이 교권을 보장할 수 있는 일일까? 그리고 자신의 의견을 정당하게 제시하지 못하고 제한되고 억압된 환경에서 교육받은 학생들이 사회 구성원으로서 폭력의 재생산 없이 건전한 사회 구성원으로 생활할 수 있을까? 그것이 진정한 교육공동체의 역할일까?

이 글에 사례를 제공한 교사들은 교권 회복이 학생을 억압하거나 강제하는 것이 아니라, 교육과 수업의 전문가로서 인정받는 것임을 공통적으로 언급했다. 또한, 신체적·정신적으로 안전하게 학생을 가르칠 수 있는 권리를 법적·문화적으로 확보받기를 원했다. 다시 말해, 교사와 학생, 학부모가 서로를 인격체로 존중하고 '학생의 성장'이라는 하나의 목적을 위해 교육현장의 회복이 이루어지기를 바라는 것이다. 이는 교사와 학부모, 학생의 주체성을 인정하고 공동체 구성원으로서 살아가는 데 어느 한 집단의 이기심이 아닌 '가르치고 배우는 공간'으로서 학교가 의미 있는 공간이 될 수 있게 하기 위함이다. '나(학생)의 불쾌'가 교사의 인격권에 우선할 수 없다는 것을 가르치며, 타인과 어울려 사는 법을 배우기 위한 제재로서 교권과 학생인권을 서로 존중하는 삶의 터전이 되기 위함이다.

교사가 교사로서 임하기 위해, 교육을 지키기 위해 교권침해로 인한 아픔과 상처를 들여다보고 이에 대한 현실적인 해결책을 고민할 때다. 그런 해결책은 법과 규율만으로 되는 것이 아니라 서로에 대한 이해와 존중, 배려가 선행되어야 효과를 발휘한다. 내홍(內訌)의 공간이 아닌 인권 친화적 공간으로 여겨진다면, 학교는 교사에 대한 신뢰와 학생에 대한 존중, 상호 간 이해와 배려에 기반한 민주주의의 정원(성열관 외, 2020)으로 가꿔질 수 있을 것이다. 이를 통해 공교육과 교사가 '교육이라는 서비스를 제공하기 위한 도구'가 아니라 '교육이라는 가치를 전수하는 주체'로서 인정받기를 희망한다.

참고문헌

- 김용(2017). 법화사회의 진전과 학교생활세계의 변용. 교육행정학연구, 35(1), 87-112.
- 성열관, 안상진, 이지은(2024). 서이초 사건 이후 형성된 담론 프레임의 특징 및 한계. 한국교육, 51(1), 69-94.
- 성열관, 장영주, 한혜영, 임미자, 조민정, 손현정, 이유미, 조윤정, 김수연, 윤은진, 김서정, 반수정, 김인철, 노선용, 황수현, 송재영, 김명희, 이정선(2020). 학교를 민주주의 정원으로 가꿀 수 있을까?. 서울: 살림터.
- 송호관(2023). 초등학생의 긍정적 자기인식 촉진을 위한 상호인정 교육모형 개발 연구. 한양대학교 대학원 박사학위논문.
- 이명주(2017). 교권의 개념적 구조와 교권침해 사례 분석. 교육논총, 54(3), 1-28.
- 장영수(2024). 헌법의 관점에서 본 교권과 학생인권의 관계. 법학연구, 32(1), 135-157.
- 한수현, 강에스더(2023). 젊은 초등교사 교직 이탈 시대의 원인과 해결방안: Honneth 의 인정이론에 기반하여. 한국교원교육연구, 40(3), 171-200.
- 허은정(2023). 초·중등 교사의 교권침해 경험에 대한 질적 메타분석. 한국교원교육연구, 40(3), 31-59.
- Honneth, A. (2011). 인정투쟁: 사회적 갈등의 도덕적 형식론(문성훈, 이현재 역). 서울: 사월의 책. (원저 1992 출판)

학부모, '악한' 존재가 아닌 '약한' 존재

이윤경

1. 학부모도 답답하다

교육 역사 속에서 학부모는 늘 도마 위에 오르내렸지만 2023년 7월 이후부터 현재까지 역대급의 조명을 받고 있다. 모든 언론 기사와 SNS, 드라마, 토론회 등에 학부모가 빠지지 않는다. 게다가 거의 대부분 부정적인 이미지로 다뤄진다.

'악성 민원인은 일부 학부모의 문제일 뿐'이라고 반박하면 "그렇지 않다, 나도 당했다"는 피해 증언들이 쏟아져 나온다. '진상 부모 체크리스트'까지 공유되고 교원단체들은 '학부모 갑질 민원 사례 모음'을 앞다퉈 발표했다. 2024년 6월 말, A교육청의 교장공모제를 둘러싼 장학사 자살 사건은 진상이 밝혀지기도 전에 이미 7월 1일자 기사에 '학부모 악성 민원 탓', '도 넘은 학부모 민원' 식의 제목들이 붙었다. 이 사건은 7월 중순 현재까지 학부모가 아닌 학교 측과 교육청의 문제라고 밝혀지고 있는데, 여기서 주목할 것은 '학교와 관련된 사안은 무조건 학부모 탓이고 학부모는 모두 악성 민원인'이라는 확증편향이 사회 전반에 만연해 있다는 점이다.

이런 분위기에서 교사의 정당한 교육활동을 방해하는 학부모 내쫓기가 급물살을 탔고, 교육부는 「교원의 학생생활지도에 관한 고시」에서 학부모 민원에 대한 대책을 구체화했다.[1] 학교에는 학부모를 위한(?) '민원대응실'을 만들고 '민원대응팀'을 구성했는데, 이 과정에서도 서로 욕받이가 되지 않겠다는 학교 구성원 간 마찰이 있었다. 고시로는 법적 근거가 미비하다는 이유로 21대 국회에서는 교권보호 5법을 제정했고, 2024년 5월 30일 개원한 22대 국회도 여야 할 것 없이 학생 분리 내용을 포함한 서이초특별법, 교권보호법을 준비 중이다. 조금 과장하여 말하자면, 온 나라가 학생과 학부모를 교실과 학교에서 내쫓을 방법을 찾고 있는 것 같다. 1년에 5만 명 이상의 초·중·고등학생이 스스로 학업을 중단[2]하는 상황에서 단절과 폐쇄로는 결코 문제를 해결할 수 없다. 거버넌스를 구축하여 협력해도 문제가 해결될까 말까 한데, 발표된 정책의 기조는 아이러니하다.

학부모와 교사의 갈등은 소통 부재가 원인이다. 예를 들어, 학부모의 갑질이나 민원 사례에 빠짐없이 등장하는 것이 업무 시간 뒤에 연락하는 것인데, 교사의 수업 시간 이후 문자를 보낸 학부모에게 무엇 때문에 그런 행동을 했는지 학교도, 언론도 물어보려 하지 않는다. 바뀐 민원대응 시스템에 의하면 직장맘이 퇴근하고 돌아왔을 때 자녀가 컨디션이 좋지 않아서 '학교에서는 상태가 어땠는지, 급식이나 간식으로 특정 알러지 식품을 먹었는지' 등을 물어보려 해도 수업 외 시간이라 학교 상담 창구를 통한 상담이 불가능하다. 교장과의 상담은 수업 외 시간에도 가능하다고 하지만 교무실과 행정실이 퇴근한 후 교장에게 연락할 방법이 없을뿐더러 담임교사에게 물어볼 사항과 교장에게 요구할 사항은 완전히 차원이 다르다.

어쩌다 이렇게 학부모는 민폐를 끼치는 존재, 악성 민원인, 공공의 적이 된

---

1 「교원의 학생생활지도에 관한 고시」 제16조(생활지도 불응 시 조치) ① 학교의 장은 학생 또는 보호자가 생활지도에 불응하여 의도적으로 교육활동을 방해하는 경우, 「교원의 지위 향상 및 교육활동 보호를 위한 특별법」 제15조에 따른 교육활동 침해 행위로 보아 이에 대한 조치를 취할 수 있다.

2 "초등학교부터 대학까지 '학업중단' 모두 상승…교대 첫 3%"/ 뉴시스 김정현 기자/ 2023.8.30.

것일까?

2. 학부모와 교사의 간극

1) 학부모 혐오 사회

학부모와 부모를 비교한 광고가 있다. "부모는 멀리 보라 하고, 학부모는 앞만 보라 한다, 부모는 함께 가라 하고, 학부모는 앞서가라 한다"는 식으로 학부모를 폄하하는 내용이다. 한 방송사의 신년특집 프로그램 제목은 '부모 vs 학부모'였다. 프로그램 내용을 떠나서, 방송을 보든 보지 않았든 사람들은 '나는 학부모가 아닌 부모가 되어야지'라고 다짐한다. 학부모 당사자는 물론 학부모가 아닌 사람들에게도 학부모 혐오를 부추긴다.

드라마도 학부모 혐오 대열에 앞장서 있다. 2022년 방송된 '그린 마더스 클럽'은 공식 홈페이지에 '초등커뮤니티의 민낯과 동네 학부형들의 위험한 관계망을 그리는 드라마'라고 소개되어 있다. 제목을 한글로 바꾸면 '녹색어머니회'다. 내용 역시 노골적으로 학부모를 희화화하고 있다. 2018년 방송된 '스카이 캐슬'은 대표적인 '내 새끼 지상주의자'들의 이야기다. '대한민국 상위 0.1%가 모여 사는 SKY 캐슬 안에서 남편은 왕으로, 제 자식은 천하제일 왕자와 공주로 키우고 싶은 명문가 출신 사모님들의 처절한 욕망을 샅샅이 들여다보는 리얼 코믹 풍자극'이 드라마 소개다. 풍자는커녕 사교육 열풍을 불러일으키고, 부모로서 비교당하며 돈과 백이 없는 부모들에게 자괴감을 안겨 준 드라마다.

2) 민원인이 된 학부모와 민원 처리 기관인 학교

2024년 3월, 서울의 한 중학교 학부모가 상담을 요청하며 자녀 학교의 가정통신문을 보내 왔다. '학교 안전을 위한 학교 출입 관리 강화 방안 안내'라는 제목의 가정통신문엔 학교 출입문에 도어락이 설치되어 있다는 내용과, 방문 목적이 확인된 경우에만 교내 출입을 허가한다고 적혀 있었다. 학교 출입 관리 강화를 통해 학생과 교직원의 안전 강화가 목적이라면서 등·하교, 체육, 식사 시간 외에는 출입문을 전부 폐쇄하고, 비밀번호를 눌러 출입이 가능한 출입문 수도 최소화한다고 했다. 그리고 굵은 글씨로 "도어락 비밀번호는 학생과 교직원만 공유한다"고 강조했다. 이처럼 '민원인 출입관리 시스템'으로 불리는 학교 출입 시스템은 이미 여러 학교에서 운영하고 있다. 신원이 확실한 학부모라도 방문 목적이 확인된 경우에만, 허가를 받아야 학교에 들어갈 수 있다는 얘기다.

《오늘의 교육》 77호(2023년 11~12월) 기획 특집에 「학부모 '혐오'와 교육공동체의 불가능성」을 주제로 다섯 편의 글이 실렸다.

첫 번째 글에서 몽글은 "서이초 교사 사망 사건을 계기로 촉발된 교육 관련 담론장에서 최근 가장 많이 언급되는 말은 '악성 민원인'이다. 악성 민원인을 만드는 구조는 무엇이고 이 장소에 배치되는 것은 누구일까. 악성 민원인의 반대편에 만들어지는 장소는 무엇이고 이 장소에 배치되는 것은 누구일까. 악성 민원인을 만드는 구조가 전제하는 것은 공교육을 통해 제공되는 것이 '교육 서비스'라는 인식이다. 이 교육 서비스를 제공하는 기관이 학교이고 서비스 제공 책무를 맡은 1차 담당자는 학급 담임 교사나 교과 담당 교사다. 그리고 이들의 관리자로서 교무부장, 연구부장, 교감, 교장 등의 관리 교사가 존재한다."[3]는 시각으로 접근했다.

'민원인'의 사전적 의미는 '행정 기관에 대하여 어떤 특정한 조치를 요구하는 개인이나 단체'다. 학부모를 민원인으로 정의하는 순간, 소위 악성 민원인은 더 당당하게 민원을 제기할 것이다. 학교에 협조적이던 학부모들은 한순간 민원인이 돼 버린 상황에 당황해하며 민원인으로 절차를 밟을 수밖에 없어졌다. 결과적으로 학교는 '교육 서비스 제공 기관'이자 '민원 처리 기관'으로 전락한다.

3) 코로나19와 학부모의 요구

학부모를 세대론으로 분석한 자료가 관심을 끌고 있다. 경기도교육연구원 연구보고서를 기초로 한 『1980년대생, 학부모가 되다』와 초등교사 출신 저자가 쓴 『80년대생 학부모, 당신은 누구십니까』라는 책은 학부모의 특징을 출생 연도로 구분해 접근했다. 모두 고개가 끄덕여지는 내용들이다. 여기에 덧붙여, 지금의 학부모를 이해하는 데 코로나19의 영향이 생각보다 크다는 사실을 간과하지 말아야 한다.

필자는 2017년부터 2022년까지 서울시교육청 학부모회 컨설팅단과 학부모교육 강사로 거의 대부분 학교의 학부모회와 학교운영위원회 소속 학부모들을 만났다. 주로 학부모회 조례[4]를 안착시키기 위해 학부모회 규정과 활동들을 컨설팅하고, 학부모의 학교 참여에 대한 강의를 했다. 이와 함께 학부모들을 대상으로 학교폭력, 안전공제회, 성평등, 스마트폰 과의존 예방 등의

---

3   교육공동체의 (불)가능성과 학교라는 '장소' - '서비스'가 된 공교육과 '민원인'이 된 학부모/ 몽글/ 《오늘의 교육》 77호(2023.11.29.)

4   서울특별시교육청 학교 학부모회 설치·운영 및 학부모교육 지원 등에 관한 조례(2016년 제정, 시행)

강의도 다수 진행했다. 또, 사단법인 학부모 단체 소속으로 전국 학부모들을 상담하고 교육을 진행했다. 그런 경험 속에서 코로나19 이전과 이후 학부모들이 확연히 달라졌음을 느낀다. 결론부터 말하자면, 코로나19를 겪은 후 학부모들은 코로나19 이전이 아닌, 학부모회 조례가 제정되기(2016년) 전 상태로 퇴보했다. 학부모회 설립 목적부터 다시 설명해야 할 상황이다. 심지어 교육부 커뮤니티에 학부모회를 없애자는 교사의 제안이 올라올 정도로 누구라고 할 것 없이 학부모회에 대한 인식 수준은 백지상태가 돼 버렸다.

코로나19 시기였던 2020년 9월 15일~9월 18일 서울 혁신교육지구 학부모 네트워크 주최로 서울 25개 자치구 학부모들에게 설문 조사를 했다.[5] 단 4일 만에 2,630명의 학부모가 응답할 정도로 학부모들은 어디엔가 호소하고 싶었고 절실했다. 원격수업에 대한 응답은 대부분 부정적이었다. 이 시기에 학부모들은 교사의 수업을 가정에서 직관하며 크게 실망했고, 공교육에 대한 실망은 결국 사교육을 선택하게 했다. 여기에는 학부모와 교사 간, 학부모와 학부모 간 소통이 단절된 상황도 한몫한다. 어디에도 물어보거나 도움받을 곳이 없기 때문에 어쩔 수 없이 사교육에 의존할 수밖에 없었다. 코로나19 시기에 초등학생 사교육이 특히 증가했고, 이후 2023년까지 초·중·고 사교육비는 계속 새로운 기록을 갈아치우고 있다. 공부는 학교가 아닌 학원에서 하고, 교사에게는 학습보다 생활지도에 치중해 줄 것을 기대하는 학부모들의 인식 조사 결과가 코로나19의 영향을 받은 것은 아닌지 짚어봐야 한다.

주요 응답 몇 가지를 옮겨 본다. 부실한 원격수업, 사교육 의존도의 심화, 교사와 학생·학생과 학생·교사와 학부모 간 소통의 취약성을 우리는 확인할 수 있다. 이러한 취약한 점들이 누적되어 있다가 어느 순간 임계점을 넘어 상

---

5 [보도자료] 서울 학부모가 생각하는 코로나19 시기 교육의 문제/ 서울 혁신교육지구 학부모 네트워크/ 2020.9.25.

호 갈등과 극한 대립으로 폭발한 것은 아닐까? 위기 징후가 학교 전반에 형성되어 있음을 이 설문 결과는 시사한다. 또한, 학부모가 진학이나 대입을 중심으로 학교의 역할을 요구할 것이라는 점도 편견에 가깝다. 기본적 학습과 사회적 성장, 주체성 형성 등을 대다수 학부모들이 요구하고 있다는 점에 더욱 주목해야 한다.

▶ **자녀 학교는 실시간 쌍방향 원격 교육을 실시하고 있나**

- '그렇지 않다'가 1,530건(58%)으로 '그렇다'(584건, 22%)의 2.6배다. '약간 그렇다' 는 516건이었다.

▶ **등교할 때보다 사교육(학원, 과외, 학습지 등)의 도움을 받는 비중이 높아졌나**

- '그렇다'는 응답이 1,504건(57%)으로 '그렇지 않다'(690건, 26%)보다 2.2배 많았다. '약간 그렇다'는 436건이었다.

▶ **자녀가 담임교사, 같은 반 친구들과 소통이 잘 되고 있나**

- '그렇지 않다'는 응답이 1,528건(58%)으로 '그렇다'(456건, 17%)보다 3.4배 많았다. 특히 '그렇지 않다'는 부정응답 중 올해 입학한 초1이 196건(초1 참여자 261건 중 75%), 중1이 116건(중1 참여자 247건 중 47%)인 점은 주목해야 할 수치다.

▶ **자녀 학급의 학생-교사 간 단체 소통방이 운영되고 있나**

- 전체 응답은 '그렇다'(971건, 37%)와 '그렇지 않다'(1,147건, 44%)가 큰 차이를 보이지 않지만, 학교급별 응답에서 초등학교의 1/2 이상이 학생-교사 간 단체 소통방이 운영되지 않는 것(990건, 초등 참여자의 57%)으로 나타났다.

▶ **자녀에 대해 학부모-교사 간 1:1 소통(상담)이 이루어지고 있나**

- '그렇지 않다'가 1,171건(44.5%), '그렇다'가 725건(27.5%), '약간 그렇다' 734건(28%)이었다. '그렇지 않다'는 부정응답 중 초1이 115건(초1 참여자 261건 중 44%), 중1이 113건(중1 참여자 247건 중 46%)을 차지한 점에 주목할 필요가 있다.

▶ 원격 교육에서 학생의 학습에 대한 이해 여부 등 피드백이 중요하다고 생각하나
   - '그렇다'(2,479건)는 응답이 전체의 94%를 차지했다.

▶ 원격 교육에서 교사, 친구들과 소통과 친밀감 형성이 중요하다고 생각하나
   - '그렇다'(2,284건)는 응답이 전체의 87%를 차지했다.

▶ 학교 유형(사립, 공립)에 따라 원격 교육의 질이 다르다고 생각하나
   - '그렇다'(2,142건)는 응답이 전체의 81%를 차지했다.

▶ 교사의 교육 자료, 피드백 여부, 전달 방법에 따라 학생의 수업 참여도가 다르다고 생각하나
   - '그렇다'(2,341건)는 응답이 전체의 89%를 차지했다.

▶ 코로나 이후 학교(공교육)의 역할 중 가장 중요하게 여겨지는 것은 무엇이라고 생각하나

❶ 성인이 되었을 때 자기 인생의 주인으로 살아갈 수 있도록 길잡이 역할 — 453
❷ 교육 목표에 따른 기본적인 학습 능력과 다양한 교과의 지식 전달 — 771
❸ 공동체 일원인 민주시민으로서 전인적인 성장을 지원하는 역할 — 417
❹ 상급 학교 진학에 필요한 능력 배양 및 입시 관리 — 159
❺ 친구, 교사와의 관계 형성을 통한 사회성 성장 — 752
❻ 급식, 생활지도 등 안전한 공간에서 이루어지는 돌봄 — 43
❼ 기타 — 35

〈코로나 이후 학교(공교육)의 역할 중 가장 중요하게 여겨지는 것〉

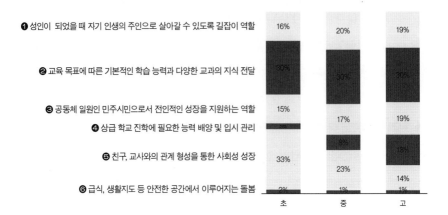

	초	중	고
❶ 성인이 되었을 때 자기 인생의 주인으로 살아갈 수 있도록 길잡이 역할	16%	20%	19%
❷ 교육 목표에 따른 기본적인 학습 능력과 다양한 교과의 지식 전달	30%	30%	30%
❸ 공동체 일원인 민주시민으로서 전인적인 성장을 지원하는 역할	15%	17%	19%
❹ 상급 학교 진학에 필요한 능력 배양 및 입시 관리		8%	
❺ 친구, 교사와의 관계 형성을 통한 사회성 성장	33%	23%	15%
❻ 급식, 생활지도 등 안전한 공간에서 이루어지는 돌봄	3%	1%	14% / 1%

〈코로나 이후 학교(공교육)의 역할 중 가장 중요하게 여겨지는 것 / 학교급별 응답〉

위 그림을 보면, 초등학교 학부모는 사회성 성장을, 중고등학교 학부모는 기본학습능력과 지식 함양을 공교육에 기대하고 있음을 확인할 수 있다. 상급학교 진학 및 입시 관리는 순위에서 밀리고 있다.

- 1위: 교육 목표에 따른 기본적인 학습 능력과 다양한 교과의 지식 전달(771명)

  *중·고 1위

- 2위: 친구, 교사와의 관계 형성을 통한 사회성 성장(752명) *초등 1위

- 3위: 성인이 되었을 때 자기 인생의 주인으로 살아갈 수 있도록 길잡이 역할

  (453명)

- 4위: 공동체 일원인 민주시민으로서 전인적인 성장을 지원하는 역할(417명)

- 5위: 상급학교 진학에 필요한 능력 배양 및 입시 관리(159명)

- 6위: 급식, 생활지도 등 안전한 공간에서 이루어지는 돌봄(43명)

모두 아픈 학교, 공동체로 회복 하기

3. 학부모의 현주소

1) 학부모는 주체가 아닌 대상

8년째 학부모 대상 교육을 하면서 주로 학부모회, 학교운영위원회 등 학교 참여 활동, 입시제도와 교육 정책, 학교폭력과 안전공제회 제도 등을 설명했는데, 강의를 들은 학부모들이 대부분 "이런 교육은 처음 받아봤다"는 반응이었다. 학교운영위원회는 전·현직 교감이나 행정실장이, 학교폭력은 변호사나 경찰이 법적인 내용만 알려주는 식이고, 학부모회 교육조차 교육청 업무 담당자가 형식적으로 진행하는 직무연수였기 때문이다. 그것도 모든 학부모가 아니라 1%도 안 되는 임원들만 대상인 경우가 많다. 나머지 99% 학부모들은 공교육이 아닌 사교육기관이나 맘카페, 옆집 엄마를 통해 필요한 정보를 들을 수밖에 없다.

그런데 교사는 학부모가 다 알고 있으리라고 착각한다. 가정통신문을 배부했고, 온라인 교육 링크를 안내했고, 작년·재작년에도 교육한 내용이니까. 여기서 학부모와 교사가 느끼는 정보의 간극은 생각보다 훨씬 크다. 이런 현상은 학부모를 교육의 주체라고 하지만 여전히 학부모를 '필요한 것만 알려주면 되는' 대상으로 여기기 때문이다.[6] 2023년 서울시교육청 교육연구정보원에서 발행한 「학부모의 학교 참여 실태분석 및 개선방안: 초등학교를 중심으로」에 이런 모습이 잘 드러나 있다.

연구에 참여한 학부모들은 학부모의 학교 참여가 필요하다는 데 모두 동의했다. 특히 학부모의 학교 참여 활동을 시작한 것은 교육현장에 대한 이해를 높이고 자녀 교육에 도움이 되기 위한 목적이 컸으나, 궁극적으로는 교육

---

6   「학부모의 학교 참여 실태분석 및 개선방안: 초등학교를 중심으로」/ 서울시교육청교육연구정보원
     김명희/ 2023

공동체 모두를 성장시키는 힘이 된다고 생각하는 경향이 있었다. 하지만 학교 관리자와 교사들은 학부모의 학교 참여를, 학부모들이 개인 자녀만을 위하거나 자기 의사를 학교에 쉽게 전달하기 위해 이루어지는 것으로 이해하는 경향이 있고, 학부모의 학교 참여를 대체로 부정적으로 생각하는 것으로 나타났다. 또한 학교 관리자와 교사들은 학부모의 학교 참여 형태로 학부모들이 학교와 관련된 다양한 의사결정 및 평가 과정에 적극 참여할 것을 기대했으나, 실제로 학부모들은 학교 행사 참여 및 지원 활동에는 적극적인 반면, 의사결정 과정에 참여하는 것에는 소극적이었다. 교육과정 만족도 조사 등 학교 내 다양한 형태의 의사결정 과정이 있지만 그 중요성에 대한 학부모의 체감도는 낮게 나타났는데, 이에 대해 학교 관리자와 교사들은 가장 필수적인 부분에서 학부모의 학교 참여가 이루어지지 않는다고 생각했다.[7]

　　학교와 교육청에서는 지금도 '좋은 부모 되기'와 '꽃꽂이 강좌'가 학부모 연수의 단골 주제다. '2022 교육과정', '달라진 학교폭력 제도', '교권 4법과 교육부 고시' 등은 학부모에게 알려주지 않는다. 그러니 학부모들은 학교폭력 사안이 발생했을 때 교사가 법규나 지침에 따라 그렇게 할 수밖에 없다는 것을 모르기 때문에 오해하고 갈등이 생겨 분쟁으로 이어지는 것이다. 실제로 학부모 강의에서 교육 관련 법령이나 정책들을 알려 주면 교사의 입장을 이해하고 학교의 협력자로 바뀌는 학부모를 많이 목격했다.

　　학부모를 교사와 동등한 주체로 생각한다면 교육부와 교육청은 교사뿐만 아니라 학부모에게도 똑같이 정보를 제공해야 한다. 학생에게도 마찬가지다. 법안을 개정하고, 의견을 수렴하고, 정책을 시행할 때 소통 채널을 학생, 교

7　「학부모의 학교 참여 실태분석 및 개선방안: 초등학교를 중심으로」 정리: 참교육 학부모신문 곽경애 / https://www.hakbumo.news/185

사, 학부모 모두에게 공개적으로 열어야 한다. 논의 테이블에 동시에 초대받지 못한 순간부터 이미 학부모는 주체가 아닌 대상이 된다.

2) 존재감도 지속성도 없는 학부모 정책

서이초 사태 이후 학부모 입장에 대해 많은 토론회와 인터뷰 요청을 받으면서 "왜 학부모가 이렇게까지 죄인이 되어야 할까"에 대한 원인과 답을 찾으려 자료를 검색해 봤지만, 교육의 역사에서 학부모 역할 변화 정도만 나올 뿐, 교육계의 학부모 자료는 기업 마케팅 부서에서 파악하고 있는 소비자로서의 학부모 정보에도 미치지 못하는 수준이었다.

학부모는 단순히 출생 연도로 구분되어 묶일 수 있는 집단이 아니라, 지역적 특성, 사회·문화적 성장 배경, 개인적 성향, 의식 수준에 따라 천차만별인 개별적 존재다. 이 불특정 다수의 학부모를 '1980년대생 학부모' 하는 식으로 특정하는 것에는 한계가 있다. 현재 초등학교 학부모(조부모가 아닌) 중엔 1960년대생도 있고, 고등학교 학부모 중에 1980년대생도 있다. 2020년 경기도교육연구원에서 발표한 〈1980년대생 초등학교 학부모의 특성〉 연구 보고서(김기수, 오재길, 변영임)는 최근 학부모 악성 민원 사태를 분석하는 자료로 많이 인용된다. 이 보고서는 1980년대생 학부모가 디지털 문화에 익숙해 정보 수집과 소통에 능숙하고, 개인주의 성향이 강한 한편 상호 협력 욕구도 강하다고 한다. 이 세대 학부모들은 학교교육에 자녀의 학습 지도보다 인성, 공동체 생활, 창의력 신장을 기대하고, 교사와 수시로 소통하길 원하며, 자녀의 학교생활에 관심은 많지만 학교 참여 활동은 꺼린다고 설명한다.

(중략) 1980년대생이지만 디지털 문화에 관심이 없는 학부모도 있고, 자녀의 인

성보다 성적에 관심이 많은 학부모도 있다. 학교 참여 활동에 관심이 많지만 코로나19 공백으로 무엇을 어떻게 해야 할지 방법을 모르겠다는 질문도 많이 받는다. 작은 학교인지 거대 학교인지에 따라 다르고, 주택인지 아파트인지 주거 형태에 따라 다르고, 수도권인지 비수도권인지에 따라, 고교 평준화 여부에 따라서도 다르다. 같은 학교라도 학년에 따라, 인권 감수성과 성향에 따라 학교와 교사에 대한 긍정·부정 인식 차이가 극과 극이다. 하지만 이런 학부모의 특성을 세분화한 자료를 찾기는 어렵다. 학교마다 "우리 학교 학부모들은 대체로 이런 특징이 있다"라고 설명할 수 있는 교장이 얼마나 될까.(《오늘의 교육》 76호에서 발췌)

단위 학교에 학부모 교육 강사 자격으로 방문하면 교육 전에 학부모회장이나 담당교사가 교장실로 안내해 준다. 그러면 반드시 물어본다. 그 학교 학부모들은 어떤 특성이 있는지, 학부모들로 인해 어려운 점이 있는지, 어떤 부분에 초점을 맞춰 교육을 진행하면 좋을지….

하지만 "우리 학교 학부모는 이렇다"라고 제대로 이야기한 교장은 거의 없었다. 이는 교육청과 교육부도 다르지 않다. 교육부의 학부모정책과는 10여 년 동안 사라졌다가 2024년에 부활했다. 학부모정책은 교육부 장관과 교육감이 바뀔 때마다 나타났다 사라지길 반복한다. 그나마 앞서간다는 교육청의 경우에도 학부모협력팀 담당자에 따라 해마다 변경되기 일쑤다. 학부모회 공모사업, 학부모회 컨설팅단, 학부모지원전문가 등의 폐지가 전형적인 사례다.

왜 그럴까? 학부모가 약자이기 때문이다. 학부모를 모르면서 굳이 알려고 하지 않는 것. 최대한 거리를 두다가 필요할 때만 찾는 것은 학부모의 존재감이 딱 그만큼이기 때문일 것이다.

4. 갈등 요인들

1) 학부모·교사 갈등의 시작, 학교폭력

교육 구성원 간 갈등을 일으키는 요인 중 중요한 부분이 '법화사회'라고 불리는 '교실의 사법화 현상'이다. 학생과 학생 간 갈등은 학교폭력법으로, 교사와 학생 간 갈등은 교권침해로, 문제행동을 일으키는 학생은 분리 조치, 학부모는 민원대응방안과 소송으로 대처하는 사법화 현상은 갈등 해결은커녕 사태를 더욱 악화시키고 있다. 그중에서도 특히 학교폭력은 학교에 우호적이었던 학부모도 완전히 다른 사람으로 돌변하게 만든다. 이는 학부모 개인 성정의 문제로 볼 수도 있지만, 응보주의가 강화될수록 학부모가 방어적으로 나오게 만드는 '규제의 역설' 현상이 강화된 측면도 있다. 학교폭력 조치의 생기부 기재는 자녀의 미래가 걸린 문제이기 때문이다. 이때 학부모는 "교사가 중재하려는 노력도 없이 '무조건 학폭으로 접수하라'고 한다"거나, 반대로 교사가 학생 간에 중재나 화해를 시키려 하면 "어느 한쪽 편만 든다"며 불만을 토로한다. 접수 후 처리 과정에서 "학습권이 침해되었다"고 항의하기도 한다.

필자는 학교폭력대책자치위원 4년, 심의위원 4년 경험으로 학부모 대상 학폭 강의와 상담을 주로 진행하고 있다. 학폭으로 발생되는 갈등 상황의 유형들을 실제 상담했던 사례로 들어보고자 한다.

첫째, 아무것도 하지 않는 교사의 무관심과 방관에 대한 불만이다. "친했던 학생들끼리 한번 툭탁거린 것뿐인데 그걸 중재하려 하지도 않고, 무조건 학폭 걸라고 했다."는 상담이 가장 많이 들어온다. 하지만, 이는 교사와 학부모 간 입장 차이와 오해의 문제다. 교사가 섣불리 중재하려다 오히려 누구 편든다고 항의를 받는 경우가 많다는 것, 상대방 연락처도 알려줄 수 없다는 것을 학부모들은 모르기 때문이다. 학교에서 제대로 알려준 적이 없다.

둘째, 교사가 한쪽 학생 편만 들어 불공평하다는 불만이다. 필자가 두 달 동안 상담했던 사례다. 초등학교 3학년 A는 지난해 도시에서 귀촌해 한 학급에 5명 밖에 없는 작은 학교로 전학을 왔다. 그런데 2학년 때부터 지역 주요 인사인 B씨의 아들 C가 A를 계속 괴롭혔는데도 담임교사뿐만 아니라 마을 전체가 C 편만 들고 있다고 했다. 돌봄교사마저도 학부모에게 "내용을 다 알고는 있지만 어차피 C가 강제전학을 갈 정도 사안이 아니라서 이 지역에서는 상황이 달라지긴 힘들 거예요."라며 목격자 진술도 거부했다고 한다. 필자의 조언으로 학부모는 성추행을 포함해 신체 폭행 등 A가 입은 17가지 피해 사실을 기재해 제출했는데 교육지원청 학교폭력심의위원회에서도 "그 정도는 또래에서 할 수 있는 장난"이라며 '학교폭력 아님'이라고 매듭지었다. A의 부모는 행정심판을 준비하겠다고 했고 더 이상 연락이 오지 않았다. 이처럼 정도가 심한 사례가 아니라도 학교가 한쪽으로 편향된 사례도 적지 않다.

셋째, 권리 침해 문제다. 여기서 말하는 권리는 학생인권뿐만 아니라 학습권도 포함된다. 중학교 교실에서 같은 반 D와 E가 우발적으로 서로 때리며 싸웠다. 같은 반 친구들도 목격했다. D는 본인도 맞았지만 E와 화해하고 싶어서 다음 날 사과 편지를 써 갔다. 그런데 E의 부모는 학교에 전화해 학폭으로 접수하겠다고 했고, D에게는 그 즉시 휴일 포함 7일 동안 교실에 들어오지 못하는 '즉시 분리 조치'가 내려졌다. D의 부모가 생활인권부장 교사에게 왜 같이 싸운 건데 우리 아이만 교실에 못 들어가게 하느냐고 항의했다. 그러자 학폭법이 신고자 우선이라는 답변이 돌아왔다. "즉시 분리가 무조건 7일이 아니고 최대 7일, 즉 하루나 이틀을 적용해도 된다는 것을 E의 부모에게 안내했냐"고 물었더니 그런 설명은 하지 않았다고 했다. D의 부모는 부당하다는 생각이 들었고 그 순간부터 E뿐만 아니라 '학교'도 싸워야 하는 대상에 포함됐다. 학폭으로까지 갈 생각은 아니었지만 수업에도 못 들어간 상황에서 가만히 있을 수 없다는 생각에 D의 부모도 E를 맞신고했다. 일명 '맞폭'이 많

모두 아픈 학교, 공동체로 회복 하기

아진 데 즉시 분리 제도가 한몫하고 있다.

학교폭력은 이처럼 학생, 학부모, 교사 모두를 갈등의 블랙홀로 빠지게 하는 가장 심각한 요인이다.

그렇다면, 학교 내 갈등을 학교 안에서 해결하자는 '학교장 자체해결제'는 학교 현장에 얼마나 안착되었을까? 2020년 학폭 심의가 교육지원청으로 이관되면서 심의위 전에 학교 전담기구를 반드시 거치게 되었고, 전담기구에서는 자체해결로 종결할지 여부만 논의할 수 있다. 일부에서는 학교폭력이 늘어난 원인을 '교권이 추락해서'라고 하지만 교장의 자체해결권이나 교권이 없어서 학교폭력 지도를 못하는 것이 아니다. 위 사례들처럼 학폭법에 교사의 개입, 중재 권한이 없기 때문이고 바로 이 부분이 현행 학폭법의 가장 큰 한계이자 문제점이다.

상대방 보호자의 연락처를 알려 줄 수 없는 현행법은 관련 학생들에게 불이익을 준다. 서로의 연락처를 몰라 연락을 할 수 없으니 가해 학생 선도조치 판단 요소 중 '화해 정도'는 보통이나 낮음(매우높음 0점, 높음 1점, 보통 2점, 낮음 3점, 없음 4점) 이상을 받을 수밖에 없다. 심각성, 고의성, 지속성, 반성 정도, 화해 정도의 5가지 요소를 합산해 매겨진 점수가 3점 이하면 1호 서면사과, 4~6점이면 3호 교내봉사다. 요즘은 대부분 맞폭으로 접수되니 학폭에 관련된 학생이라면 누구에게나 해당될 수 있는 얘기다.

학폭법에 교사의 중재 권한을 부여하는 것은 반드시 필요하다. 교사를 신뢰할 수 없다면 학교 내 전담기구에서라도 중재할 수 있어야 한다. 그렇지 않으면 학교 자체해결제도는 의미가 없다. 이 과정에서 교사가 아동학대나 학교폭력으로 신고당하지 않도록 보호 규정을 만들면 된다. 지금은 학교가 교육기관으로서 할 수 있는 것이 없다. 게다가 학폭전담조사관 제도 시행 이후 외부인에게 사안 조사를 맡기는 상황이 되다 보니 학교에서 할 수 있는 일은 전무해졌다.

한편, 학폭을 줄이기 위해 생기부 기재 연한을 늘리고 대입에 반영해 불이익을 주겠다고 한다. 교육부의 이 같은 방침에 따라 대학들이 발표한 내용을 살펴보면 4년제 대학은 물론 전문대학까지도 학폭 이력이 있는 학생은 감점시켜 사실상 입학이 불가능해진다. 교대는 1호 서면사과 조치만 있어도 입학이 안 된다. 참고로, 1~3호는 생기부에 기록하지 않지만 4~5호 조치 기록은 2년, 6~8호 기록은 4년 동안 남아 있고, 9호 퇴학 기록은 영원히 남는다.(6~7호는 피해자 동의가 있을 경우 전담기구 심의를 통해 졸업과 동시에 삭제 가능)

한 입시학원은 학폭 생기부 기재가 강화돼도 서울의 고등학교 학폭이 오히려 증가했다는 자료를 발표했다.[8] 결국 변호사 시장만 커질 뿐이다. 포털엔 학교폭력 가해자 조치를 낮춰주겠다는 변호사들의 홍보 글이 넘쳐난다. 대입뿐만 아니라 특목고, 체고 등의 고입까지 예로 들며 '손 놓고 있으면 자녀 인생 망친다'는 식으로 불안 심리를 자극하며 영업을 하고 있다.

이 같은 대입 반영 조치는 자퇴율 증가로 연결될 수도 있다. 학교폭력에 연루될 경우 신고가 접수되기 전에 학교를 그만두고 학교 밖 청소년이 되면 학폭법을 적용받지 않는다. 현행 학폭법은 초·중등교육법에 명시된 학교, 즉 교육청의 초등과와 중등과의 관리를 받는 학교에 다니는 학생에게만 적용되기 때문이다. 실제로 사회적으로 이슈가 되었던 흉포한 사건들의 가해자는 학폭법의 적용을 받지 않는 경우가 많았다. 그러니 학교폭력을 저지르고 아무 반성 없이 자퇴한다면 피해 학생은 가해자 없는 학교폭력 절차를 밟고 피해 학생 보호를 위한 심의위만 열릴 뿐이다. 가해자가 교사 등 성인인 경우에도 이런 절차로 진행한다. 가해 학생 편을 드는 것이 아니라 실효성이 없

---

8   고2부터 대입 의무 반영인데…서울 고교 '학폭' 4년 새 최다/ 뉴스1 권형진 기자/ 2024.5.12.

모두 아픈 학교, 공동체로 회복 하기

다는 얘기다.

교육부는 원래 목적인 피해자 보호를 위해 피해자가 다시 학교생활을 원만히 할 수 있도록 학교공동체 회복에 중점을 둔 교육적 대안을 모색해야 한다. 학생에게 벌을 강화할 것이 아니라 교육기관이 할 수 있는 일부터 이행하는 것이 필요하다. 예를 들면, 작년에 심의위에 접수한 건수가 10건이 넘는 학교에 장학지도로 학생, 학부모, 교사에게 각각 일정 시간 이상 의무 교육을 부과하는 것은 어떨까.

또한, 개인 간 싸움으로 치부해 학교 밖으로 나가서 싸우라는 것이 아니라 사회적인 책임과 학교 지원 체계를 강화하는 것이 우선이다. 이를 위해 기숙형 피해자 보호·위탁 기관인 '해맑음센터'를 시·도교육청마다 하나씩 둘 것을 제안한다. 현재는 전국에서 한 곳, 그것도 쓰러져가는 폐교를 보수해 사용하고 있을 정도로 열악하다.

학교폭력을 줄이려면 학부모와 학생 대상 교육이 절실하다. 하지만 현재 실시하는 형식적인 학교폭력 예방교육은 아무 도움이 되지 않는다. 심의위에 출석한 학생들도 예방 교육을 받았다고 하는데 어떤 행동들이 학교폭력에 해당하는지 대부분 모른다. 학생들은 동영상 시청, 학부모는 가정통신문이나 e-알리미로 대체하거나 몇 명밖에 참석하지 않은 교육을 학부모 의무교육 이행으로 보고하는 학교가 많다. 형식주의가 이 영역에서도 적용된다.

학생은 학급별 대면 교육으로, 학부모는 학교폭력 예방 교육 이수를 의무화할 것을 제안한다. 각 교육청의 학부모지원센터나 교육부의 학부모 온누리 홈페이지에 학교폭력 예방 동영상을 올리고 수강 여부를 점검할 수 있는 시스템을 보완하는 것은 어렵지 않다. 교사는 학생들의 관계 회복을 위한 '갈등조정자 과정'을 필수로 이수해 학교폭력 1차 조정자가 되어야 한다. 교직 과정 학교폭력 과목에 갈등 조정과 상담 실습도 필요하다.

2) 교권침해, 학생인권침해, 아동학대 신고의 3박자

교권침해와 학생인권침해, 아동학대는 경계가 불분명한 상태에서 서로 맞물려 작동한다. 또한, 이로 인한 갈등은 학교를 전쟁터로 만든다.

작년에 상담했던 사례다. F 고등학교 G 담임교사는 학생생활지도의 한 측면으로 학부모들에게 문자를 보내곤 했다. 그런데 그 내용이 학생의 장점보다는 주로 단점들이었다. 예를 들어 '수업 시간에 멍 때리고 진도를 잘 따라오지 못한다', '이성 교제를 하면서 이런 행동을 했다'는 식의 학생의 사생활 영역까지 포함돼 있었다고 한다. 심지어 학교생활에 적응을 못할 것 같으면 전학을 시키는 것도 방법이라며 권유하기도 했고, 교사의 문자를 받고 "이런 학교 못 보내겠다"며 전학을 알아보는 학부모들도 여러 명이라고 했다.

필자와 상담한 학부모 H는 학생인권침해 사안에 해당한다는 조언에 따라 G 교사의 행동에 대해 시교육청 학생인권센터에 문의했다. 그랬더니 교육청에서는 사안이 학생인권침해로 보기엔 애매하다며 국민신문고에 접수할 것을 안내했다고 한다. 이 사안이 학생인권침해 사안으로 결정되더라도 교사가 아닌 학교장에게 그러한 행위를 중단하거나 시정하라는 권고 조치가 내려질 뿐인데 이를 다른 방법으로 신고하라고 안내한 것이다.

그런데 이 사안은 여기서 그치지 않았다. 문자를 받은 학부모들은 자녀에게 해당 문자를 보여주었고, 그중 한 학생이 "왜 자꾸 우리 엄마한테 이런 문자를 보내냐"고 교사에게 카톡을 보냈다가 G 교사가 교권침해로 학생을 신고했다. 학생의 카톡이 위협적으로 느껴졌다는 게 이유였다.

교권침해, 학생인권침해 사안은 교사와 학생 간 문제로 끝나는 것이 아니라 학부모와 얽히게 되어 있다. 학칙을 어겨서 열리는 학생생활교육위원회, 교권침해로 신고되어 교육청에서 열리는 교권보호위원회, 학생 징계 규정에 따라 열리는 학생 징계위원회 등 학부모는 자녀가 관련된 모든 사안에 자동으로 소환되기 때문이다. 이에 대해 학폭처럼 쌍방을 주장하고 맞고소하려면 학생인권침해나 아동학대 사항에 해당하지 않는지 열심히 찾게 된다. 예를 들어 쉬는 시간에 휴대폰 사용이 자유로운 어느 고등학교에서 수업 종료 타종이 울렸는데도 교사가 계속 수업을 했고 학생이 급한 문자를 확인하느라 휴대폰을 사용해 벌점을 받았다. 이에 대해 학생이 부당하다고 항의하자 교권침해로 신고당했다면 이런 경우 학부모는 어떤 반응을 보일까? 학생의 행동 하나하나가 벌점이 되어 생기부에 반영되기 때문에 학부모는 자녀를 위해 모든 방법을 동원할 수밖에 없다.

전북 초등학교의 레드카드[9] 사안처럼 학부모는 아동학대로, 교사는 교권침해로 서로 신고하는 이런 사안들은 더욱 늘어날 것이다. 대법원 판결까지 갔던 이 사안은 같은 학급의 또 다른 학부모가 학교폭력으로 교사를 신고하면서 새로운 공방이 시작되는 모양새다. 이런 현상은 학생, 학부모, 교사 각자의 인권 감수성과 인식의 간극이 크기 때문이다. 이 악순환의 고리를 어디서부터 끊어내야 할까.

---

[9] 전북 전주시의 어느 초등학교에서 학생이 잘못한 일이 있으면 교실 칠판에 레드카드를 붙여두고, 학생의 이름표를 레드카드 옆에 붙이고, 이후 방과후 교실 청소를 하게 한다. 이는 학부모와 교사 간 갈등으로 이어졌고, 교권침해와 아동학대로 상호 고소와 고발하는 상황에 이르렀다. 대법원은 학부모가 반복적으로 담임 교체를 요구한 행위에 대해서는 반복적인 부당한 간섭에 해당한다고 판결했다.

3) 학생인권법을 둘러싼 주체 간 갈등

22대 국회에서 야당이 학생인권법을 발의했다. 그러자 이 법안을 발의한 국회의원들에게 항의전화와 문자가 쇄도하고 있다고 한다. 교원 단체들도 '학생인권법 제정을 반대한다'는 입장을 밝히고 서명 운동을 펼치고 있다. 그동안 보수 혐오세력과의 갈등으로 여겨졌던 학생인권 사안이 학생과 교사의 갈등으로 확대된 것이다. 이런 대립 구도라면 학부모는 당연히 교사가 아닌 학생 편에 설 수밖에 없다.

교육감들은 '학교 구성원 인권법'이나 '학교인권법'을 내세운다. 서로 얽혀 있는 학교 구성원 간 법적 다툼을 해결하기 위해 모든 구성원의 인권을 보장하는 것 같은 '학교인권법'이 공평한 대안처럼 보일 수도 있다. 하지만 학생인권조례가 아닌 학교구성원조례를 제정한 인천의 선례를 보면 이런 시도가 어떤 문제를 일으킬지 충분히 예측 가능하다. 학교구성원조례나 학교인권법이 아닌 '학생인권법'이어야 하는 이유를 잘 설명해 놓은 글을 옮겨 본다.

우리는 여러 주체들 모두가 같은 인권을 보장받을 수 있도록 애써야 하고, 그러기 위해서라도 여러 소수자들이 인권침해를 당하는 원인과 상황을 지우지 말아야 한다. 각각의 인권침해가 일어나게 되는 구조적 원인을 살펴 적절한 정책을 마련해야 한다. 누군가의 인권에 대한 요구를 방해하기 위해 다른 이들의 인권을 평계 삼는 것은 바람직하지 않다. 실질적인 측면에서도 '학교 구성원 인권조례' 같은 방식은 부적절하다. 먼저 학생, 교사, 교사 외의 교직원, 학부모 등은 학교 안에서의 위치도, 처해 있는 상황도 모두 다르다. 교사가 겪는 인권 문제와 학생이 겪는 인권 문제, 학부모가 겪는 인권 문제도 그 양상, 성격, 이유가 각각 다르다. 그럼에도 이를 하나의 제도 안에 담는 것은 구제·증진 시스템을 만드는 데 별로 효과적이지 않다. 또한 교직원의 권리 문제는 상당 부분 법률이나 교육, 정책, 인사 정책 등에 관련되어 조례에서 유의미한 효과를 내고 변화를 만들기가 어렵다. 예컨대 교원의 정치적 권리 문제와 같이 대부분 법률을 개정해야 할 사안이거나 노동조합과의 단체 협약에 담는 것이 훨씬 적절하다. 조례로 보장해야 할 학부모의 인권이 무엇인지는 더욱 모호하다.[10]

함께 만나 각자의 아픔을 이야기해야

지금 학교 구성원들에게 아픔을 주는 것들은 갈등일까, 분쟁일까?

갈등이라면 해결해야 하고 분쟁은 다퉈야 한다. 지금 학교에서 벌어지는 일들은 대부분 갈등이다. 이를 분쟁으로 접근하다 보니 이 다툼에서 상대방을 이기기 위해 전문 기관이나 전문가의 힘을 빌려 오는 것이다. 하지만 민원을 통해, 고소와 고발을 통해, 소송을 통해 학생을 이긴들, 교사를 이긴들, 서로의 이득이 무엇일까.

결국 내일 다시 교실에서 서로 만나야 하고, 전학 가지 않는 한 내 자녀를 맡겨야 한다.

우리 사회는 이미 응보주의에 길들어 있다. '눈에는 눈, 이에는 이'를 적용시키는 것이 가장 공정하다고 생각한다. 정부가 추진하는 정책이나 방향 역시 문제가 일어났을 때 그 행동을 바로잡는 것이 아니라, 문제를 일으키는 범인을 찾아내고, 어떤 규칙을 어겼는지 따져보고, 그에 합당한 벌을 준다. 그러다 보니 계속 새로운 규칙들을 만들어내고, 기존 조치들을 강화하는 것이다.

범인 찾기와 벌주기에만 몰두하면서 우리가 놓치고 있는 게 있다. 그동안

---

10 「학교를 바꾼 인권 선언 – 학생인권조례의 거의 모든 것」 p.109/ 교육공동체 벗

학교공동체는 과연 어떻게 되었나 하는 것이다. 학부모를 악마화하고, 학생인권을 몰아세우고, 교사를 신고하면서 정작 책임져야 할 위치에 있는 사람들과 교육 당국은 강 건너 불구경하듯 쾌재를 부르고 있을지도 모르겠다.

잠시 멈춰 학교 안을 들여다보자. 학부모는 문제행동을 일으킨 일부 학부모들의 잘못에 엮여 학교 밖으로 쫓겨났다. 가장 약자인 학생들은 엉뚱한 화살을 맞고 제대로 누려보지도 못한 인권을 빼앗겼다. 교사는 보여주기식 정책들에 의해 더 큰 상처를 받고 있다.

학부모-교사-학생 간 갈등은 서로를 외면하고 누군가를 쫓아내는 것이 아니라, 어떻게든 대면하고 소통하고 상대방의 입장을 이해해야 해결할 수 있다. 그래야 학교가 산다. 더 늦기 전에 학교 구성원 간 공동체성의 회복이 절실하다.

함께 만나서 무엇이 문제인지, 각자의 아픔이 무엇인지 꺼내 놓자.

참고문헌

- 교육부 「교원의 학생생활지도에 관한 고시」 / 2023
- '초등학교부터 대학까지 '학업중단' 모두 상승⋯교대 첫 3%' / 뉴시스 김정현 기자 / 23. 8. 30.
- 교육공동체의 (불)가능성과 학교라는 '장소' - '서비스'가 된 공교육과 '민원인'이 된 학부모 / 몽글 / 오늘의 교육 77호(2023. 11. 29.)
- 서울특별시교육청 학교 학부모회 설치·운영 및 학부모교육 지원 등에 관한 조례(2016년 제정, 시행)
- [보도자료] 서울 학부모가 생각하는 코로나19 시기 교육의 문제 / 서울 혁신교육지구 학부모 네트워크 / 2020. 9. 25.
- 「학부모의 학교 참여 실태분석 및 개선방안 : 초등학교를 중심으로」 / 서울시교육청교육연구정보원 김명희 / 2023
- 「학부모의 학교 참여 실태분석 및 개선방안 : 초등학교를 중심으로」 / 정리 : 참교육 학부모신문 곽경애 / https://www.hakbumo.news/185
- '학폭처분 학생부 기재' 6년⋯ 학폭심의 2배, 행심 4배 늘어 / 오마이뉴스 윤근혁 기자 / 2023. 3. 10.
- [논평] '교육부 학교폭력제도 개선방안을 환영하며-학교폭력 근본적 해결은 학폭법 폐지가 답이다' / 참교육을위한전국학부모회 / 2019. 2. 1. / https://bit.ly/42HJfOB
- 교육부 보도자료 '2023년 1차 학교폭력 실태조사 결과 발표 / 2023. 12. 14. / https://if-blog.tistory.com/14704
- 고2부터 대입 의무 반영인데⋯서울 고교 '학폭' 4년새 최다 / 뉴스1 권형진 기자 / 2024. 5. 12.
- "사실상 낙제점 제도" '학폭 전담조사관 투입' 우리 학교는 지금 / 일요신문 주현웅 기자 / 2024. 5. 23.
- 1만 9천 명 설문 분석⋯"학생인권 존중되면 교권도 존중" / EBS-김범주 박사 인터뷰 / 2024. 5. 8.
- 「학교를 바꾼 인권 선언 - 학생인권조례의 거의 모든 것」 p.109 / 교육공동체 벗(2024)

학생인권과 교권, 정말 대립적인가?

김성천, 서용선

1. 학생인권과 교권의 관계

교사도, 학생도, 학부모도 아픈 상황에서 또 다른 갈등 양상이 나타났다. 전북 전주의 어느 초등학교에서 3학년 학생이 교감에게 심한 욕설과 폭언을 하거나 침을 뱉는 행위를 했는데, 이 장면이 전국으로 방송되었다. 여러 논란이 있었는데, 이러한 학생의 반항과 저항 내지 반사회적 행동에 대해 교사들이 할 수 있는 일이 별로 없다는 자괴감도 들었고, 교권보호라는 말이 문서나 구호에 그치는 상황이라는 점도 느끼게 된다. 이런 상황에서 무슨 학생인권조례가 필요하느냐는 감정적인 반응도 있었고, 학생인권조례 폐지가 필요하다는 의견을 제시한 교원단체도 있다. 반면, 이 학생은 어찌 보면 정상 범주를 벗어난 아픈 학생이기에 치료가 필요한 학생인데, 이 학생을 '악마화'한다 해서 문제가 해결되지 않으며, 교육을 통한 변화 가능성을 교직자 스스로 부정해서는 안 된다는 자성의 목소리도 제기되었다. 교원단체 내에서도 학생인권조례를 보는 시선은 다르다. 참교육학부모회와 정치하는엄마들 같은 학부모 단체는 학생인권조례는 여전히 필요하며, 한국 사회 전반의 인권을 신장시키려는 노력을 기울여야 한다는 입장이다. 특정 사안을 두고 계속 갈등과 분열의 양상을 보여야 하는가?

모두 아픈 학교, 공동체로 회복 하기

"학생인권을 지키려고 하면 교사의 교권은 지켜지지 못할 것이다."

VS

"학생인권과 교권은 모두 학교인권 범주에 있기에 공존 가능하다."

이 쟁점은 학생인권과 교권의 관계를 '대립과 갈등'으로 보느냐, '공존과 호혜'로 보느냐의 지점에 놓여있다. 어떻게 보느냐에 따라 문제해결 양상도 완전히 달라진다. 학생인권 때문에 교권이 추락했다고 주장하는 측에서는 '학생인권조례'를 주범으로 지목한다. 교권 관련해서는 1991년 '교원의 지위 향상 및 교육활동 보호를 위한 특별법'과 교권 관련 조례도 6개 지역(경기, 광주, 울산, 인천, 전북, 충남)에 있다. 2011년을 기점으로 학생인권과 교권의 관계를 충돌과 갈등으로 보는 관점은 2010년부터 제정된 '학생인권조례'에 근거한다. 말 그대로 학생인권조례로 교권이 추락했고, 학생인권조례 폐지나 개정이 있어야 한다고 본다.

학생인권과 교권은 어떤 관계인가? 통상적으로 학생인권이 커지면 교권이 침해되고, 교권이 커지면 학생인권이 축소되는 대립적 관계로 이해한다. 실제로 학교 현장에서는 일부 학생들이 교사들에게 함부로 행동하여 교사들이 속앓이를 하는 사례가 적지 않다. 몇 차례 경고해도 아랑곳하지 않고 문제가 반복된다. 학창시절 무서운 선생님 앞에서는 조용히 하고, 만만한(?) 선생님 앞에서는 떠들었던 경험을 떠올려보라. 이러한 이중적인 모습을 보이는 학생들의 모습에 교사들은 상처를 입기도 한다. 학생 수도 적지 않은 상황에서 아이들의 요구를 다 반영하며 학급을 운영하기는 곤란하다. 더욱이 학생인권조례가 생겨나고 체벌과 훈육이 사실상 금지되면서 학생 통제가 점점 힘들어졌으며, 이로 인해 학교 현장의 어려움이 가중되고 있다는 목소리가 커지고 있다.

학생들이 교사를 폭행하는 사례가 종종 발생하기도 하고, 2023년에 서이초 사태가 발생하면서 교육부와 일부 교육청, 일부 학교장들은 학생인권이 우선되면서 교권이 땅에 떨어지고 교실 현장이 붕괴했기 때문에 학생인권조례를 개정하거나 재정비해야 한다는 목소리를 높였다. 심지어 대통령실에서도 학생인권조례가 교육 파탄을 초래했다는 입장을 표했고, 이후 전국적으로 학생인권조례 개정 움직임이 나타났다.

교육부는 교원의 학생생활지도에 관한 고시안(2023.8.17.)을 발표했는데, 그 핵심 내용은 다음과 같다.

❶ 전문가에 의한 검사·상담·치료 권고 가능
❷ 교권은 근무시간·직무 범위 외의 상담을 거부할 수 있고, 상담 중 폭언·협박·폭행이 일어날 시 상담을 중단할 수 있음
❸ 수업방해 물품의 분리 보관, 물리적 제지, 수업방해 학생의 분리(교실 안팎 등)
❹ 학생이 교원의 생활지도에 불응하여 의도적으로 교육활동 방해 시 교육활동 침해로 보고 조치하며, 교원의 학교의 장에게 징계 요청 가능
❺ 교원의 생활지도에 대하여 학생 또는 보호자가 학교의 장에게 이의를 제기하고 이에 대한 답변을 받을 수 있음

이러한 학생생활지도 고시안은 일부 학생들이 학급이나 학교공동체의 수업 또는 학급 분위기를 해치고 교사들의 정당한 교육활동을 방해하는 경우에도 제대로 대처할 수 있는 권한이 주어지지 않았다는 문제의식을 반영했다. 궁극적으로 학생인권조례를 문제의 근원으로 지적한 것으로 보인다. 이에 대해 교육정책디자인연구소·교육과정디자인연구소·참교육을위한전국학부모회(2023)는 다음과 같이 비판하는 성명서를 발표했다.

학생인권을 강조할수록 교권이 추락하고, 학생인권을 제한해야 교권을 제대로 보장할 수 있다는 단순 흑백논리의 근거는 대체 어디서 나온 것인가? 학생인권

과 교권을 상충하고 대립하는 관계로 본 정치인들의 몰지각함도 개탄스러운데 교육부 수장이 그런 논리로 교권을 바라보고 있다는 것에 경악을 금할 수 없다. 교권은 학생의 학습권을 보장하기 위해 행사되는 권리로 상호보완적인 관계다. 교권 신장이 학생인권 신장으로 이어지고, 학생인권 신장이 교권 신장으로 이어질 수 있다는 것은 교육공동체 연수 자료에도 나오는 개념이다. 일부 학생과 학부모가 교사를 힘들게 하고 학교공동체를 어렵게 한 사례도, 따지고 보면 인권에 대한 몰이해에서 비롯된 상황으로 해석할 수 있다.

「대한민국 헌법」 제10조에서는 '모든 국민은 인간으로서의 존엄과 가치를 가지며, 행복을 추구할 권리를 가진다. 국가는 개인이 가지는 불가침의 기본적 인권을 확인하고 이를 보장할 의무를 진다.'라고 명시한다. 학교 내 교육 주체 모두가 하나의 소중한 인격이다. 학생도 교사도 모두 인간으로서의 존엄과 인권을 보장받아야 한다. 학생과 교사의 직분과 역할을 떠나 '인간이자 생명의 존엄'이라는 관점에서 존중받아 마땅하다. 교육부와 정치권에서는 시·도교육청의 '학생인권조례'를 제대로 읽어 보았는가? 「헌법」·「교육기본법」·「유엔 아동의 권리에 관한 협약」에 근거하여 학생이 인간으로서의 존엄을 보장받기 위한 권리를 규정할 뿐, 교사의 권리를 침해하는 조항은 어디에도 담겨 있지 않다. 오히려 '학생의 책무로 교사와 다른 학생 등 다른 사람의 인권을 침해해서는 안 된다.'는 원칙이 조례에 명시되어 있다.

이러한 사실을 왜곡한 채 10년 전 종결된 해묵은 정치 선동을 하며 교육의 시계를 과거로 돌리려는 자들은 학생 두발 단속, 복장 검열, 교사의 체벌이 부활해야 교권이 보장되고 작금의 사태가 해결된다고 믿는 것인가? 그리고 일련의 사태는 전국에서 겪는 문제 상황인데, 학생인권조례가 제정되지 않은 지역에서는 해당 문제가 일어나지 않는지 확인해 보았는가? 우물가에서 숭늉 찾는 것 같은 즉흥적인 정치 행태를 당장 멈출 것을 강력하게 요구한다. 무엇보다 이번 사태들은 학생-교사 간 권리 충돌 문제가 아닌, 교육현장에서 극단적 모습을 보이는 이들에 대한 단호한 대처나 합리적 처리시스템의 부재로 일어난 것이다. 이에 대한 책임 있는 대안 마련은 도외시한 채 교육 당국이 앞장서서 학교 구성원 중 일부를 '마녀화'하거나 '편가르기'하며 분탕질하고 있으니 참으로 개탄스럽다.

2. 학생인권과 교권의 개념

그렇다면 학생인권과 교권의 개념은 무엇인가? 학생인권은 크게는 자유권, 복지권, 사회적 지위권으로 나뉜다. 자유권은 종교의 자유, 사생활의 자유, 집회 결사의 자유, 선택의 자유 등을 의미한다. 복지권은 교육받을 권리, 평등한 대우를 받을 권리, 적법한 절차를 통해 권리 제약을 받을 권리 등을 의미한다. 사회적 지위권은 학생과 청소년으로서 보장받는 권리로, 투표할 권리, 교육받을 권리, 평등한 권리 등을 의미한다. 이러한 인권은 1989년 11월 20일 유엔총회에서 만장일치로 채택된 유엔아동권리협약의 내용과 다르지 않다. 이 협약에는 2024년 3월 기준 196개국이 비준했다.

17개 시도교육청 지역 가운데 아직 학생인권조례가 없는 곳도 10곳이나 된다. 서이초 사태 이후 학생인권조례 때문에 교권이 무너졌다고 보는데, 10곳은 학생인권조례가 없다. 이는 어떻게 설명할 수 있을까? 다른 지역의 영향을 받았다고 하기에는 궁색하고, 오래전부터 세계적인 흐름은 아동과 청소년과 학생의 인권을 더 강화하는 추세다. 아동의 권리에 관한 제네바 선언(1924), 유엔 아동의 권리선언(1959), 유엔 아동권리협약(1989)은 어린이, 청소년과 초·중·고 학생들의 인권에 관한 세계사적 표준의 역사다. 선진국과 그 국가의 지방정부는 이미 그들의 법과 제도, 정책, 교육과 문화에 유엔아동권리협약의 가치를 녹여냈다. 일부 내용을 소개하면 다음과 같다(http://incrc.org/uncrc/). 이때 아동은 18세 미만의 모든 사람을 의미하기에 청소년을 포함한다.

본 협약 당사국은, 유엔헌장에서 선언된 원칙에 따라, 인류의 모든 구성원의 타고난 존엄성과 평등하고 양도할 수 없는 권리를 인정하는 것이 세계의 자유, 정의 및 평화의 기초가 됨을 고려하며, 유엔 체제하의 모든 사람의 기본적 인권과 인간의 존엄성 및 가치에 대한 신념을 유엔헌장에서 재확인하고, 충분한 자유 안에서 사회발전과 생활수준 향상을 촉진하기로 결의했음을 유념하고, 유엔이 세계인권선언과 국제인권규약을 통해 모든 사람은 인종, 피부색, 성별, 언어, 종교, 정치적 견해 또는 기타 의견, 민족적 사회적 출신, 재산, 태생 또는 기타 신분 등 어떠한 종류의 차별 없이, 위 선언 및 규약에 명시된 모든 권리와 자유를 누릴 수 있음을 선언하고 동의했음을 인정하며, 유엔은 아동기에 특별한 보호와 돌봄을 받을 권리가 있음을 주창한 세계인권선언을 상기하고, 가정은 사회의 기본적인 집단이며 모든 구성원, 특히 아동의 발달과 행복(well-being)을 위한 본질적인 환경으로서, 공동체 안에서 본연의 책임을 다할 수 있도록 필요한 보호와 지원을 받아야 함을 확신하며, 온전하고 조화로운 인격 발달을 위해 아동은 가정환경과 행복, 사랑과 이해 속에서 성장해야 함을 인정하고, 아동은 사회에서 한 개인으로서 삶을 살아가기 위해 충분히 준비되어야 하며, 유엔헌장이 선언한 평화, 존엄, 관용, 자유, 평등, 연대의 정신 속에서 양육받아야 함을 고려하며, 아동에 대한 특별한 보호를 확대해야 할 필요성은 1924년 아동권리에 관한 제네바 선언과 1959년 11월 20일 유엔총회가 채택한 아동권리선언에 명시되어 있으며, 세계인권선언, 시민적·정치적 권리에 관한 국제규약(특히 제23조 및 제24조), 경제적·사회적·문화적 권리에 관한 국제규약(특히 제10조), 그리고 아동복지와 관련된 전문기구와 국제기구의 규정 및 관련 문서에서 인정되었음을 명심하고…

제2조. 아동은 모든 종류의 차별로부터 보호받으며, 부당한 대우를 받아서는 안 된다.

제3조. 아동에 관한 모든 결정에 있어 아동의 최상의 이익이 우선되어야 한다.

제5조. 부모를 비롯한 아동을 보호하는 성인들은 아동의 잠재력을 키워줄 수 있는 방법으로 적절한 감독과 지도를 행할 책임과 의무가 있다.

제13조. 아동은 말이나 글, 예술 등 다양한 형태로 표현할 권리를 가지며, 아동의 생각이 다른 사람에게 해롭지 않은 한 자유롭게 표현하거나 이야기할 수 있다.

제15조. 아동은 단체와 모임에 가입할 수 있고, 평화적 집회에 참가할 수 있다.

제19조. 아동은 모든 형태의 학대, 방임, 착취로부터 보호되어야 하며, 국가는 이로부터 아동을 보호하기 위해 적절한 도움과 서비스를 지원해야 한다.

제28조. 아동은 교육받을 권리가 있다. 초등교육은 무상으로 제공되어야 하며, 학교 규율은 아동의 존엄성을 침해하지 않아야 한다.

중요한 것은 유엔 아동권리협약이 어린이, 청소년, 학생의 인권만을 위한 새로운 권리의 영역을 만들어 낸 것이 아니며 '누구나'를 전제로 보편적으로 적용될 수 있다는 점이다. 어린이, 청소년, 학생만을 위한 인권이 아니라 누구에게나 필요한 인권 중 어린이, 청소년, 학생에게 적용되는 것으로 이해해야 한다. 우리나라 헌법이 국민 모두를 위한 것이고, 학생인권조례가 현재의 학생만이 아닌 과거, 현재, 미래의 학생은 물론 학생을 둘러싼 교사와 학부모의 영역까지 포괄하고 있음을 이해할 필요가 있다.

이런 내용에 크게 반대할 사람은 없지만, 제시된 내용은 추상적인 선언 수준에 머물러 있다. 이를 구체화하지 않으면 원론적인 논의에 그칠 가능성이 크다. 우리나라의 경우, 이를 구체화하기 위한 작업이 더욱 필요하다. 입시 위주의 경쟁교육이 강한 상황에서는 학생의 특수성을 강조하면서 이러한 원칙을 유보시킬 가능성이 크다. 학교 수업에다 밤늦게까지 학원으로 내몰리는 아이들의 모습이라든지, 과도한 선행학습이야말로 '아동학대'가 아닐까? 아이들이 누려야 할 권리들은 대학교에 가서 찾으라고 하지 않았던가? 고3 시절 서류상으로 자치활동이나 동아리를 했다고 처리될 뿐, 자습으로 대체된 경험이 있지 않았던가? 문화와 일상에서 학생들이 누려야 할 권리를 보장하기란 쉽지 않다.

1978년대에 이루어진 판결만 봐도 고등학교 교사가 방공훈련에 불참한 학생의 뺨을 때려 사망에 이르게 했지만 폭행치사죄에 해당하지 않는다고 했으며, 1979년 판례에서는 수차례 교사에게 체벌을 당한 여중생이 신경증을 앓아서 손해배상청구소송을 냈지만, 법원은 체벌과 정신질환의 인과관계가 불명확하다며 위법성 기각 사유에 해당한다고 판결했다. 이처럼 과거에는 체벌도 어느 정도 허용되었다. 그러나 시대가 바뀌면서 체벌을 함부로 하면 교사에게 어려움이 나타나는 상황에 이르게 된다. 1991년 대법원 판례에서는 교육적 재량에 의한 징계처분도 위법 사유가 드러나면 취소한 사례가 나타났다.

이러한 판례의 변화에도 불구하고 학교 문화는 여전히 과거의 틀을 고수했다. 단적인 예로 입시 경쟁이 치열해지면 등교 시간이 빨라진다. 0교시와 -1교시도 버젓이 실시된 바 있다. 명문학교를 만들겠다는 목표하에 두발과 복장을 강하게 규제하고, 학급회의, 학생회와 동아리 활동 등은 유보된다. 심지어 체벌도 여전히 자행되었다. '팔을 위로 올리고 서 있기' 같은 가벼운 벌에서 종아리를 때리거나 뺨을 때리는 무거운 벌까지 체벌의 스펙트럼은 다양한데, 2000년대 중반까지는 간접체벌이든 직접체벌이든 어느 정도 허용되었다. 야간자율학습과 보충수업을 강제로 진행했던 상황은 예사였다. "잠 좀 더 자자", "아침밥 좀 먹자"는 학생들의 절규는 우리 교육의 어두운 이면이었다. 이런 상황을 조금이라도 극복해보자는 취지에서 학생인권조례가 경기도 교육청에서 먼저 논의되었고, 이후 전국적으로 확산했다. 체벌도 이제는 거의 사라졌는데, 정확히 말하면 학생인권조례 때문에 사라졌다기보다는, 판례 등에서 교사들에게 불리한 사례가 적지 않았으며, 과거에는 체벌을 어느 정도 수용했던 학부모들이 이를 수용하지 않기 시작했고, 민원 등이 점점 강하게 나타났다. 교육부에서도 2011년부터는 간접체벌만 허용했다. 이런 과정에서 체벌 금지와 점진적 금지론, 제한적 허용론 등 사회적 논쟁도 나타났다.

한편, 초중등교육법 제18조의 4는 학생의 인권보장에 관한 조항을 2007년에 신설했다.

> 초중등교육법 제18조의4(학생의 인권보장 등) ❶ 학교의 설립자·경영자와 학교의 장은 「헌법」과 국제인권조약에 명시된 학생의 인권을 보장하여야 한다.
> ❷ 학생은 교직원 또는 다른 학생의 인권을 침해하는 행위를 하여서는 아니 된다.

2010년 경기도학생인권조례가 제정되었는데, 그 내용을 보면 유엔아동권리에 관한 협약이나 초중등교육법 18조 4항 내용을 구체화한 것이다. 제4조 3항에는 "학생은 인권을 학습하고 자신의 인권을 스스로 보호하며, 교장 등 타인의 인권을 존중하기 위하여 노력하여야 한다."고 규정한다. 차별받지 않을 권리, 폭력으로부터 자유로울 권리, 위험으로부터 안전 보장, 정규교과 이외의 교육활동의 자유(강제 야간자율학습과 보충수업 금지), 휴식을 취할 권리, 개성을 실현할 권리, 자치활동의 권리, 학칙 등 학교 규정의 제정·개정에 참여할 권리, 정책 결정에 참여할 권리, 상담 및 조사 등 청구권, 학생인권옹호관 설치 및 운영에 관한 내용을 담고 있다.

소지품 검사는 전면 금지라기보다는 '필요한 최소한의 정도'로 제시한다.

제12조(사생활의 자유) ❶ 학생은 부당한 간섭 없이 개인 물품을 소지·관리하는 등 사생활의 자유를 가진다.

❷ 교직원은 학생과 교직원의 안전 등을 위하여 긴급히 필요한 경우가 아니면 학생의 동의 없이 소지품 검사를 하여서는 아니 된다. 교직원이 교육 목적으로 필요하여 불가피하게 학생의 소지품 검사를 하는 경우 그 검사는 필요한 최소한의 정도에 그쳐야 하며, 전체 학생을 대상으로 하는 일괄검사를 하여서는 아니 된다.

❸ 교직원은 일기장이나 개인수첩 등 학생의 개인적인 기록물을 열람하지 않는 것을 원칙으로 하며, 교육 목적상 필요한 경우에도 신중을 기하여야 한다.

❹ 교장 등은 학생의 휴대전화 소지 자체를 금지하여서는 아니 된다. 다만, 교육활동과 학생의 학습권을 보장하기 위해 수업시간 등 정당한 사유와 제18조에 따라 휴대전화 소지 및 사용을 규제할 수 있다.

그동안 지역별로 추진된 학생인권조례 현황은 아래와 같다.

학생인권조례 시행과 내용

지역	시행	주요 내용	개·폐
경기	2011. 3.1.	체벌 금지, 야간자율학습·보충수업 강요 금지, 복장·두발 길이 등 자율화, 소지품 검사 시 학생 동의, 수업시간 외 휴대전화 소지 허용, 인종·성적 지향·사상 등에 따른 차별 금지, 양심·종교·의사표현의 자유 보장, 학교 운영·교육청 정책결정 참여권 보장, 교내 학생인권심의위 설치 및 학생인권옹호관 임명 등	전면 개정 논의
광주	2011. 10.28.	학칙으로 제한 불가, 체벌 전면 금지, 두발 길이·색상·형태 자유화, 복장 제한 불가, 초·중·고 학생의회 정책 참여, 민주인권센터 설치	의무 조항 논의
서울	2012. 1.26.	유초중고학원 체벌 금지, 과도한 선행학습 금지, 자율학습·방과후학교 강제 금지, 두발·복장 자유, 학생 동의 없이 소지품·일기장 등 검사 불가, 휴대전화 소지 가능, 특정 종교 학교로의 입·전학 거부, 집회의 자유, 인권침해 시 학생인권옹호관 상담조사 청구, 학생인권영향평가 실시, 서울시 학생인권의 날 제정 등	개정 검토

전북	2013. 7.12.	교육에 관한 권리(인권, 학습, 교과외 등), 차별받지 않을 권리, 폭력·위협으로부터 자유(안전, 휴식 등) 사생활의 비밀과 자유(사생활, 개성 실현, 정보 등), 양심·종교의 자유와 표현의 자유, 자치와 참여의 권리(자치활동, 학칙 등 규정, 정책결정 등), 복지에 관한 권리(교육환경, 문화활동, 급식, 건강 등), 인권침해 구제를 위한 권리(징계, 상담과 조사 등)	의무 책임 조항 신설 논의
충남	2020. 7.10.	학생인권 보장, 신체·양심·종교·표현·집회의 자유, 사생활과 개인정보 보호, 정보접근·정보열람·공개청구권, 평등권(차별금지, 성인지 교육, 이의제기 등), 참여권(의견제출, 학생자치·참여 보장, 학칙 참여 등), 교육복지권(양질의 교육, 교육환경, 건강·안전, 소수자 등) 학생인권위와 학생인권옹호관 설치	폐기 처리
제주	2021. 1.8.	학생 청원으로 통과, 교육권(학습, 학교행사 강제 금지 등), 정규 교과 이외 교육활동의 자유, 휴식권, 차별받지 않을 권리(성별·종교·나이·출신·장애·용모 등), 폭력으로부터 자유(안전권, 따돌림, 집단괴롭힘, 성폭력 등), 개성 실현할 권리(복장·두발 등 용모, 학교규칙 제한), 사생활의 자유(개인물품, 일기장, 개인수첩 등 검사 지양),	논의 없음
인천	2021. 9.1	'학교구성원 인권증진 조례'로 통과, 학생·교직원· 보호자 인간존엄 자유·권리 보장, 상호인권 존중, 인권보장 및 증진의 원칙 제정, 교육감·교장 책무, 차별받지 않을 권리, 양심과 종교의 자유, 표현과 집회의 자유, 개성을 실현할 권리, 사생활과 개인정보, 학교교육계획 참여, 정책결정 참여, 학교교육활동지원 권리, 학교환경과 건강권, 학교급식권 등	논의 없음

13년에 걸쳐 8개 지역에서 제정된 학생인권조례의 내용은 비슷하지만, 더 자세히 들여다볼 필요가 있다. 어떤 조항이 교권에 침해되는지, 제정 과정이 교권에 주는 심리적·문화적 충격과 실질적인 갈등이 있는지 면밀히 따져보아야 한다.

초기 학생인권조례에서 가장 논란이 된 문제는 '체벌 금지'였다. '체벌하지 않으면 어떻게 교육할 수 있는가?'였던 것이다. 그런데 헌법 제12조 1항은 '모든 국민은 신체의 자유를 가진다'고 규정되어 있었고, 이후 법적으로도 여러 논의를 거쳤다.[1] 초기 논란 이후, 수년이 지나 이 문제는 여론을 거치면서 우리 사회에 거스를 수 없는 흐름으로 정착했다.

또 다른 논리는 크게 두 가지인데, 하나는 '올바른 성교육과 인성교육 불가'이고, 다른 하나는 '권리만 강조하고 의무와 책임 부재'라는 주장이다. 전자는 동성애 옹호·조장 등 성 정체성과 성 윤리 혼란, 동성애의 보건적 유해성, 음주·흡연·문신 등 청소년 일탈행위 지도 불가 등과 연결되어 있다. 후자와 관련해서는 서이초 사태 이후 가장 많이 논의되는 부분이고 개정 논의가 있을 수 있다.

서이초 사태 이후 처음으로 충남과 서울에서 학생인권조례를 폐지했다. 경기도는 학생인권과 교권의 모호한 통합을 전제로 각각의 조례를 폐지하려 하고 있다. 다른 지역도 교육감 측에서든 의회 측에서든 개정 검토 중이다. 특별하게도 인천의 경우, '학교구성원 인권 증진 조례'라는 이름으로 가장 최근 시행되었고, 이번 사태 이후에도 개정이나 폐지 논의는 없다. 이런 흐름은, 경우나 사례에 따라(case by case) 지역별로 학생인권조례에 대한 판단이 다르다는 점을 말해준다. 왜 지역에 따라 사례나 경우에 따라 다를까? 향후 이 부분에 대한 면밀한 검토가 필요하다.

그러나 시간이 지나면서 상황은 달라졌다. 학생인권을 강화하면서 현장의 어려움이 가중되었고, 교권침해의 원인으로 지목되면서 학생인권조례를 폐지하거나, 교권과 학생인권을 함께 강조하면서 상대적으로 학생인권을 약화시

---

[1] 헌법재판소 판례는 '신체의 자유는 모든 기본권 보장의 전제가 되는 것으로서 신체활동을 자율적으로 할 수 있는 신체 거동의 자유와 함께 신체의 안전성이 외부로부터의 물리적인 힘이나 정신적인 위협으로부터 침해당하지 아니할 자유를 포함한다. 신체의 자유는 헌법상 모든 기본권 보장의 종국적 목적이자 기본이념이라 할 수 있는 인간의 존엄과 가치에 밀접하게 관련되어 있다.'고 적시했다. 초중등교육법 제18조 4항은 2007년에 다음과 같이 개정되었다. '① 학교의 설립자·경영자와 학교의 장은 「헌법과 국제인권조약에 명시된 학생의 인권을 보장하여야 한다. ② 학생은 교직원 또는 다른 학생의 인권을 침해하는 행위를 하여서는 아니 된다.'

키려는 서울시의회나 충남도의회, 경기도의회 같은 흐름이 나타나고 있다.

3. 교권침해의 영역과 본질

고전(2012)은 교권침해 영역과 사례를 다음과 같이 제시했다.

교권침해 영역과 침해 영역별 대표 사례

교권침해 영역	침해 영역별 사례	비고
교사 교육권 영역: 교육의 자유 침해	- 국가교육과정 운영 - 국·검·인정 교과서 제도 - 교장의 지도·감독권 - 학생·학부모의 침해(지도 불응, 수업 중단)	- 교육당사자 간 교육권 배분 문제 - 교육과정 및 교과서 개편 정책 문제 - 단위학교 내 역할분담 및 권한 배분 - 교사의 수업과 업무 집행 방해 문제
교사 신분 지위 영역: 사회적·경제적 침해	- 신분 인사 관련 조치 - 안전사고 관련 피소 - 생활지도 관련 피소	- 교권침해의 전형적인 유형 - 부당 인사·징계·처분·근평·연가·휴직 등 - 소송은 교사의 책임 범위가 핵심 쟁점 - 교사의 민·형사적 부담 과중 영역
국민 기본권 영역: 정신적·육체적 침해	- 폭언·욕설·성희롱 - 폭행·금품요구·협박 등 - 명예훼손 - 사생활 침해	- 교육당사자 간 분쟁 과정에서 빈발 - 사실적 구제가 곤란한 정신적 침해 - 법적 분쟁으로 전개되는 육체적 침해 - 조사 보도 과정에서 발생하는 2차 침해

출처: 고전(2012), p.62

고전(2012)에 의하면 교권침해는 학생과 학부모에 의해서만 자행된다기보다는 국가 권력이라든지 교장·교감 같은 상급자, 동료 교원, 교육청 같은 상급기관에 의해서도 이루어질 수 있다. 크게는 교육과정-수업-평가-생활지도를 전문성에 의해 실행할 수 있는 권한의 인정(교사의 교육권), 교사의 신분 유지가 가능한 상황의 인정(교사 신분 유지), 교사나 공무원 이전에 국민의 자유와 안전, 존엄성 등을 존중받을 수 있는 기본권(국민 기본권) 영역으로 나눌 수 있다. 근래 나타난 '갑질' 학부모의 모습은 세 영역을 동시에 침해했다고 볼 수 있다.

아래 표는 학교급별 교육활동 침해 현황을 보여준다. 2019년 2,662건에서 2020년 1,197건으로 줄었다가 2021년 2,269건, 2022년 3,035건으로 폭발적으로 증가했다. 코로나 상황 이후 학교의 어려움은 더욱 가중된 것으로 보인다. 동시에, 학교폭력예방법이라든지 아동학대처벌법 등이 강화되면서 자녀의 불이익을 최소화하기 위해 아동학대로 교사에 대한 민원을 제기하거나 소송을 거는 사례가 늘었다는 것이 지배적인 분석이다. 앞서 언급한 것처럼 학생인권조례가 한몫했다는 주장도 있지만, 이는 논리적 비약으로 보인다. 학생인권조례가 모든 지역에 있는 것도 아니고, 6~7개 지역에서만 발효되고 있다는 점을 고려하면, 교육활동 침해 현황은 전국적인 현상이지 인권조례가 있는 지역에서만 나타나는 현상은 아니기 때문이다.

학교급별 교육활동 침해 현황

(단위: 건)

학년도	초			중			고			기타			합계		
	학생	학부모 등	계	학생	학부모 등	계	학생	학부모 등	계	학생	학부모 등	계	학생	학부모 등	계
2019	185	102	287	1,394	77	1,471	856	48	904	-	-	-	2,435	227	2,662
2020	50	44	94	488	36	524	543	36	579	-	-	-	1,081	116	1,197
2021	149	67	216	1,158	64	1,222	767	36	803	24	4	28	2,098	171	2,269

학년도	유			초			중			고			특수			각종			기타	합계		
	학생	학부모등	계	학생	학부모등	계	학생	학부모등	계	학생	학부모등	계	학생	학부모등	계	학생	학부모등	계	계	학생	학부모등	계
2022	0	5	5	202	85	287	1791	71	1,862	807	38	845	29	3	32	4	0	4	0	2,833	202	3,035

출처: 교육부·한국교육개발원, p.5와 국회교육위원회 전문위원의 초중등교육법 일부개정법률안 검토자료 재인용

한국교원단체총연합회(2023)는 교권침해 상담 사례가 2019년 413건에서 2022년 520건에 달했다고 밝혔다. 침해 주체는 학부모 241건, 교직원 127건, 학생 54건, 처분권자에 의한 부당한 신분 피해 59건, 제3자에 의한 피해 28건으로 나타났다. 교권침해의 주체가 학부모와 학생만이 아니며 광범위하게 나타나고 있음을 확인할 수 있다. 한편, 이 보고서는 학생의 문제행동을 교정하는 과정에서 나타난 방법을 문제 삼아 아동학대로 신고하거나 이슈화하는 사례가 늘어났다고 지적했다.

4. 교권과 인권, 어떻게 바라보아야 하는가?

교권은 상대적 권리이며, 인권이 상위 개념 내지는 절대적 권리로 봐야 한다. 학생과 교사는 공히 침해받을 수 없는 인권이 있다. 인권은 헌법적 가치와 거의 동등한 수준으로 보장받아야 하기 때문이다. 교권은 그 자체로서 존재한다기보다는 국가나 학부모로부터 자녀의 성장과 발전을 위해 위임 혹은 보장받은 권리로 해석할 수 있다. 하지만 일부 학생들은 미성숙한 태도와 행동을 보일 수 있으며, 때로는 공동체의 질서를 해침으로써 전체 학생의 배울 권리를 침해할 수 있다. 그런 점에서 학생 권리는 무제한 보장받기보다는, 타인이나 공동체의 권리를 침해할 가능성이 있는 상황에서는 제한되어야 하며, 조정 또는 제약받을 수 있다. 다만, 제약 과정에는 일방적인 방식이 아닌 합

리적인 절차와 내용이 필요하다.

그렇다면 학생들의 인권을 과도하게 인정해주어서 교권침해가 이루어졌다고 볼 수 있을까? 인권 존중과 보장은 저절로 이루어지는 것이 아니라 상호 노력을 필요로 한다. 즉, 나의 권리가 소중한 만큼 타인의 권리가 소중하며, 나의 권리가 타인의 권리를 침해할 때 제한되어야 한다는 점을 배워야 한다. 이른바 인권 감수성을 어떻게 기르고 보장할 것인가는 학생인권조례뿐만 아니라 공교육이 지향해야 할 중요한 교육적 목표이며 비전이다. 따라서 학생인권조례의 취지와 목적을 제대로 학습받고 이해하는 학생이라면 교사와 동료 학생들에게 심리적·물리적 폭력 행위를 자행할 수 없다. 타인의 권리를 침해하는 학생이 있다면 제대로 된 인권교육을 받지 못했기 때문에 인권 감수성이 떨어지는 결과가 악순환을 만들고 있다고 봐야 한다.

5. 대안은 없는가?

우선, 교권을 침해하는 소수의 학생과 학부모에 대해서는 제도적·문화적 견제가 필요하다. 아동학대처벌법 남용 방지가 필요하다. 정당한 교육 행위에 대한 면책 특권을 보장하고, 무고죄에 대한 대응도 필요하다. 무죄 추정 원칙에 의해 민원이나 신고를 받았다는 이유로 직위해제를 남발해서는 안 된다. 특정 문제를 일으킨 교원에 대해서는 교육청의 조사나 감사 등이 가능하다. 이러한 내적 규제와 책무 장치를 가동시켜도 여러 문제를 막을 수 있다.

하지만 교권 관련 법률과 시행령을 강화하고, 아동학대처벌법을 개정하고, 학생생활지도 고시를 강화했다 해도 공동체 차원의 소통과 논의, 합의 구조는 여전히 중요하다. 실제로 생활지도는 큰 방향을 제시했고, 세부 내용은 학칙에 위임하고 있다. 학칙은 결국 학부모와 학생, 교원의 논의와 합의를 거쳐 구성해야 한다.

학교는 사법부와 경찰, 행정기관과는 다른 속성을 지닌다. 교육적 속성인데, 이는 곧 학교공동체의 복원과 소통 과정을 의미한다. 학교는 관료적 속성이 있지만 공동체적 속성을 동시에 지닌다. 모든 것을 법률과 시행령, 규칙과 규정으로 해결할 수 없다. '눈에는 눈, 이에는 이' 같은 응보적 패러다임만 적용하기에도 곤란하다. 학생들이 잘못했다 해도 언젠가는 개선되거나 변화될 가능성이 있는 존재라는 믿음은 교육을 구성하는 중요한 원리이기 때문이다. 그런 점에서 경찰이나 검사의 접근과는 다른 방식이 필요하다. 하지만 안타깝게도 교육의 행정화, 입법화, 사법화 현상이 심화하면서 교육적 차원의 조정과 소통, 타협의 여지는 갈수록 좁아지고 있다.

이때의 공동체는 과거의 전통만 고수하면서 '우리가 남이가' 같은 부정적 인맥이 작동하는 폐쇄성을 의미하지 않는다. 학습과 소통, 참여를 내포한 열린 공동체이며, 서로 다름을 인정하면서도 하나의 지향점을 향해 나아가는 포용 공동체 혹은 차이 공동체다. 과거의 관습과 관행에 젖어들기보다는 문제를 제기하면서 당연한 것을 낯설게 바라보는 혁신형 공동체다. 개인의 자유만 중시하는 자유주의가 아닌 공동체와 공동선, 공공성의 가치를 중시하는 공화주의와 결합된 견제와 균형의 공동체다. 자유주의가 방임과 방종으로, 공화주의가 개인의 억압으로 변질되어서는 곤란하다.

이런 관점을 생각한다면, 국가주의·시장주의를 넘어선 제3의 길, 이른바 혁신형 공동체 모델을 적용해야 한다. 하딘은 '공유지의 비극'을 제시한 바 있다. 사유지를 아껴 쓰던 농부들이 공유지에 있는 목초지를 함부로 사용하여, 결국 공유지가 황무지로 변하는 상황에 이를 수 있다. 반면 오스트롬은 '공유지의 희극'을 제시했다. 제한된 자원을 아끼기 위해 작은 공동체가 합의하고, 감시하고, 실행하면서 시너지 효과가 있을 수 있다는 것이다. 국가와 시장이 할 수 없는 일을 공동체가 오히려 더욱 잘 감당할 수 있음을 오스트롬은 입증했다. 이때 공동체의 합의와 질서에 대해 중앙정부나 지방정부는 인정해주어야 한다. 그 과정에서 자치는 꽃피울 수 있다. 학교라는 공동체도 자 첫하면 교육력이 떨어지는 자원 고갈 상태에 이를 수 있다. 서이초 사태도 교육 황폐화나 상호 신뢰가 바닥에 이른 상황으로 볼 수 있다. 공동체의 복원을 도모해야 한다.

극단의 대립은 불신에서 시작된다. 진상 학부모와 일부 소통이 안 되는 교사를 상정하고 학교를 구성해서는 곤란하다. 신뢰를 전제하고 논의해야 한다. 양극단의 불신 행태를 보이는 1~2%의 존재들은 98% 이상을 차지하는 합리적 교사, 학생, 학부모가 견제해야 한다. 그러한 공동체의 질서를 먼저 만들어야 한다. 그러려면 문화와 일상, 실천의 원리가 건실하게 작용해야 하며, 그들에 의해 학교의 규율과 일하는 방식 등이 정리되어야 한다. 예컨대 학생회, 학부모회, 교사회의 1차적 자정 기능이 필요하다. 진상 학부모가 있을 경우, 공화주의적 관점을 지닌 대다수 학부모가 이들을 견제해야 한다. 수업방해가 심한 학생에 대해서는 학생회가, 무임승차하는 일부 교사에 대해서는 교사회가 내부 자정 기능을 발휘해야 하며, 소통하면서 합의된 비전과 원칙으로 일탈자를 견제해야 한다. 그러한 문화와 실천의 힘이 제도 개선으로 이어져야 한다.

동시에, 일상적 소통이 중요하다. 대립과 갈등, 차단은 문제를 더욱 키울 수 있다. 학급 내 학교폭력 문제가 발생했다고 해보자. 이때 교사가 가해·피해 학부모와 충분히 소통하는 과정이 필요하다. 그렇지 않은 상태에서 학교폭력 가해나 피해 사실을 교사가 학부모에게 알리기 전에 학부모가 먼저 학생으로부터 상황을 알게 되면 객관화가 어려워지면서 문제 해결은 더욱 어려워진다. 즉 소통의 타이밍과 방식도 매우 중요하다.

학교공동체에서 발생하는 여러 문제가 학교의 일상에서 논의될 수 있는 장이 필요하다. 이러한 일상의 장이 형성되지 않으면 오해가 불신을 낳고, 누적된 불신이 공동체의 파괴로 이어질 수 있다. 이는 법률과 규정·규칙으로 해결되지 않는 관계와 소통, 문화의 영역이 적지 않은 비중으로 남아 있음을 의미한다. 그 영역의 힘을 키워가는 과정은 곧 공동체를 만들어가는 과정이다. 갈등 없는 조직은 없다. 문제는 그 갈등을 미리 막을 것인가 아니면 판을 키울 것인가의 문제다. 더욱 중요한 것은 학교장과 교감의 역할이다. 일상의 소통 채널을 확보하고, 나아가 주체 간 입장을 충분히 듣고 이를 조정하고 해소하는 리더십이 더욱 중요해진다. 한마디로 소통의 다리 역할과 정보의 배급을 잘하는 미드필더 같은 역할이 요구된다. 우리 학교에서 중간 리더십을 발휘하는 사람들은 누구인가? 학부모 임원이나 학생회 임원 역시 중요한 리더들이다. 어찌 보면, 현재 벌어지는 많은 일은 학교공동체가 무너졌으며, 갈등을 해결할 수 있는 내적 역량을 기르지 못한 대가를 치르는 것인지도 모르겠다.

참고문헌

■ 고전(2012). 교권보호 법제화의 쟁점과 과제, 교육행정학연구 30(4), 53-72.

■ 교육부(2022). 모든 학생의 학습권 보장을 위한 교육활동 보호 추진, 교육부 보도자료(2022.12.27.)

■ 교육부(2023). 수업 중 휴대전화 사용 금지, 수업방해 제지 등 교권 확립·학습권 보호를 위한 지침, 2학기 시행, 교육부 보도자료(2023.8.17.)

■ 교육정책디자인연구소·교육과정디자인연구소·참교육을위한전국학부모회(2023). "교권과 학생인권을 대립구도로 몰고가려는 교육부와 일부교육청의 정치적 선동을 규탄한다". 성명서(2023.7.24.)

■ 김자영(2012). 청소년의 인권의식 유형에 영향을 미치는 요인에 관한 연구, 시민청소년학연구, 3(1). 5-40.

■ 한국교원단체총연합회(2023). 2022년도 교원보호 및 교직상담 활동실적. 한국교원단체총연합회.

■ UN(1989), Convention on the Rights of the Child., 유엔 아동권리협약.

주요 판례로 본
학교 안 폭력과 문제점

이슬아

학교폭력의 정의

서이초 사건 이후 발표된 주목할 만한 설문 조사 결과가 있었다. 교권침해 관련 설문 조사(강득구 국회의원, 교육정책디자인연구소, 2023)에 따르면 응답자(교원, 학부모 대상 총 13만 2,359명 참여) 중 교원 90% 이상이 학교 내에서 과도한 민원을 받은 사례를 경험한 것으로 나타났다. 이러한 사건과 설문 결과는 교원, 학생과 학부모의 대립을 뒷받침해주는 주요한 증거물이다.

이 책에서 일관되게 밝히고 있듯이 교사와 학생인권은 제로섬 게임이 아니다. 교사와 학생인권은 상반되는 단어도 아니며, 가치를 품고 있지도 않다. 이 때문에 학교라는 공간에 속한 교사와 학생은 함께 어우러져 공동체의 역할과 몫을 수행해야 한다. 다만, 학생은 미성년자이기에 법적 보호자인 부모에게 보호를 받는다. 학교에서 함께 있는 이는 교사와 학생으로, 교사는 학생의 수업 태도, 교우관계 등과 관련하여 학생과 상담을 하기도 하지만, 법적 보호자인 부모와 학생 관련 상담을 해야 하는 경우가 많다.

이러한 과정에서 교사와 학부모는 서로의 이해관계 속에 충돌하여 누군가는 악성 민원인으로, 누군가는 보호받아야 하는 이로 사회적으로 낙인찍혀

모두 아픈 학교, 공동체로 회복 하기

가고 있다. 이렇듯 교사와 학생, 학부모를 대립 관계로 보는 것이 과연 타당한가? 이를 누군가의 잘못으로 여기며 집단 낙인과 질타로 이어지는 것이 옳은가?

답은 '그렇지 않다.' 학교라는 공간은 학생의 전인적인 성장을 위한 공간이다. 학생의 성장에 동반하는 이가 가족은 '부모', 학교는 '교사'임을 되새기며, 학교 내 공동체 구성원의 역할과 몫을 이해하며, 서로 포용하여 이해하는 공간으로 이해해야 한다.

안타깝게도 학교가 공동체의 모습을 만들어 가는 데 큰 걸림돌 중 하나가 학교폭력 문제다. 평소 좋은 관계를 지니다가도 특정 사안이 발생하면서 학생 간 갈등이 부모와 부모, 부모와 교원으로 확산하는 사례가 적지 않기 때문이다. 부모와 부모, 학교를 둘러싼 공동체의 문화적 견제가 포용으로 변화하려면 우선 학교 현장에서 어떤 폭력 사건이 발생하며, 이를 어떻게 법적인 해석을 통해 해결해 가는지 알아야 한다. 이 글에서는 범위를 조금 넓혀 학교 안에서 발생한 폭력 중 학생과 학생과의 관계도 포함하여 이야기를 나누고자 한다.

우리나라는 학교폭력과 관련하여 「학교폭력예방 및 대책에 관한 법률」을 제정하여 제2조 제1항에서 다음과 같이 규정하고 있다.

> "학교폭력이란 학교 내·외에서 학생을 대상으로 발생한 상해, 폭행, 감금, 협박, 약취·유인, 명예훼손, 모욕, 공갈, 강요, 강제적인 심부름 및 성폭력, 따돌림, 사이버 따돌림, 정보통신망을 이용한 음란, 폭력 정보 등에 의해 신체, 정신 또는 재산상의 피해를 수반하는 행위로 정의한다."(학교폭력예방 및 대책에 관한 법률 제2조 제1항)

위 법률은 학교폭력 발생 장소, 적용대상, 유형을 포함한 개념을 구체화한다. 발생 장소는 '학교 내·외'로 규정되며, 학교폭력 유형은 '신체폭력(상해, 폭행, 감금 등)', '언어폭력(협박, 명예훼손, 모욕 공갈)', 강요, 따돌림, 성폭력, 사이버폭력 등이 포함된다. 또한, 학교폭력 대상의 경우 '학생'으로 한정하는 것을 볼 수 있다. 하지만, 학교에서 나타난 폭력은 이제 학생에게만 집중되는 상황이 아니다. 학교 안팎에서 이루어지는 폭력의 경우 학생이 아닌 부모, 자퇴생, 교사 등 다양한 사람에게 영향을 미칠 수 있으며, 피해 범위에 따라 학교폭력 사안인지를 가릴 수 있다(임상훈 외, 2024). 따라서 학생이 교사를 괴롭히고 폭력을 행사하는 '교권침해' 같은 상황을 돌아볼 때 이러한 상황들은 충분히 학교에서 발생한 폭력으로 볼 수 있다. 이 글에서는 학교 현장에서 발생하는 학생 및 교사를 대상으로 한 학교폭력 관련 사안 처리 절차와 판례를 살펴보고자 한다.

1. 학교에서 나타난 폭력 대상을 보호하는 절차는 마련되어 있는가?

가. 학생

학교폭력 문제를 해결하려면 예방하는 것이 중요하다. 그러나 학교폭력은 불특정 시간과 장소에서 발생할 수 있어, 피해자를 보호하고 가해자를 선도하는 교육을 해야 한다. 이러한 기조 아래 교육부는 학교폭력 사안 처리 유의 사항 관련 가이드북을 제공하며, 「학교폭력 사안 처리 유의 사항」을 재정리하여 제시했다.

학교폭력 사안 처리 유의 사항(교육부, 2024)

1. 학교폭력 사안이 발생한 경우, 공정하고 객관적인 자세를 끝까지 견지하고, 적극적인 자세로 학교폭력 사안 처리를 위해 노력한다.

2. 학생과 학부모의 상황과 심정에 대한 이해와 공감을 통해 신뢰를 형성하고, 불필요한 분쟁이 추가적으로 발생하지 않도록 한다.

3. 학교폭력 사안 조사 시에는 관련 학생들을 분리하여 조사하고, 축소·은폐하거나 성급하게 화해를 종용하지 않도록 한다.

4. 학교폭력 사안 조사는 가능한 한 수업시간 이외의 시간을 활용하고, 부득이하게 수업시간에 할 경우에는 별도의 학습기회를 제공하도록 한다.

5. 학교폭력대책심의위원회 결정 전까지는 피해 학생, 가해 학생을 단정 짓지 말고 관련학생이라는 용어를 사용한다.

6. 전담기구 사안 조사, 학교폭력 전담 조사관의 조사 및 학교폭력대책심의위원회 조치 결정시 관련학생 및 보호자에게 의견진술의 기회를 제공하여야 한다.

7. 성범죄 관련 사안을 인지한 경우, 예외 없이 수사기관에 즉시 신고한다.

8. **동일한 사안**에 대하여 재심 성격의 학교폭력대책심의위원회는 개최하지 않는다.

위의 학교폭력 사안 처리는 '사전예방', '관계회복', '사후지도' 등의 세 방향으로 볼 수 있다(임상훈 외, 2024). 먼저 '사전예방' 차원은 관리자, 교직원, 학생, 학부모 등을 대상으로 예방교육을 강화하고 체험학습 및 캠페인 등을 통해 예방 활동을 한다. 또한, 학교폭력 실태조사와 교내·외 학교폭력 사전예방지도 등 안전을 위한 상담과 순찰을 통해 학교폭력 사건 예방을 목적으로 한다.

다음으로 '관계회복' 차원은 사안 처리 전 과정에서 이루어져야 하는 것으로, 학교폭력의 피해 및 가해 학생의 관계 회복을 위해 상담, 프로그램을 지속적으로 운영하고자 노력한다.

마지막으로 '사후지도'는 학교폭력 사안 처리 이후 학교폭력 재발을 방지하고, 피해 학생이 학교에 잘 적응할 수 있도록 지도하고, 가해 학생을 선도하며 주변 학생을 교육하는 활동을 말한다.

특히, 2024년 3월에는 '학교폭력예방 및 대책에 관한 법률 시행령'이 일부 개정되면서 피해 학생 지원 조력인 '전담지원관 제도'를 신설하며, 학교폭력 사안 조사는 교사가 아닌 학교폭력 전담조사관이 담당하게 했다. 학교폭력 전담조사관은 사회복지사, 교원·경찰로 재직하고 있거나 재직했던 사람으로, 피해 학생에게 필요한 서비스를 잘 파악하며 전문성을 갖춘 이들로 구성하여 피해 학생의 맞춤형 지원이 가능한 제도로 보완하고 있다.

하지만 2024년 3월부터 시작된 학교폭력 전담 조사관 제도의 한계는 명확하다. 운영을 시작한 지 얼마 되지 않아 조사관 인력은 턱없이 부족하며, 이는 교사의 업무 부담을 덜기 위해 신설된 제도임에도 교사의 업무 부담에 직접 영향을 미치면서 교사의 업무 부담이 늘어나는 실정이다(연합뉴스, 2023.03.29.).

나. 교원

교사의 교육활동 침해행위라 하면, 이는 '교원의 정상적인 교육활동을 방해하는 행위'라 할 수 있다. 한국교원단체총연합회(이하 교총)의 교권침해를 살펴보면 2000년대 이후 계속 증가함을 볼 수 있다(연합뉴스, 2023.08.01.).

특히 2010년대 교총에서 접수된 교권침해 결과가 430건임에 비해 2023년 기준 약 11,000건으로, 25배 정도 늘어난 교권침해 사건이 접수된 것으로 보인다.

교권침해 접수 현황(한국교원단체총연합회, 2023)

구분	아동학대 등 악성민원	업무방해/ 수업방해	폭언/욕설	폭행	성폭력	전체
학부모	6,720	173	1,346	97	8	8,344
학생	-	1,558	958	636	132	3,284
합계	6,720 (57.8%)	1,731 (14.9%)	2,304 (19.8%)	733 (6.3%)	140 (1.2%)	11,628 (100%)

모두 아픈 학교, 공동체로 회복 하기

접수 현황(한국교원단체총연합회, 2023)에 따르면 아동학대와 민원과 관련된 교권침해 사례가 가장 많으며, 다음으로 폭언·욕설, 업무방해/수업방해 순으로 교권침해 사례가 나타나는 것을 확인할 수 있다.

　현재 학교폭력 대상으로 '교원'이 법률적 근거로 포함되지는 않으나, 학교 내·외 교권침해의 이슈들이 증가함에 따라 교육활동 침해로 고통받는 피해 교원을 보호하기 위해 교원을 법률적·제도적으로 보호하고 상담과 치유 프로그램을 통해 업무를 수행할 수 있도록 교육부(2022)는 교육활동 보호 매뉴얼을 제시했다.

　이 매뉴얼에 따르면 교육활동 침해 행위는 다음과 같다. 첫째, 형법에 명시된 '공무 방해에 관한 죄' 또는 '업무방해에 해당하는 범죄 행위', 둘째, '교육활동 중인 교원에게 성적 언동 등으로 성적 굴욕감이나 혐오감을 느끼게 하는 행위', 셋째, '교원의 정당한 교육활동에 반복적으로 부당하게 간섭하는 행위', 넷째, '교육활동 중인 교원의 영상·화상·음성 등을 촬영·녹화·녹음·합성하여 무단 배포하는 행위', 다섯째, 그 밖에 '학교장이 「교육공무원법」 제43조 1항에 위반한다고 판단하는 행위의 경우 모두 교육현장에서 교원의 교육활동을 침해하는 행위로 간주된다.

　학교 내에서 교육활동 침해 발생 시 사안 처리를 다섯 단계로 제시하고 있다. 첫째, 초기 대응과 사안을 신고하며, 둘째, 피해교원 보호와 사안을 조사해야 한다. 셋째, 사안 조사 후, 넷째, 학교 교권보호위원회가 열린 후 다섯째, 사안을 종결하는 것으로, 총 다섯 단계로 대응할 것으로 안내될 것을 볼 수 있다. 사실 교육활동 침해 행위는 학교 내에서 폭행, 상해, 협박, 무단 촬영, 녹화, 녹음 후 배포, 성적 굴욕감 등으로 매우 다양하게 나타날 수 있어 이와 관련하여 적극적인 대응으로 안전한 교육현장을 마련하는 것이 필요하다.

교육활동 침해 사안 처리 흐름도(교육부, 2022)

원칙	절차	업무담당자(교장, 교감, 업무담당 교원 등) 대응요령	피해교원 대응요령	관련 서식
신속한 초기 대응	초기 대응 및 사안 신고	• 인지 즉시 적극 개입 • 교육현장 안정화 -관련자와 피해 교원 일시분리 -업무대행자 지정 -목격 학생 진정시키기 • 보호자에게 연락 • 중대한 경우 경찰에 신고 • 언론 및 대응 창구 단일화	• 가해행위 중단 요청 • 주변에 도움 요청 • 현장에서 벗어나기 • 담당자에게 신고	• 사안신고서 (서식 1)
	피해교원 보호 및 사안 발생 보고	• 피해 교원 보호조치(학교장) -특별휴가, 조퇴, 병가 허가 -응급처치, 병원 후송, 심리상담 지원 -심리상담, 법률상담, 공무상 요양 신청 안내 등 • 관할 교육지원청 및 시도교육청에 사안 발생 보고 -중대사안의 경우 시도교육청에서 교육부장관에게 보고	• 특별휴가, 조퇴, 병가 신청 • 부상 치료 및 심리 상담 지원 요청	• 사안발생 보고서 (서식 2)
공정한 교권 보호 위원회 운영	사안 조사	• 피해교원 면담 • 학교교권보호위원회 등 절차 안내 • 피해교원의 의사 확인 • 관련 학생 및 보호자 만남 • 문답서, 진술서, 사실확인서 등 작성 • 목격자 진술, 현장 사진 등 증거 수집 • 조사보고서 작성	• 당시 상황 기록 정리 • 진술서 등 증거 제출 • 관련자 조치, 필요한 보호조치 등 의사 전달 • 심리상담, 법률상담	• 의견서 (서식 3) • 조사보고서 (서식 4)
	학교 교권 보호 위원회	• 안건 설정 • 학교교권보호위원회 소집 -학교장이 위원장에게 소집 요구 -위원장이 각 위원에게 소집 통지 -위원장이 피해 교원, 관련자에게 출석 통지 • 당사자에게 진술 기회 부여 • 분쟁조정 • 관련 학생에 대한 조치 의결 • 피해 교원 추가 보호조치 권고 • 회의록 작성	• 사실관계 진술 • 서면진술 가능 • 관련자 조치, 추가로 필요한 보호조치 등 의사 전달	• 출석통지서 (서식 5) • 조치의결서 (서식 6)
	사안 종결	• 학교교권보호위원회 심의 결과 통지 • 심의 결과에 대한 이행 독려 • 피해 교원 심리치료 등 지원 • 재발 방지 조치, 추수 지도 • 불복절차 안내, 지원 • 관할 교육지원청 및 시도교육청에 결과 보고	• 피해 회복 및 치유	• 결과통지서 (서식 7-1, 7-2, 8) • 결과보고서 (서식 9)

2. 학교폭력 및 교육활동 침해 주요 판례

앞서 살펴본 것과 같이 학교폭력과 교육활동 침해와 관련하여 학교에서 학교폭력이 일어난 상황을 자체적으로 해결할 수 없을 때 사안이 종결되지 못하고 행정심판 및 행정소송 사례들이 나타날 수 있다. 이와 관련된 학생을 대상으로 한 학교폭력 판례와 교원의 교육활동 침해 주요 판례를 살펴보자.

가. 학생을 대상으로 한 학교폭력 주요 판례

학생을 대상으로 한 학교폭력의 경우 청소년 5명 중 1명이 사이버 폭력 경험이 있는 만큼 사이버 폭력의 피해가 급증하고 있다(연합뉴스, 2023.03.29.). 이러한 사이버 폭력은 언어폭력, 명예훼손 등의 형태로 나타나 피해 학생에게 굴욕감, 모욕감 등을 느끼게 하며 정신적인 피해를 입힌다. 또한, 학교폭력의 유형 중 '심리적 학교폭력'은 '사이버 폭력'과 연관되어 나타나며, SNS 단체 대화방 내 다른 학생을 험담, 성희롱한 내용이 학교폭력으로 문제되는 경우가 많다. 아래 판례를 토대로 학교폭력으로 인정한 단체 대화방과 일대일 대화방 사건을 살펴보자.

1) SNS 단체 대화방 험담으로 물든 사이버 폭력(서울행정법원 2018구합84607 판결)

[사실관계] "가해 학생(원고)은 중학교 1학년 학생들 중 일부로 구성된 메신저 그룹 채팅방에 입장했다. 위 채팅방에는 30~40명의 학생이 가입되어 있으나 피해자는 채팅방 회원이 아니었다. 가해 학생(원고)을 비롯하여 당시 채팅방에 입장해 있던 학생들이 무단으로 피해자의 사진을 편집해서 올리거나 피해자의 외모를 비하하는 메시지를 올리기 시작했다.

[판결] 학교폭력예방법 제2조 제1호에 근거하여 가해 학생의 행위는 피해자의 면전에서 이루어진 직접적 가해행위가 아니더라도 피해자에게 실제로 전달되어 피해자의 정신적 피해를 수반한 이상, 위 행위는 단순한 '뒷담화' 정도에 그치지 않고 피해자에 대한 '모욕'으로, 학교폭력에 해당한다.

위 사건에서 중요한 내용은 채팅방에 직접적으로 피해 학생이 없는 단체 대화방이어도 학교폭력의 사례로 볼 수 있다는 것이다. 피해자가 채팅방 회원이 아니었더라도 불특정 다수의 동급생이 가입해 있는 채팅방에서 이루어진 내용은 피해자에게 충분히 전해질 수 있으며, 채팅 내용이 피해자에게 알려져 피해자는 상당한 정신적 고통을 입음을 법원에서 인정한 판례로 학교폭력에 해당한다고 본 사례다.

2) 1대 1 대화방에서의 성희롱으로 인정된 학교폭력(서울행정법원 2020구합65012 판결)

[사실관계] "가해 학생(원고)은 카카오톡 메신저로 당시 같은 반 친구에게 다수의 학교 여학생들을 성적으로 비하하고 희롱하는 메시지를 반복적으로 보냈다. 이후 가해 학생(원고)과 메시지를 받은 학생은 멀어지게 되었고, 메시지를 받은 학생은 자신의 휴대전화에 저장되어 있던 이 사건 메시지를 피해 학생에게 알렸다.

[판결] 학교폭력예방법 제2조에 제1호에 근거하여 '가해 학생(원고)이 학생과 카카오톡 메신저를 통해 피해 학생에 대한 음담패설이 담긴 이 사건 메시지를 주고받았다'의 행위는 '명예훼손', '모욕'으로 학교폭력에 해당한다.

위 사건에서 중요한 내용은 가해 학생(원고)의 행위가 충분히 제3자 전파 가능성이 있어, 학교폭력의 명예훼손 또는 모욕에 해당한다는 것이다. 가해 학생(원고)과 메시지를 받은 학생의 휴대전화에는 피해자에 대한 메시지가 남아 있어 제3자에게 전파될 수 있음을 인정했고, 결과적으로도 메시지를 받은 학생이 가해 학생(원고)으로부터 받은 이 사건 메시지를 캡처하여 피해자를 포함하여 여러 학생에게 널리 전송한 상황을 볼 때 이 행위는 명예훼손과 모욕으로 이어져, 학교폭력 중 성폭력 유형에 해당하는 주요한 사례로 볼 수 있다.

앞서 살핀 두 판례의 내용을 종합하면 첫째, 가해 학생(원고)이 카카오톡 같은 SNS 메신저로 단체 대화방 또는 일대일 대화방에서 피해 학생을 험담하고, 신체부위를 언급하고, 학생 사진을 업로드하며 성적으로 희롱하는 표현을 썼다는 것이다. 둘째, 피해 학생이 관련 사실을 알게 되어 피해자는 자살 충동을 호소하며 정신과 치료를 받는 등 상당한 정신적 고통을 입었다는 것이다. 이때 주요 내용의 하나는 '직접적으로 피해 학생이 없는 대화방'에서의 내용이어도 대화방 내용상 피해 학생에게 인격적 가치를 침해하는 것으로 판단하여 피해 학생이 굴욕감, 모욕감을 느끼기에 충분하다고 보는 것이다. 따라서 대화방 내용이 피해 학생에게 직접 전달되지 않더라도 내용상 피해 학생의 인격적 가치를 침해하고 모욕하는 경우는 학교폭력으로 간주할 수 있다는 것이다.

나. 교원의 교육활동 침해 주요 판례

1) 교원의 정당한 교육활동과 보호자의 부당한 간섭행위(대법원 2023.9.14. 선고 2023두37858 판결)

교권침해와 관련된 주요 판례 중 교사의 교육활동을 침해하거나 부당하게 간섭해서는 안 된다는 판례가 나왔다. 주요 내용으로 수업 중 장난을 친 초등학생 자녀에게 칠판의 레드카드에 이름표를 붙이고 교실 청소를 시켰다는 이유로 담임교사의 교체를 반복적으로 요구한 행위는 교육활동 침해라는 것이다. 교사가 학생을 가르치는 과정에서 교육과정의 판단과 교육활동이 존중되어야 한다는 요지의 주요 판례이며, 자세한 내용은 다음과 같다.

[사실관계] 초등학교 2학년 교실에서 학생이 수업 중에 페트병을 손으로 비틀어 큰 소리를 내어 주의를 주었고, 그럼에도 학생이 위와 같은 행동을 반복하자 생수 페트병을 뺏은 후 학생의 이름표를 칠판의 레드카드 부분에 붙였다. 담임교사는 종전에도 레드카드에 이름표가 붙은 학생을 방과 후에 남겨 교실 청소를 돕게 했는데, 당일 레드카드를 받은 학생 외 다른 학생에게도 방과 후 빗자루로 교실 바닥을 청소하게 했다. 이후 학생의 부모님은 교감 면담을 신청했으며, 담임교사가 학생에게 쓰레기를 줍게 한 것은 아동학대이고, 담임교사와 대화가 통하지 않는다는 이유로 담임 교체를 학교에 계속 요구했으며, 아동학대 혐의로 담임교사를 교육감에게 민원 제기, 고소했다. 이후 학교는 교권보호위원회를 열어 교육활동 침해를 중단하라는 통지서를 학부모에게 발송했다.

[판결] 담임교사는 법률상 자격이 있는 초등학교 교사로, 학생 부모(원고)가 간섭한 담임교사의 직무수행은 정당한 교육활동에 해당하고, 학생 부모(원고)가 행한 교육활동 침해행위는 '반복적 부당한 간섭'에 해당하며, 교원지위법 제15조 제1항 제4호 등에 따른 보호조치의 주체, 절차 '정당한 교육활동'에 반복적으로 부당하게 간섭하는 행위는 허용되지 않는다.

교육기본법 제14조에 따르면 '학교교육에서 교원의 전문성은 존중되며, 교원의 경제적·사회적 지위는 우대되고 그 신분은 보장된다라고 명시되어있다. 이처럼 교사의 교육활동은 법에 근거하여 지위를 획득하고 교권지위법 제2조에 따라 교원이 학생에 대한 교육과 지도를 할 때 그 권위를 존중받을 수 있도록 특별히 배려해야 한다. 또한, 학교 안전법 제2조에 따라 학교장의 관리·감독하에 행해지는 수업·특별활동·재량활동·과외활동·수련활동·수학여행 등을 수행할 수 있다. 이처럼 교원 보수, 신분 보장 등으로 법적 지지를 받지만 학교 현장에서는 앞서 살핀 판례처럼 무분별한 아동학대와 과도한 담임 교체 요구 등은 교원의 교육활동 침해로 보이는 사례다. 학교 현장에서 학생과 학부모가 교원의 권위를 인정하고 존중하는 문화가 확산해야 한다.

학교 안에서 발생한 폭력 관련 법적 해석과 공동체의 역할

학교에서 일어난 다양한 폭력 문제에 직면했을 때 학교 내에서는 어떻게 대응해야 하는지, 또 학교에서 일어난 폭력 상황에 따른 주요 판례를 살폈다. 학교에서 일어나는 폭력이 사회적 이슈로 대두되고 공분을 사는 이유는, 힘의 불균형 속에서 고의적이고 반복적으로 괴롭히는 행동이 인간관계에 어긋나는 행위이기 때문이다. 그래서 학교 안팎에서의 폭력을 주의 깊게 살펴보아야 한다.

학교폭력예방 및 대책에 관한 법률에 따라 학교폭력은 학교 내외에서 일어나는 폭력으로, 신체적 폭력, 언어폭력, 따돌림, 성폭력, 사이버폭력 등을 포함한 다양한 유형으로 나타난다. 또한, 법적으로 학교폭력의 피해자는 학생으로 한정되나, 실제로는 교사 같은 학교 내 구성원도 학교폭력의 대상이 될 수 있다는 광의적 해석을 고려해야 한다. 이는 교사의 교육활동 보호에 대한 정의를 확대하는 측면이라 할 수 있다.

또한, 다양한 폭력 유형에 대한 인식이 확산하도록 궁리해야 한다. 앞서 살핀 사례를 종합해 볼 때 학교폭력의 주요 사례는 SNS 단체 대화방 험담, 1대1 대화방 성희롱 등의 사이버 폭력 사례가 학교폭력으로 인정된 판례로 해석된다. 법률 제2조 1항에 근거한 내용으로, 학교폭력은 신체적 폭력뿐만 아니라 언어폭력, 사이버 폭력 등 다양한 형태로 나타난다는 것이다.

이를 종합하면, 학교폭력 개념이 점차 확대되고 변함을 모두 인식하고 인지해야 한다고 할 수 있다. 이는 현대 사회의 변화와 맞물려 더욱 복잡하고 다양한 양상으로 나타나기 때문에, 학교폭력의 대상과 유형을 확대하여 이해하고 대응하는 것이 매우 중요하다.

학교폭력 대상 및 유형의 확대와 다양한 폭력 유형 및 학교폭력 대상의 인식 확대는 경각심을 높여 교육 환경을 긍정적으로 변화시키는 토대가 될 수 있으며, 안전하고 건강한 학교 환경을 조성하기 위해선 학교폭력 예방의 포괄적인 대응 방안을 마련해야 한다. 그러나 학교폭력의 범주와 범위가 지나치게 넓게 해석되면서, 학교 현장의 부담이 가중되고 있는 것도 사실이다.

이와 연계하여 이 장에서 살핀 '판례'는 학교폭력에서 나타난 관련 사례의 선례가 될 수 있기에 사안 처리의 '공정성과 투명성'이 중요하다. 이때 중요한 것은 어떤 행위가 학교폭력과 교권침해에 해당하며 해당 조치가 적정한지 판단할 때 법적 해석이 개입되는 점이다. 이는 '학교폭력 사안 처리의 공정성과 투명성'을 유지하는 것이 필요함을 각인시킨다.

결국 문제에 대한 판단자의 상식, 주관, 경험 등에 의해 결정되는 것은 규범적인 가치로 결정되는 선례가 되며 추후 유사 사례가 반복되면 여러 내용과 요소를 종합적으로 고려하여 판단하고 또 다른 선례를 남기게 된다. 이 때문에 법원에서의 판례들은 학교에서 일어나는 다양한 사건의 해결책이 될 수도 있지만, 부적절한 선례로 남을 수도 있다.

사건들의 이런 불확실성은 학교 내 관리자, 교사, 학부모 그리고 학생들이 학교에서 폭력이 일어나지 않게 예방함과 동시에 선제적 대응을 위해 적극적으로 노력해야 함을 시사한다. 특히, 학교 내에서 상호 소통으로 풀어갈 수 있는 사안임에도 외부 전문가를 찾는 태도보다는 학교 내에 제도를 활용하여 적극적으로 해결점을 모색하는 것이 필요하다.

학교 조직은 학교 내 폭력적인 상황이 발생하지 않도록 적절한 교육과정과 프로그램을 활용하여 학생들 간, 교사와의 관계를 증진시키고 문제가 발생할 경우 신속하고 효과적으로 대응할 수 있는 시스템을 갖추어 운영함으로써 유사 사례를 방지하기 위해 노력해야 한다. 심각한 사안은 교육청이나 사법기관 시스템을 활용해야 하지만, 경미한 사안에 대해서는 대화와 소통으로 풀어갈 수 있는 관계의 녹색지대가 필요하지 않을까? 공정한 조사와 교원의 업무경감을 명분으로 학폭조사관제가 도입되었지만 또 다른 부작용과 한계도 나타났다(더에듀, 2024.7.2). 선한 취지로 도입된 정책이 선한 결과를 낳지는 않는 사례를 적지 않게 보고 있으며, 학교폭력 관련 정책은 더욱 그런 양상이 나타난다. 결국 예방, 관계와 소통, 양보, 타협, 회복, 신뢰의 가치가 복원되어야 하며, 그 토대에서 제도와 시스템이 작동해야 한다.

학교 현장과 학교 구성원은 위기 상황에 있다. 이러한 교육 환경을 회복시킬 힘이 있는 이들은 학교 구성원이다. 행복한 학교 현장을 위해 관리자, 교사, 학부모 그리고 학생들은 모두 주인의식을 가지고 책임감 있게 임해야 한다.

참고문헌

■ 교육부(2022). 교육활동 보호 매뉴얼. 교육부.

■ 교육부, 이화여자대학교 학교폭력예방연구소(2024). 학교폭력 사안 처리 가이드북.

■ 더에듀(2024.7.2.). 고성은 장학사: 학폭조사관 도입 취지 살리려면?. "열린 마음이 필요해". https://www.te.co.kr/news/article.html?no=23082 (2024.7.9.인출)

■ 연합뉴스(2023.08.01.). 「팩트체크/ 학생인권조례 때문에 교권침해가 늘어났다?」. https://www.yna.co.kr/view/AKR20230801034200518. (2024.04.01. 인출)

■ 연합뉴스(2024.03.29.), 「우려가 현실로…학폭 조사관제 불만에 전북교육청 개선책 '고민'」, https://www.yna.co.kr/view/AKR20240328149700055?input=1195m (2024.04.01. 인출)

■ 임상훈, 김성미, 박선희, 김현진, 이슬아(2024). 학교폭력예방 및 학생이해. 서울: 교육과학사.

■ 한국교원단체총연합회(2023). 교권침해 사례 모음집, 한국교원단체총연합회.

무엇이
문제였을까

교육현장의 아픔, 법과 제도의 한계

서용선

교권보호의 목소리와 행동 앞에 공동체가 멈춰 서있다. 교권은 인권과 연결되어 있고, 법과 제도 또한 그러해야 국가와 사회라는 틀에서 의미가 있다. 현재 드러나는 쟁점들은 법과 제도성에서 공동체 회복을 지향해야 한다. 그래서 쟁점에 대한 면밀한 분석이 필요하다. 여기서는 두 가지 쟁점으로 나눠 살펴보고자 한다.

1. 교권 확립은 제도인가, 문화인가?

"교권 확립을 위해서는 법 제·개정 포함 제도 확립이 반드시 필요하다."

VS

"교권 확립은 교육의 영역으로, 학교 현장의 문화 정착이 더 중요하다."

교권 4법이 통과되었지만, 학교 현장에서는 아직도 갈 길이 멀다는 반응이 많다. 이런 반응에는 '제도주의' 관점과 '문화주의' 관점이 뒤섞여 있음을 말해준다. 제도주의는 사회적 동물인 사람과 그들이 만들어 낸 조직들의 행위를 제도 관점에서 설명하고, 문화주의는 문화의 생성과 소멸에서 가장 큰 영향을 끼치는 것은 사회에서 생성된 문화 그 자체로 보는 관점이다. 다시 말해,

교권에 대한 제도주의적 표현이 교권 4법으로 구현되었지만, 학교 문화의 생성이라는 관점에서는 아직 진행되지 않았다는 점을 보여준다. 이는 다시 교권과 관련된 제도가 먼저냐, 학교 문화가 먼저냐의 갈등으로 나타날 수도 있다. 이는 학교공동체 형성 과정에서도 같은 양상으로 나타날 수 있다.

교사들은 일부 학부모의 악성 민원에 수년간 광범위하게 시달렸고, 교권 4법이 통과된 지금도 이런 상황은 진행 중이다. 서이초 사태 직후 조사한 '교권침해 경험이 있는가?'에 대해 초등교사의 99.2%가 '그렇다'고 답했다는 사실은 교사는 물론 학교 현장이 총체적 난관에 처해 있음을 보여준다(전국초등교사노조, 2023). 이 설문에서 교권침해 유형으로 '학부모의 악성 민원(49%)'이 가장 많고, '정당한 생활지도에 대한 불응, 무시, 반항(44.3%)'이 뒤를 이었다. '학부모의 폭언, 폭행(40.6%)', '학생의 폭언, 폭행(34.6%)'도 적지 않았다.

이런 상황을 심리적 차원, 물리적 차원, 사회적 차원으로 나눠볼 때, 교권 문제는 이 모두에 곧바로 적용된다. 먼저 심리적 차원을 보면, 2023년에만 상해 폭행, 수업방해 등과 관련해 심리 상담을 받은 경우가 19,799건으로 집계되었다(서울경제신문, 2023). 이는 2017년 3,498건에 비해 466% 폭증한 것이다. 2022년 교권보호위원회 심의 건수가 3,035건인데 비해 교원치유지원센터 심리 상담 및 법률 상담 건수가 1만 5천여 건임을 감안하면 5배가량 높다. 오랜 시간 걸리는 구제 절차, 신고로 인한 낙인의 고통 등으로 신고하지 않는 경우까지 고려하면, 드러나지 않은 건수도 더 많을 것이다. 이런 통계들은 교사들의 심리적 어려움이 적지 않음을 명확히 말해준다. 교원안심보험 가입자가 8천여 명에 이르고, 시도교육청이 충분히 지원하지 않아 교원단체나 노조가 변호사 계약 등으로 지원하는 형태도 이어진다.

물리적 차원에서 보면, 2023년 기준 최근 6년간 교사 폭행 건수는 1,249건에 이른다(경향신문, 2023). 한 예로, 2023년 7월 서울 양천구의 한 학교 특수반에서 벌어진 교사 폭행 건은 사회적으로 큰 충격을 주었다. "어쩌라고 개✕

모두 아픈 학교, 공동체로 회복 하기

x야", "그럼 때려줄까?" 등의 폭언과 전치 3주의 상해로 해당 교사는 외상 후 스트레스 장애까지 생겼다. 교단에 누워 휴대전화를 하는 학생, 상의를 벗고 수업을 듣는 학생 등 교실이라는 공간에서 직·간접적인 피해까지 고려하면, 교사들의 물리적 피해는 심각한 수준에 다다른 것이 분명하다. 이런 교육활동 침해가 발생했을 때, 소속 교육지원청 학교통합지원센터에 보고하고 112나 학교담당경찰관(SPO) 등에 신고하지만, 피해 교사는 어떠한 지원도 받지 못하는 현실이다. 그래서 이 점에 대한 대책 요구가 가장 많고, 이 요구의 대부분은 교사 보호를 위한 법적 기반과 제도적 지원책을 갖추는 것이다. 심리적 차원을 포함해 물리적 차원의 문제에 대한 제도 요구가 큰 것이다.

사회적 차원에서 보면, '군사부일체'나 '교사의 그림자도 밟지 않는다'는 말에서 알 수 있듯이, 그동안 교사의 사회적 위상이 높았던 것이 사실이다. 입시와 교육열이 너무 지나쳐 아이들을 병들게 하고 학교가 황폐화되어가는 현실도 심각하다. 서이초 사태의 주범은 '과도한 경쟁교육'이라는 지적도 있다(한성준, 2023: 26). 하지만 교육을 중요시하고 교사를 존중하는 정서 자체는 여전히 남아 있다.

10년 전, GEMS 재단(2013)에서 실시한 '교사 위상 지수' 국제연구에서 우리나라는 4위인 62점이었다[중국(100.0점), 그리스(73.7점), 터키(68.0점)]. 하지만 역설적이게도, '교사 신뢰도'는 5.4점[브라질(7.2점), 핀란드(7.1점), 스페인(6.8점), 중국(6.7점), 이스라엘(5.2점), 일본(5.3점)]이었고, '교육시스템'은 4.4점이라는 낮은 점수였다(높은 국가: 핀란스·스위스·싱가폴 순, 낮은 국가: 한국·이집트·일본 순). 교사에 대한 기대는 높지만 신뢰는 낮고, 교육시스템은 형편없는 수준임을 여실히 보여준다. 다른 나라에서 이미 정착한 교권보호 제도는 아래와 같이 널리 알려졌다(한국교육개발원, 2014).

○ **(영국)** 법적으로 금지된 체벌을 제외한 각종 근신, 압수, 정학, 퇴학 수준의 훈육적 처벌 권한이 교사 및 학교장 수준에서 보장됨. 물리력을 사용할 수 있으나 처벌은 불가능. (예) 지시를 따르지 않는 학생을 교실에서 제외하거나 학생이 물리적인 감정 분출을 통해 자해할 위험성을 억제할 필요가 있을 때, 또는 금지물품(흉기, 주류 등)을 수색하기 위해 학생에게 물리력 사용 가능함.

○ **(독일)** 학교법에 교사가 교육적 조치와 규제적 조치를 취할 수 있도록 명시. (예) 노르트라인-베스트팔렌주 교육법은 수업권 침해 행위에 대한 토론, 경고, 해당 학생 및 학부모와 상담, 구두 및 서면 비판, 현재 수업에서 제외를 통한 수업권 박탈 등을 명시함. '폭력예방네트워크'는 학교가 교사를 보호하고 안전하게 유지하기 위한 조치를 취하는 데 도움을 주며, 교사가 폭력에 노출되는 상황에서 민감하게 반응하도록 돕고, 폭력을 당했을 때 그 결과를 완화시키도록 함. 교사에 대한 폭력 상황에 대해 포괄적이고 실천적인 정보를 제공하고, 실질적 폭력의 예방 및 후속조치를 위한 조언을 함.

○ **(프랑스)** 교사가 학생, 학부모 등 교육 서비스 이용자에 의한 폭력의 희생자가 되는 경우나 기타 교육서비스 제공 중 발생하는 문제로 법정에 서게 되는 경우 법적인 보호를 받을 수 있음. 교사들은 교육서비스와 관련된 법적인 다툼에서 변호사를 선임하고, 변호를 받을 수 있으며, 변호사 비용은 국가가 부담함. 교권 관련 사건에 중재자 제도를 이용하여 처리할 수 있음. 교사가 교육현장에서 겪는 어려움을 토로하고 도움받을 수 있는 상담 네트워크 PAS(Prevention, Aide, Suivi)가 있음. 폭력 사건의 경우, 학생이나 학부모 등에게 형법에 의해 처벌받으며, 이와 별개로 학생의 경우 학교 교칙에 따라 처벌받음.

○ **(일본)** 학부모 대응 매뉴얼을 따로 공개하고, 교사 업무방식 개혁 차원에서 학부모 대응 매뉴얼을 수집·공개함. (예) 기후현은 학부모에 대한 대응 매뉴얼에 따라 학교로 방문한 경우, 방문자 수와 동수 이상의 인원으로 대응하여 기록, 연락 등 역할분담을 하고, 학교 내 출입하기 쉬운 장소에서 대응하게 함.

(예) 오사카시의 경우, 학생들의 문제 행위를 5단계로 나누어 대응 담당과 지도 장소 등을 달리함. '5단계에 따른 문제행동 대응 차트'에 따라 1~3단계까지는 학교 안에서 지도함. 1단계는 담임, 학년, 관리직이 파악하여 주의를 주고 지도하며, 2단계는 학부모를 개입시켜 지도함. 교사에게 폭언과 폭력을 행사한 사례는 3단계에 해당하여 경찰서 및 관계기관과 연계하여 교내에서 지도함. 학생이 교사의 얼굴을 가격한 사례는 4단계로, 교육위원회가 학교관리규칙에 따라 출석정지 조치를 하고 학교 밖에서 지도함. 교사를 때려 전치 3주의 중상을 입힌 사례는 최고 수위인 5단계로, 교사는 상해로 경찰에 피해를 신고하고 교육위원회에 보고함. 교육위원회, 경찰, 시 복지국은 상담을 통해 갱생 프로그램을 작성하여 아동자립지원시설에서 지도함.

위 국가들의 교권 관련 제도가 학교공동체와 어떻게 연동되는지는 정확히 알 수 없으나 몇 가지 시사점을 찾을 수 있다. 첫째, 대체로 교사들의 생활지도 권한이 강하고, 이 권한은 학교 전체와 다수 학생의 학습권을 위해 사용된다는 점이다. 둘째, 학부모 대응 매뉴얼을 정부 기관이 앞장서서 만들었고, 이는 학부모 집단에 대한 공세적 입장이 아니라 학교와 학생 보호를 교사가 해야 하는 입장이라는 점이 중요하게 받아들여졌다. 셋째, 단계별 조치가 촘촘하고, 유관기관과의 실질적인 협조가 이루어졌다. 넷째, 교권 확립을 교육적 관점으로도 풀어가면서 학교공동체 문화 형성으로까지 나아가고 있다. 제도가 문화를 뒷받침하고, 교육 주체들이 계속해서 문화를 만들어가는 형태로 보인다.

2. 교권 확립이 학교공동체로 연결될 수 있을까?

"교권 확립은 다른 계기가 있다면 연결될 뿐, 학교공동체와는 직결되지 않는다."

VS

"교권 확립은 거리와 인식의 차이가 있을 뿐, 학교공동체와 직결되어 있다."

교권 확립과 학교공동체 형성 및 구축은 관계가 있을까? 있다면 거리는 얼마나 되고, 그 사이의 변수들은 또 어떤 것들이 있을까? 서이초 사태에서 '교권보호', '교권 보장', '교권 확립'이라는 교권 구호가 널리 퍼졌지만, 거기서 멈춘 것이 아니라 그 이상의 의미가 운동에너지에 함축되어 있었다고 볼 수 있다. 아래 내용은 이 같은 주장을 뒷받침한다.

학교에 희망이 있을까? 그럼에도 학교에는 희망이 있다고 말하고 싶다. 30만의 사람들은 결코 교사들만으로 이루어지지 않았다. 우리 교육에 미래가 있다고 믿는 사람들, 학교가 정상화되길 바라는 사람들의 응원이 모여 30만을 만들었다. 그 속에 희망이 있다. 우리 교육의 미래, 학교의 정상화는 어떤 모습이어야 하는지 집회에서는 끝내 말하지 못했지만, 우리는 그 모습을 찾아가야만 한다. 공교육의 진정한 회복을 기대하며(김승호, 2023).

아래 그림은 그 단초에 해당하는 것이다. 교권을 넓게 보면 교사인권이고, 학생인권, 학부모인권과 같은 선상에 있다. 물론 이를 위해서는 현재 교권의 범주에 교육의 자유나 정치적 자유 같은 인권 요소가 충분히 포함되어야 한다(김언순, 2014: 85). 이는 학교인권, 인권학교에 대한 논의로 이어진다. 유네스코 '2050 교육의 미래보고서'(2021: 9) 또한 교육 재건을 위한 제안으로 '인권을 보장하는 학교'를 천명한다.

모두 아픈 학교, 공동체로 회복 하기

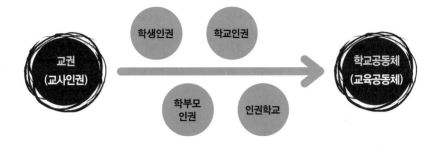

교권–학교공동체 스펙트럼

학교인권이라는 관점을 말하기 위해서는 개인 중심의 '자유권적 기본권 관점의 인권'에서 학교라는 사회집단의 '사회권적 기본권 관점의 인권'으로 논의의 관점을 옮길 필요가 있다. 자유권은 '국가로부터 간섭받지 않고 자유롭게 행동할 수 있는 국민의 기본권'을 말한다. 신체의 자유, 거주·이전의 자유, 직업 선택의 자유, 주거의 자유, 사생활의 비밀과 자유, 통신의 비밀과 자유, 양심의 자유, 종교의 자유, 언론·출판·집회·결사의 자유, 학문과 예술의 자유, 재산권 등이 해당한다.

이와 달리 사회권은 사회적 존재로서의 인간이 존엄과 가치를 가지고 인간다운 생활을 향유하기 위해 '국가에게 적극적인 배려를 요구할 수 있는 권리'이다. 여기에는 인간의 존엄과 가치 및 행복추구권, 교육받을 권리, 근로의 권리, 노동 3권, 인간다운 생활을 할 권리, 환경권과 주거권, 모성보호, 보건권 등이 해당한다. 물론 인권에는 자유권적 기본권에 해당하는 내용도 있으나, '학교'를 전제로 했을 때 사회권적 기본권 관점의 인권도 포함된다. 특히, 교권에서 시작해 학교공동체 형성을 위해서라면, 그리고 학생인권과 학부모인권이 동시에 보장된 것이라면, 이 논의는 중요한 시사점을 갖는다. 학생, 학부모, 교사 모두 학교를 전제로 하는 사회적 존재이고 권리와 의무가 있기 때문이다. '교육 받을 권리'가 사회권적 기본권이기에 더욱 그러하다.

국회에서 교권 4법이 통과되었을 때 냈던 메시지를 다시 떠올려보자. "교권보호 4법 개정, 교육공동체 회복의 전환점으로 삼아야"는 '모든 학생의 학습권 보장', '학부모를 교육공동체의 보호자', '교육감과 학교장의 책무 강화'까지 포함되어 있는데, 이 사실 자체가 사회권적 기본권 관점이 녹아 있는 것으로 볼 수 있다.

3. 공동체와 멀어지는 교육구성원들

'학교공동체를 살릴 수 있을까?'라며 회의적으로 생각하는 사람들이 점점 많아지는 것 같다. 서이초 사태를 겪고 나서 복잡하고 어려운 실타래를 풀지 못한다는 생각에 공동체보다는 집단의 방어막이 더 쳐지는 것으로 보는 사람들이 많아진 것 같다. 실제로 학교 현장에서 벌어지는 일들을 겪는 교직원은 물론 학부모도 학교가 공동체라는 의식이 예전에 비해 많이 희박해졌다. 갈등은 심각해졌고 작은 일에도 더욱 민감하게 반응한다. 서이초 사태 이후 "학교 다 배려부렀어야잉~" 하는 구수한 전라도 사투리도 소름 돋는 현실을 그대로 보여준다.

하지만 서이초 사태라는 일련의 과정에서 평가받아야 할 부분은, 교사들이 주체가 되어 유례없는 집회를 추진하면서[1] 교육정치운동의 형태로 시민들의 공감대를 형성했고, 여야 정치권의 합의로 신속 처리하도록 견인했다는 점이다. 물론 서이초 사태 이전, 예고된 폭발은 마그마처럼 수년간 잠재해 있었고, 서이초 사태 당시 이 폭발은 용암처럼 무시무시한 것이었다. 현재 서이초 사태 이후, 적지 않은 사회적 논의도 식지 않고 진행 중이다. 이런 논의에

---

1 '전국교사일동'과 '점에서 점으로'라는 말이 상징하듯이, 서이초 교사 집회는 특정 단체 주도가 아닌 점, 온라인 집회 기획과 준비, 자발적인 집회 자금 모금, 질서정연한 집회 추진, '진상규명'과 '교권보호'라는 분명한 메시지, 집회 후 즉각 해산 등 유례없는 집회의 새로운 모습을 보였다.

학부모들은 일부 공감하면서도 역사 변증법처럼 이에 대한 반작용의 목소리와 행동이 나타나기도 한다.

이 에너지는 과연 어디로 갈 것인가? 교실에서, 카페에서, 토론장에서 이러 저러한 작은 견해와 심지어 주변의 넋두리를 들어보면, 모종의 철학들이 담 겨있음을 확인한다. 학생인권과 부딪치는 문제, 교권 확립을 위해 필요한 추 가 법안, 교육부와 교육청에서 실효성 있게 추진해야 하는 사안, 학교 안착을 위한 구체적인 논의 등 다양한 갈래의 논의가 이어지고 있다. 그런데 과연 이 런 논의가 모여 학교공동체로 나아갈 수 있는가? 이는 학생·학부모·교사를 포함한 교육 주체들은 물론 전문가와 일반 시민들의 초미의 관심사다. 어떻 게 살릴지에 대한 방법론은 객관적인 현실 진단과 냉철한 대안에 대한 공감 이 없으면 어렵다.

우리나라 학교 체계와 역사는 조선말과 일제를 거쳐 군사정권, 산업화, 민 주화, 정보화를 지나고 있다. 그래서 '학교공동체'에 대한 관점도 사람마다 시 대마다 다르다. 실제 학교 현장에서도 학교공동체의 구현 여부와 양상에 대 한 판단이 다양하다. 서이초 사태 이후 교권 확립 기반의 학교공동체는 어떤 것이어야 하는지, 교육현장에는 어떤 아픔이 있고, 법과 제도의 한계가 무엇 인지 살펴보자.

4. 서이초 사태로 만들어진 법과 제도

2023년 7월 18일(수), 서울 강남 서이초등학교 내 교보재 준비실에서 한 교사가 안타깝게 사망했다. 이 사건으로 시작된 교사 중심의 서이초 집회가 9월 4일(월) 49재 집회를 정점으로 지금까지 총 11회, 130여 만 명이 참여한 사회적 사건이 되었다. 7월 20일(목), 초등교사 최대 온라인 커뮤니티 '인디스 쿨'에 한 교사(닉네임 '굳잡맨')가 "함께 모이자"라는 제안 글을 올린 후 벌어진

일이다.

이후 4번째 집회부터 6개 교원단체(교사노동조합연맹, 새로운학교네트워크, 실천교육교사모임, 전국교직원노동조합, 좋은교사운동, 한국교원단체총연합회-가나다 순)가 역사상 처음으로 뭉쳐서 참여했다. 비 오는 뜨거운 여름날에 슬픔에 대한 감정, 동질감, 목소리를 공유했다. 그것도 '전국교사일동'이라는 집회 안에서 이름을 드러내지 않는 방식을 취했다. 더구나 교권 4개 항을 준비해 공동 결의했다. 6개 단체가 모여 공동 의제를 만들고 추진하는 일 자체가 한국교육사에서 최초였다. 그 4개 항은 아래와 같다.

① 학생 즉시 분리 가능한 교사의 생활지도권 보장
② 무분별한 아동학대 신고를 방지하기 위한 관련 법 개정
③ 교사들이 수업에만 집중할 수 있도록 민원창구 일원화
④ 학급에서 문제를 일으키는 정서행동 위기학생 지원책 마련

①과 ②는 법이 통과되었고, ③은 진행 중이지만 체감이 쉽지 않다. ④도 법안 초안이 작성되어 있으나 합의되지 않고 총선 분위기라 국회 논의도 지지부진했다. 하지만 당시 정치권과 국회는 이전과 사뭇 다르게 신속하게 응답하면서 9월 21일(목) 국회 본회의 1호 법안으로 교권 4법을 통과시켰다. 이후 12월 8일(금)에는 아동학대처벌법 개정안이 연이어 통과했다. 그 내용은 아래와 같다.

모두 아픈 학교, 공동체로 회복 하기

교권보호 5법 주요 내용

법 률	내 용
교원지위법 개정안	• 아동학대 수사 시 교육감 의견 제출 의무화 • 아동학대 신고 교원 직위해제 처분 제한 • 교장은 교육활동 침해행위를 축소·은폐할 수 없음 • 교육감은 각종 소송으로부터 교권을 보호하기 위해 공제사업을 할 수 있고, 운영은 학교 안전공제회 등에 맡길 수 있음
유아교육법·초중등교육법 개정안	• 정당한 생활지도는 아동학대가 아님을 규정
교육기본법 개정안	• 보호자는 정당한 교육활동에 협조하고 이를 존중해야 한다고 명시
아동복지법 개정안	• '교원의 학생생활지도'는 제17조에서 규정한 정서적 학대 행위에서 제외
아동학대처벌법 개정안	• 성당한 교육활동과 생활지도는 아동학대로 보지 않음 • 교육감 의견 제출 시 수사기관은 의무 참고, 지자체는 사례판단에 참고

통과된 교권 5법의 특징은 ① 교원 대상의 무분별한 아동학대 신고로부터 보호, ② 학부모의 악성 민원으로부터 교원의 교육활동 보호, ③ 보호자의 권리와 책임 간 균형을 위한 의무 부여, ④ 피해 교원의 확실한 보호 및 가해 학생 조치 강화로 볼 수 있다.

국회는 이 법을 통과시키면서 "교권보호 4법 개정, 교육공동체 회복의 전환점으로 삼아야"라는 제목의 보도자료를 냈다. 그러면서 그 의미 부여를 다음과 같이 나타냈다.

"교권보호 4법 개정은 심각한 교육활동 및 교권침해로부터 교원을 보호하고, 궁극적으로 모든 학생의 학습권을 보장하기 위한 계기를 마련했다는 점에서 상당한 의미가 있음."

○ 학부모의 역할을 '한 학생의 보호자'에서 '교육공동체의 보호자'로 재정립하
게 하는 법률적 근거 마련

○ 학부모 등의 악성 민원으로부터 교사를 보호하기 위한 시스템 구축의 법률
적 근거도 마련

○ 학부모 등의 무분별한 아동학대 신고 이후 사안 처리로부터 교원의 교육활
동 및 교권을 보호하기 위한 법률적 근거도 마련

○ 피해 교원 보호·회복 및 방지 대책이 강화되었으며, 교육감과 학교장의 책무
도 강화됨 (국회, 2023.11.2. 보도자료)

5. 갈등과 아픔의 연속

서이초 사태 직후, 유사 사건이 전국에 걸쳐 연쇄적으로 나타났다. 교사
사망 사건(군산 무녀도초, 서울 신목초, 용인 기흥고, 대전 관평초 등)은 물론 교권침
해 사건(양천구 초등교사 피폭행, 광주 고등교사 피폭행, 대전 송촌고 교사 칼부림 등)
도 있었다. 과거 사건이지만 뒤늦게 알려진 사건들도(주호민 특수교사 고소, 의정
부 호원초 2명 교사 사망, 교육부 사무관의 교사 갑질) 여론의 주목을 크게 받았고,
국민적 공분은 좀처럼 사그라들지 않았다.

또한 크게 기억될 일이 일어났다. 10월 6일(금), '대통령과 교사의 만남'이
다. 이 간담회에서 대통령은 교권 확립의 필요성과 수당 대폭 인상을 밝혔다.
2003년 참여정부 때 노무현 대통령이 '100분 토론'에서 교사의 질문을 받았던
때를 제외하면, 대통령이 교사를 대면해서 대화를 나눈 첫 번째 사건이다. 아
래는 그 간담회에서 밝힌 대통령 발언의 일부다.

교권은 학생들을 위해 꼭 있어야 되는 것입니다. … 정부의 권한과 공권력 체계
가 만들어지지 않는다면 국민의 자유와 권리라는 것은 공허한 얘기가 됩니다.

교권 없는 학생의 인권과 학생의 권리라는 것 역시 공허한 얘기가 됩니다. '교권 대 학생인권'이라는 것을 대립적으로 생각할 것이 아니라 결국 학생을 도와주고 학생이 제대로 배울 수 있는 권리를 지켜주는 학생의 권리로 봐야 합니다.(대한민국 대통령실, 2023.10.6.)

교권 4법 통과 이후 '아동학대 사례판단위원회' 관련 논란도 이어졌다. 국회 보건복지위 정춘숙 의원이 발의한 아동복지법 개정안은 "아동학대로 의심되어 신고될 때는 지자체가 아닌 교육청의 개입과 역할이 필요하다"는 법 개정안을 내면서 관심을 끌었다. 6개 교원단체의 지지에도 불구하고 교권 4법에는 이 내용이 포함되지 못했던 것이다. 시도교육청에 이 위원회 설치 여부를 두고 '교사의 면책'을 요구하는 입장과 법의 형평성을 고려한 '현실적 대안'을 고민하는 입장이 엇갈렸다. 이 위원회가 결국 '아동보호전문기관 시즌 2(아보전 2)'가 될 것을 우려했다. 대전에서 극단적인 선택을 한 교사가 아동보호전문기관의 아동학대 판정을 받은 사례가 알려지면서 불신을 더 키웠다. 교육청에 사례판단위원회가 있다 하더라도 극성 학부모의 고소와 오랜 소송은 끊이지 않을 것이고, 학부모·아동인권전문가·법률전문가 등이 포함된 인적 구성은 아동보호전문기관의 그것과 다를 게 없을 거라는 지적이었다.

12월 7일(목)에는 학교폭력 관련 업무 부담 경감과 절차 개선을 위해 '학폭 전담조사관' 제도 도입이 확정되었다. 대부분 교원단체들은 학폭 사건에 대한 빠른 대처와 정확한 조사, 중립적인 입장에서의 객관적인 조사, 학폭 사전 예방 효과를 들어 환영했다. 하지만 학교가 교육에 더 전념할 수 있도록 '학폭 전담조사관' 증원 포함, 보다 실효성 있는 정교하고도 지속가능한 정책 수립과 후속 대책을 요구하고 있다.

12월 8일(금)에는 6개 단체가 추가로 요구했던 '아동학대범죄 처벌 등에 관한 특례법' 개정안이 국회에서 통과되었다. 개정안에는 '교원의 정당한 교육활동과 학생생활지도는 아동학대로 보지 아니한다'와 '교원이 아동학대 범죄로 신고되어 조사 시, 수사하는 경찰이나 검찰이 교육감 의견을 의무적으로 참고해야 한다'는 규정이 담겼다.

다른 한편, 12월 15일(금)에는 전국 최초로 '충남 학생인권조례 폐지안'이 도의회를 통과했다(찬성 31명, 반대 13명/ 의석수 국민의힘 34명, 더불어민주당 12명, 무소속 1명). 이번에 통과된 학생인권조례 폐지안은 2010년 학생인권조례가 경기도에서 최초로 제정된 후 14년 만의 일이다. 충남교육청은 폐지안에 대해 재의결 집행정지 신청을 냈고, 대법관의 일치된 의견으로 인용되어 일단 한숨을 돌린 상태다. 향후 추이는 조금 더 지켜보아야 하지만 이 폐지가 어떤 모습으로 흘러갈지 초미의 관심사가 되었다. 오늘 논의하려는 고민 지점과 '학교공동체 형성'과는 또 어떻게 맞물리게 될지 지켜볼 사안이 되었다. 충남뿐만 아니라 서이초 사태 이후, 조례 개정을 시도하는 지역들이 나타났다(서울, 경기, 광주 등). 서울의 경우, 시의회의 학생인권조례 개정 움직임에 12월 13일(수)부터 22일(금)까지 조희연 서울특별시교육감은 1인 시위를 서울 전역에서 펼쳤고, 12월 15일(금) 더불어민주당 대표는 이에 대해 다음과 같은 메시지를 냈다.

이 비극(서이초 사태)을 정략적으로 악용하는 '나쁜 정치'도 문제입니다.
교권과 학생인권을 대립관계로 규정하며
선생님과 학생을 갈라치기합니다.
부모의 인권을 보장하기 위해 자녀의 인권을 탄압하지 않듯
교권을 보장하기 위해 학생인권을 포기하자는 것은 어불성설입니다.
진영 대결 구도로 정치적 이익을 챙기려는 몰상식한 행위를 단호히 반대합니다.

학생인권조례를 폐지한다고 교권이 보호되지 않습니다.

모두 아픈 학교, 공동체로 회복하기

악성민원, 소송으로부터 교사들을 지켜내고

교육부의 엉뚱한 지침으로 교사들의 교육 연구 시간 뺏지 말고

선생님은 아이들 가르치는 일에만 집중할 수 있도록 지원대책을 마련하는 것이

진정 교권을 보호하는 길입니다.　　　　(이재명, 페이스북 페이지, 2023.12.16.)

6. 법과 제도를 넘어 철학을 보아야: 68혁명의 철학

서이초 집회는 우리나라는 물론 세계사적으로도 놀라운 하나의 교육운동이자 중요한 사회적 사건이다. 교육계에서 교사들이 주도해서 대규모 장기간 집회를 하고 정치권이 곧장 응답한 것처럼, 이 현상에 대해 교사뿐만 아니라 교육계를 넘어 정치학자나 사회학자들의 논의와 철학적 담론까지 이어지고 있다. 사회적으로 의미가 컸던 프랑스 68혁명 이후 철학적 담론을 참고로 서이초 사태를 살펴보자.

2023년은 프랑스 68혁명 55주년을 맞이하는 해다. 서이초 사태처럼, 한 개별 사건으로 시작된 68혁명에 대해 다양한 해석이 나왔다. 특히, 교권과 학교공동체를 연결하려는 우리가 고민하는 지점과 68혁명에 대해 당대 철학자들이 제시한 통찰은 일정 부분 시사점을 줄 수 있다. 특히, 교권 보호와 학교공동체 형성을 고민하는 현 시점에서 당대 철학자들이 68혁명을 보면서 제시한 통찰은 적지 않은 시사점을 제공한다.

서이초 사태는 모종의 철학적 메시지를 행동으로 보여주었다. 일종의 사회운동의 메시지이자 철학적 행동양식이었던 '점에서 점으로', '전국교사일동'이 그랬다. 프랑스 68혁명도 파리 낭트대학(현재 파리 10대학)에서 '여자기숙사 개방'이라는 슬로건으로 시작되었다. 남자기숙사는 여학생이 출입할 수 있으나 여자기숙사에 남학생 출입을 금지시키는 것은 불평등하다며 시작된 집회는 '사랑할 수 있는 자유'를 명분으로 급속히 유럽권으로 확산되었다.

질서정연했던 서이초 집회를 두고, '질서 너머의 질서'를 인용하며 말하는 이도 있다. 페터슨(Jordan Peterson)의 '질서 너머'(2021)의 12가지 법칙 중 서이초 사태는 '이데올로기를 버리기', '한 가지 일에 최대한 파고들고 그 결과를 지켜보기', '관계를 유지하기 위해 성실히 계획하고 관리하기'라는 최소한 세 가지 이상의 법칙이 적용된 것으로 보인다. 점으로 모였다가 점으로 흩어지는 형태를 포스트모던이나 해체주의 논의로 제시하는 이들도 있다. 또한 이념화나 조직화, 그리고 추가적인 의제 없이 정확히 '교권 확립'만 제시한 것도 지식과 권력의 통제에 대한 현대적 저항이라고 지적하는 사람도 있다. '금지하는 것을 금지한다'는 68혁명의 정신처럼, 법과 제도, 가치와 문화에 갇힌 학교에서 교사들의 목소리는 학교와 사회의 변화를 요청하는 일맥상통하는 부분이 있다. 68혁명을 주목하는 이유가 바로 여기에 있다.

물론 혁명 이후 다양한 결과가 도출되었고, 여기에는 단기적인 실패도 있었다. 하지만 결국 시위에 참여했던 사람들의 요구가 장기적으로 반영되었다는 점을 상기시켜봐야 한다. 견고한 전체성과 권위에 도전하며 사회 주변부의 소외된 삶에 가치를 부여했다. 서구와 유럽 사회의 기성 이데올로기를 붕괴시키고, 사회 자유화 조치가 장기적으로 시행되었다.

먼저 프랑스의 대표적인 정신분석학자이면서 철학자인 라캉(Jacques Lacan)을 들 수 있다. 많은 역사적 사례가 보여주듯이, 라캉은 68혁명의 정치가 자신이 맞서 싸우는 지배자들만 보지 말 것을 주문했다(최원, 2023: 157). 자기 자신이 접한 고유한 위험들, 즉 폭력, 지도자 숭배, 정체성 정치화의 문제 등과도 대결해야 한다는 점을 주목한 것이다. 이는 시간이 지나 당시 대학생들이 기성세대가 되어 '옷을 거꾸로 입었다'는 비판을 예견한 것이다(문소연, 2018). 점에서 점으로 참여한 서이초 사태의 130만 명 집회 참가자들 또한 문제의 대상을 교육부와 교육청 등 외부로만 한정하지 말고, 우리 스스로 성찰하고 고찰할 점을 종횡으로 잘 들여야봐야 한다. 어쩌면 '비활성화된 점'들이 '활성화 점'으로 왔고, 앞으로 어디를 향해 가야 하는지를 묻는 것이다. 서이초 관련 첫 번째로 발간된 실천교육교사모임(2023)의 책에서는 '검은 점들이 한목소리로 외치는 교육개혁'이라는 부제를 달았다.

라캉은 이와 같은 위험들과 대결하는 정치만이 자신의 혁명성을 지켜갈 수 있다고 보았다. 이런 사실을 망각하고 자신의 혁명적 정당성을 지켜가려고만 하면 쟁점과 논의를 억압하게 되고, 자신이 맞서 싸웠던 대상보다 '더 끔찍한 반정치'로 돌아갈 수 있다고 경고했다. '더 끔찍한 반정치'로 가지 않기 위해서라도 교권으로부터 학교공동체로 진화하는 논의와 행동은 중요하다. 서이초 사태의 운동에너지를 안과 밖으로 잘 분산시켜 축적시키고, 끊임없는 개방과 노력을 요청하는 이유이기도 하다.

포스트모더니스트 데리다(Jacques Derrida)는 해체주의를 주창하면서 전형적인 현대사회와 문화의 구조를 해체하려 한 대표적인 철학자다. 알제리 출신인 그는 프랑스인으로서 알제리에서 교사를 했고, 프랑스의 르망고등학교에서도 교사를 역임했다. 그는 68혁명을 두고 '일종의 괴로운 침묵에 둘러싸여 있는 사람과 집단'이 있는지 살펴볼 것을 주문했다. 이런 사건일수록 정치적·철학적으로 소외된 사람들을 살펴보아야 한다는 것이다. 서이초 사태도 '교사 집단-정치권'의 단선형이 아니라 서로 연결되어 있으나 소외된 집단들을 돌아볼 수 있어야 한다. 서이초 사태에 약 130만 명의 교사들이 참여했다면, 이에 공감하는 사람들은 수백만 명에 이를 수 있다. 학생, 학부모, 교수 등은 거의 직접적인 영향을 받았고, 그들의 가족이나 지인까지 생각하면 거대사회 운동이 아닐 수 없다.

68혁명을 바라본 데리다의 주장은 '부재와 침묵은 단순한 무(無)가 아니다'는 것이었다. 바로 이 지점에서 '탈구축' 작업이 이뤄져야 한다고 했다. 서이초 사태 이후 상황에 걸쳐있는 수백만의 사람들은 무(無)가 될 수 없고, '탈구축' 작업이 이뤄지지 않으면 또 다른 모순과 역설에 빠질 수도 있다. 교권 확립이라는 의제로 시작했지만, 학교공동체에 대한 논의가 중요한 것도 이 때문이다. 같은 교사라 하더라도 동일하지 않고, 순수한 차이가 있다고 볼 수도 없다. 교권침해는 학부모와의 단순 갈등 관계에서 나타나는 피상적인 현상이 아닌 '현전의 제거 불가능한 부재라는 역설'과도 관련되어 있다.

데리다에 따르면, 혁명은 위계의 총체적인 전복이 아니라고 한다. 오히려 전통을 보존하면서 전통과 작별하는 것으로, 모순적이고 끝나지 않는 의무와 제도를 유지하면서 제도를 안에서부터 흔들어 놓는 의무와 관련되어 있다고 한다. 그래서 실제적인 탈구축 작업이 필요한 것이다. 여기서 주목할 지점이 '지정학적 지진들'이다(주재형, 2023: 256-267). 앞서 살펴보았듯이, 9월 4일을 정점으로 이뤄진 서이초 사태의 지정학적인 여진(餘震)들이 지금도 계속 벌어지고 있다. 이 지진들 가운데 핵심이 바로 학교공동체를 어떻게 만들 것인가와 관련된 것이다.

마지막으로 살펴본 철학의 시선은 프랑스 철학자 푸코(Michel Foucault)다. 포스트모더니즘의 서막을 알린 사상가로 20세기 구조주의 기반의 인문학과 사회과학 전체에서 가장 중요한 인물 중 하나다. 그는 68혁명의 가장 큰 수혜자라고 평가받지만 가장 냉혹하게 비판하기도 한 사상가다. 그가 제창한 계보학의 관점에서 시대별 주제와 문제의 변화 양상은 아래와 같다.

푸코의 주제와 문제의 변화

출현 시기	17세기	17~18세기	18~19세기	19세기~현재
권력 양식	주권 권력	사회 권력	규율 권력	생명 권력
기본행위자	왕	법률가	전문가	개인
기본목표	육체	계약	자질	삶
기본요체	신체	영혼	훈련	통치성
주요 실천	의례	대표	훈련	규범
가장 강한 형식	고문	개혁	파놉티시즘	성

모두 아픈 학교, 공동체로 회복 하기

바람직한 결과	복종	공동체	온순함	자율 통제

(Ball, 2012; 손준종 외, 2019: 126)

　　우리는 현재 맨 오른쪽 상황에 있다. 푸코가 말한 변화 양상에서 보면, 학교공동체의 지향점을 알 수 있다. 학교공동체는 생명 권력과 개인과 삶을 기반으로 거버넌스 통치성을 자율 통제해 가는 경로다. 학교공동체를 만들려면, 이 경로에서 주요 계기들을 계속 만들어가면서 나아가야 한다.

　　푸코는 68혁명을 신화로 받아들이지 말고 비판적 태도로 수용하도록 했다. 현실성은 경험되기 전에는 존재하지 않다가 경험된 후에야 비로소 존재한다. 이것은 진실이냐, 거짓이냐의 문제가 아니라는 뜻이다. 경험에서 얻게 되는 현실성은 독자적인 체험으로 종결되는 것이 아니며 타자들과 조우하여 그 경험을 공유하는 것이다. 서이초 사태에서 개개인의 체험은 더더욱 자주 자주 경험을 공유하는 것이 중요하다. 그래야 다시 자신에게 투사할 때도 온전한 영향력을 지닐 수 있는 현실성이 된다(도승연, 2023: 325).

푸코의 지식, 지배, 개인의 문제 변화

지식	⋯⋯▶	권력/지식	⋯⋯▶	진리 말하기 (진리게임)
지배	⋯⋯▶	권력	⋯⋯▶	통치
개인	⋯⋯▶	주체	⋯⋯▶	자아

(Ball, 2012; 손준종 외, 2019: 36)

　　이 표는 푸코의 문제 인식을 집약해서 보여준다. 맨 오른쪽은 '진리 말하기와 통치로 보아야 자아가 살아날 수 있다'는 것을 말해준다. 예전에는 '지식을 지배한 개인'은 '권력으로 주체'를 만들었지만, 이제는 '진리를 서로 말하면서 통치하면서 자아가 형성되도록' 해야 한다. 비판적인 관점에서 보면, 서이초 사태에 드러난 교사들의 모습은 국가교육과정이라는 지식도, 정치기본권이라는 민주국가의 가장 기본적인 권한도, 학교에서 진정한 권위도 지녔다고 하기에는 미흡했다. 물론 이런 지적에 대해 또 다른 지적과 비판이 있을 수 있다. 하지만 서이초 사태로 인해 교사로서 자아의 문제는 개인도 주체도 아닌 '우리는 어떤 사회적 자아인가'의 문제가 되었다.

참고문헌

- 경향신문(2023), 학생·학부모가 교사 폭행…최근 6년간 1249건 달해, 2023.7.19.
- 국회(2023), 교권보호 4법 개정, 교육공동체 회복의 전환점으로 삼아야, 보도자료 2023.11.2.
- 김승호(2023), 공교육의 진정한 회복을 기대하며, 실천교육교사모임(2023), 대한민국 교육, 광장에 서다: 검은 점들이 한 목소리로 외치는 교육개혁, 학교도서관저널.
- 김언순(2014), 기본권으로서 교권에 대한 논의, 한국교육사학 36(1), pp.79-114.
- 도승연(2023), "푸코와 68혁명: 사건이 아닌 경험, 신화가 아닌 비판으로서의 혁명", 철학, 혁명을 말하다, 68혁명 50주년 한국프랑스철학회, 이학사.
- 문소연(2018), 68혁명, 소외된 일상이 다양한 문화로 자리 잡기까지, 대학신문 2018.4.8.
- 전국초등교사노조(2023), 교권침해 실태 설문 참여자 2,390명 중 99%, 나도 당했다, 전국초등교사노조 보도자료 2023.7.25.
- 주재형(2023), "데리다: 혁명의 탈-구축", 철학, 혁명을 말하다, 68혁명 50주년 한국프랑스철학회, 이학사.
- 서울경제신문(2023), 교권침해 심리상담 작년에만 2만건… 수개월 대기에 예산 없어 지원 중단도, 2023.7.24.
- 실천교육교사모임(2023), 대한민국 교육, 광장에 서다: 검은 점들이 한 목소리로 외치는 교육개혁, 학교도서관저널.
- 최원(2023), "구조는 거리로 나와 어떻게 되었나?: 68혁명과 라캉", 철학, 혁명을 말하다, 68혁명 50주년 한국프랑스철학회, 이학사.
- 한국교육개발원(2014). 영국, 독일, 프랑스, 일본의 교권보호 정책 현황, 한국교육개발원 교육 정책네트워크 정보센터.
- 한성준(2023), 교권침해의 구조적 원인과 교육부 대응의 한계, 그리고 서이초 너머, 교권보호와 학교공동체 회복, 2023 교육정책세미나, 한국교원대 교육정책전문 대학원 교육정책연구소.
- Ball, S.(2012). Foucault, Power, and Education., 손준종 외(2019), 푸코와 교육: 현

대 교육의 계보, 박영스토리.

- UNESCO(2021), Reimaging our futures together: a new scial contract for education., 함께 그려보는 우리의 미래: 교육을 위한 새로운 사회계약, 유네스코 교육의 미래 보고서(요약본).

모두 아픈 학교, 공동체로 회복 하기

정치적 시민권도 없는 교사[1]

김성천

1. 갑갑한 현실

국방부에 군인이, 국방부에 군인이, 소방청에 소방관이, 경찰청에 경찰이 없는 상황을 상상하기 어렵다. 하지만 교육부는 어떠한가? 현장성과 전문성이 괴리된 교육부나 교육청의 한계에 대해 많은 이들이 지적한다. 교원의 정치적 중립성의 신화가 존재한다. "교사는 수업만 잘하면 된다"는 신화에 갇혀 있는데, 이 과정에서 교육의 행정화, 입법화, 사법화 현상이 심화되었다. 현장을 이해하지 못하는 이들이 정책을 펴고, 각종 법률과 조례를 만들면서 불필요한 지침과 규율이 늘고, 현장의 어려움이 가속화되었다.

김혁동·김진희·황유진(2018)의 연구에서는 학교에 영향을 미치는 944건의 각종 규제들을 교무학사, 일반, 행정의 영역으로 나누어 분석한 결과, 학교자치의 관점에서 볼 때 폐지가 필요한 지침이 55.8%에 달했다. 특정 사안이 터지면 국회는 법률을, 시도의회는 조례를 통과시킨다. 물론 현장의 요구를 반영한, 꼭 필요한 법률이나 조례도 있지만, 오히려 도움이 되지 않거나 상황을 악화시킨 사례도 적지 않다. 학교폭력예방법이나 아동학대처벌법의 남용도

---

1 이 원고는 필자가 참여한 박현미·김성천·황유진(2023)의 연구 보고서의 일부를 발췌 및 재구성하였다.

그런 관점에서 해석할 수 있다. 비전문가들이 교육정책과 정치에 관여하는 상황은 교원의 정치 중립성 신화와 무관하지 않다.

이처럼 선거철이 다가오면 아무것도 하지 말고 침묵해야 하는 존재들이 있다. 교원과 공무원이다. 정치적 중립성 의무를 각종 법률에서 강하게 요구한다. 그러다 보니, 소셜네트워크서비스(SNS)에서 '좋아요'도 누르지 못한다. 선거 관련 기사도 공유하기 어렵다. 일부 정당에서는 비례대표 후보자 순위를 정할 때 당원이 아닌 일반 국민도 참여할 수 있도록 개방하고 있지만, 교사와 공무원은 참여하지 못한다. 정당 가입과 정치인 후원은 당연히 안 되고, 특정 정당과 정치인에 대해 어떤 의사 표현도 하면 안 된다. 교원과 공무원이 시도의원이나 국회의원으로 출마하려면 휴직이 아닌 퇴직을 해야 한다. 가히, '정치적 금치산자', '정치 천민'으로 볼 수 있다. 교원과 공무원에게 선거일에 투표권을 주는 것에도 감지덕지 고마워해야 하는가?

이제는 교육의 탈정치화가 아니라, 정치의 적극적 활용과 모색 방안을 찾아야 한다. 교육과 정치의 이원화 관점은 교원의 정치 배제로 이어지고, 이는 여러 가지 부작용을 낳았다. 사실, 교원과 공무원의 정치적 기본권을 이야기하면, 정치권에서는 원칙적으로 찬성한다고 하지만 실제로는 적극적인 입장을 취하지 않는다. 왜 그럴까? 논란 자체를 피하려는 경향도 있지만, 정치 기본권 확장이 국회의원이나 기득권 세력들에게 도움이 되지 않는다고 계산했기 때문이 아닐까? 제21대 국회(2020~2024)에서 300인의 국회의원 중 46인(15.3%)이 판사·검사·변호사 등 법조계 출신이며, 제20대 국회의 경우 49인(16.3%)이 법조계 출신이다. 제21대 총선에 출마한 법조계 출신 후보자가 117인임을 감안하면 법조계 후보자의 당선율은 39.3%에 이를 정도로 매우 높다(전진영, 2024). 이처럼 특정 직업군이 국회의원으로 과도하게 진출하는 과정은 대의성과 대표성의 원리에 부합하지 않는다. 동시에, 정치적 중립성은 힘 있는 국가권력이 교원의 자율성과 전문성을 보장하기 위해 노력해야 한다는 이

중적 의미를 지닌다. 하지만, 지금까지는 국가권력보다는 교원에게 일방적으로 정치 배제를 요구했다고 봐야 한다.

2. 헌법과 법률의 간극

헌법 제31조 4항은 "교육의 자주성·전문성·정치적 중립성 및 대학의 자율성은 법률이 정하는 바에 의하여 보장된다"고 규정한다. 보장한다는 의미는 규제보다 장려로, 의무보다는 권리 차원으로 해석할 수 있을 듯한데, 실상은 헌법과 법률 간 간극이 매우 크다. 교육공무원법, 정당법, 공직선거법, 정치자금법 등 각종 법률에서는 교원과 공무원은 정치에 참여할 수 없는 존재라는 사실을 명확하게 제시한다. 학생들은 16세부터 정당에 가입할 수 있고, 선거운동도 할 수 있지만 교원과 공무원은 원천적으로 불가능하다.

이에 대해서는 역사적 맥락이 있다. 과거 자유당 정권에 의해 자행된 3·15 부정선거에서 교원과 공무원이 동원된 관권 선거 경험이 있고, 이런 과오를 범하지 않으며 교원과 공무원을 보장하기 위해 정치적 중립성을 강하게 요구하는 흐름이 나타났다. 국가권력으로부터 교원과 공무원을 보장하려는 취지였다. 즉, 권력의 부당한 지시로부터 공무원과 교사들을 보호하고, 이들에게 휘둘리지 말라는 취지에서 자주성, 전문성, 정치적 중립성, 자율성 보장을 선언하는 것이다. 하지만 실제로는 "권력의 부당한 지시로부터의 보호"보다는 교원과 공무원에 대한 "정치 참여 금지"로 해석과 적용이 이루어지고 있다.

헌법 조문을 보면 교육의 정치적 중립성을 말하지만, 실제로는 교원의 정치적 중립성으로 해석되었으며, 교원을 '침묵하는 존재'로 만들었다. '교원과 공무원은 정치적 중립성을 지키는 게 당연하지'라고 생각할 수 있는데, 더 정확히는 직무와 관련하여 정치적 중립성을 지켜야 하는 것이고, 그것을 해치지 않는 범위에서 정치적 기본권 보장을 모색해야 한다. 경제협력개발기구(OECD)

국가의 사례와 비교해 보면, 우리나라만큼 정치적 기본권을 교원과 공무원에게 엄격히 적용하는 사례가 없다. 우리에게 당연하게 받아들여지는 사실이, 다른 나라에서는 그렇지 않다는 점을 먼저 생각해 볼 필요가 있다.

주요 국가 공무원의 정치적 중립에 관한 내용

구분	공무원의 정치활동 내용	정당 가입	정치 자금 기부	근거 규정
영국	• 모든 공무원들은 근무 중 정치활동에 참여할 수 없음. • 정치적으로 자유로운 공무원인 현업 및 비사무직급은 전국·지역단위 정치활동 가능 • 정치적으로 제한된 공무원인 고위공무원단 등은 모든 형태의 전국단위 정치활동 금지	가능	가능	• 2010년 헌법개혁 및 거버넌스 법 • 공무원복무규정, 각료규정, 공무원운영규정
미국	• 정치문제 및 후보자에 대한 의견표시 가능 • 특정정당자금의 유치와 제공유도금지(자발적 납부가능) • 특정정당의 후보자를 위한 선거운동 금지 • 특정 정당의 직위보유금지	가능	가능	• 1883년 펜들턴법 • 1939년, 1940년 제1차, 2차 해치법(규제범위 확대) • 1974년 연방선거운동법 개정(완화) • 1993년 해치법 개정(완화)
프랑스	• 공무원의 의원 출마 가능 • 당선되어도 공무원 신분 보장	가능	가능	• 1946년 일반공무원법
독일	• 연방상원의원의 경우 공무원 겸직허용 • 연방수상 및 장관은 겸직금지 • 하원의원 출마 시 낙선되면 공무원 신분 유지, 당선되면 사임하되 연금 보장	가능	가능	• 1953년 연방공무원법
일본	• 공직선거 후보자로 출마불가 • 정당, 기타 단체의 임원 등이 될 수 없음. • 정당 또는 정치적 목적을 위한 기부금을 모집하는 행위는 금지	가능	불가	• 1945년 국가공무원법 • 1949년 인사원 규칙
스페인	• 공무원의 경우 중립성을 유지해 공공의 이익을 위해 힘써야 한다는 규정 외에 정치활동에 관한 규제가 없음	가능	가능	• 공무원기본법

모두 아픈 학교, 공동체로 회복 하기

스웨덴	•정치적 활동에 제약이 없지만, 업무에 있어 정치적 편견이 개입되는 것을 사회적으로 경계함	가능	가능	—
스위스	•직업상, 근로관계상 기관의 비밀유지 규정 •공무원도 표현의 자유의 일환으로 정치적 활동을 할 수 있으며 정치적 비판 의견을 제시할 수 있음 •공무원이라는 지위로 인해 일정한 제한이 있을 수 있음	가능	가능	•2000년 연방인사법
캐나다	•업무에 있어 정치적 중립을 지킨다면 개인의 정치활동은 자유로움. •후보자로 출마하기 위해서는 공공서비스위원회로부터 허가를 받아야 함.	가능	가능	•공무원법
호주	•공무원은 비정치적이어야 함. •후보자로 출마하기 위해서는 사직해야 함. •선거운동 중에 공무원 유니폼을 입거나 공무와 관련 있어 보이게 해서는 안 됨.	가능	가능	•1999년 공무원법

출처: 중앙선거관리위원회 선거연수원(2022), p.124

3. 교원과 공무원의 정치기본권을 보장해야 하는 이유

그렇다면, 교원과 공무원의 정치적 권리를 왜 보장해야 하는지 의문이 생길 수 있다. 정치에 대한 우리의 생각을 먼저 살펴보자. 통상적으로 '정치' 하면 부정적인 이미지가 먼저 떠오른다. 여야 간에 싸우고 갈등하는 장면이라든지, 당권을 둘러싼 권력투쟁이라든지, 소신과 철학을 버리고 권력만 좇는 모습이 대표적이다. 이러한 부정적인 이미지는 정치를 환멸하게 만들고, 멀어지게 한다. 집안 식구 중에 누군가가 정치를 한다고 하면, 대부분 도시락 싸들고 다니며 말릴 것이다.

하지만 한정된 예산을 어디에 우선순위를 두고 쓸 것인지를 판단하는 것도, 여러 이해관계가 첨예하게 맞물린 문제를 조정하고 갈등을 해결하는 것도 정치를 거쳐 이루어진다. 정치가 잘못되면 경제, 교육, 의료, 복지, 국방, 환경 등 일상 자체가 곤경에 빠진다. 교원과 공무원들은 특정 분야의 정책과 사업을 일선에서 실행하는 전문가로서, 특정 정책과 사업이 어떤 문제가 있는지 잘 알고 있다. 이들이 각종 정책과 사업을 모니터링하고 제안해야 변화와 혁신이 가능해진다.

현재와 같은 정치 구조에서는 국회나 시도의회에 이들이 입성하기가 매우 어렵다. 퇴직해야 하기 때문이다. 핀란드, 독일, 프랑스 등에 비해 우리나라 공무원이나 교원의 의원 비율이 현저하게 낮은 이유가 여기에 있다. 이 정치 공간에 비전문가들이 참여하기도 하면서, 심지어 이해관계에 포획된 이들이 관여하면서 의미 있는 정책을 생성하지도 못하고, 문제 있는 정책에 제동을 걸지도 못한다. 이러한 고질적 문제를 해소하려면 정치인들의 인력풀을 대폭 확대해야 한다.

우리나라 국회의원을 보면, 기존 국회의원이나 정치인들을 제외하면 변호사, 판사, 검사 같은 법조인이 가장 많다. 그 외에는 교수와 의사, 기업인들이 비중을 차지한다. 국회의원들은 더욱 배경이 다양한 사람들이 많아져야 하며, 특정 정책과 사업을 다루어 본 경험이 있는 공무원과 교원들이 각 위원회에 많이 포진될 필요가 있다. 이는 유권자들에게 선택의 폭을 넓히면서 정치인 간 경쟁을 촉발시켜 좋은 정치를 구현할 수 있게 만들 것이다.

한편, 교원들의 정치 기본권 보장은 또 다른 의미가 있다. 정치적 중립성을 워낙 강하게 요구하다 보니, 학교 현장에서는 토의와 토론 수업이 쉽지 않다. 교과서부터 쟁점 토론을 할 때 시사 문제를 활용하기보다는 해외 사례나 먼 역사적 사실을 끌어 온다. 그래야 시비로부터 자유롭기 때문이다. 민주시민 양성은 교육기본법과 교육과정 총론에서 강조하는 우리 교육의 핵심 목표지만, 정치를 배제한 진공상태에서 그런 목표를 어떻게 달성할 수 있는가?

교사가 학생들에게 일방적으로 가치를 주입하고 교화시키지 않는다는 원칙만 확인하면 충분하다. 또한, 선거를 앞두고 청소년들과 학생들 스스로 공약을 제안하거나 평가할 수도 있고, 그들이 좋게 생각하는 공약에 대해 발표할 수도 있어야 한다. 그 과정에서 청소년들의 '정치 리터러시' 능력을 기를 수 있지만, 현실에서는 감히 시도할 수 없다. 당장 선거관리위원회로부터 제동이 걸리거나 민원에 시달릴 확률이 100%이기 때문이다. 이처럼 교육과 정치를 이원화하여 바라보는 시선은 교원의 정치적 중립성 신화를 만들어냈고, 이는 곧 민주시민교육의 수축 현상으로 이어졌다. 시사 문제를 바탕으로 토의와 토론이 없는 민주시민교육이 어떻게 가능할까? 이는 진공상태에서 숨을 쉬라는 요구와 다르지 않다.

헌법재판소의 판례를 보면, 교원과 공무원의 정치적 중립성을 기존 방식대로 고수할 것을 요구한다. 하지만 변화의 조짐이 없는 것은 아니다. 교원과 공무원의 정치적 중립성을 연구한 상당수 논문은 헌법재판소의 소극적 판결에 대해 비판하고 있다. 헌재의 판결은 보수적이고 소극적으로 바라보는 반면, 관련 연구물들은 헌재의 판결문을 비판적으로 바라보며 재해석이 필요하다는 입장이 압도적이다.

배소연(2019)은 공무원에게 정치운동을 허용했을 때, 직무 공정성에 악영향을 미친다는 증거가 명확하지 않으며, 헌재의 판결이 결과적으로 정치 영역의 분리나 단절로 이어졌다고 비판했으며, 노기호(2000)는 외국의 입법 예를 살펴보며 우리나라의 경우, 사실상 전면적 수준에서 교원의 정치 활동을 제한하고 있다고 보고, 학교 수업이나 학교 운영에 중대한 지장을 초래하지 않고 정치적 선동이나 편향된 정치교육을 하지 않는 한 교원의 정치적 기본권 보장이 필요하다고 주장했다.

이종수(2019)도 같은 입장을 견지한다. 공무원은 시민으로서 권리를 누릴 수 있는 이중적 지위를 갖는다고 보면서, 정당법상 정당 가입이 불가한 점이라든지 공직 선거 입후보를 위해 해당 직을 그만두어야 하는 점은 시민의 권리를 지나치게 침해하고 있음을 지적했다. 신옥주(2015)는 과거에는 특별권력관계이론에 근거하여 공무원들에게 기본권 침해를 어느 정도 강제했지만, 이제는 이를 극복하고, 직무 관련성이 없다면 시민 기본권을 마땅히 보장해야 한다고 주장했다.

이태화·이재덕(2021)은 교원이라는 이유로 대의 민주주의를 구현하기 위한 정당 가입을 막는 것은 피해의 '최소성 원칙'에도 위배된다고 보았다. 물론, 민주시민교육의 관점에서 교원은 정치적 입장을 억제하면서 공정한 토의와 토론을 해야 한다고 주장한다. 길성용·강태수(2022)는 정치적 기본권을 보장하지 않는 현행 체계로는 정치교육이나 민주시민교육이 위축될 수 있다고 우려했다. 교육 주체가 교육을 파당적으로 이용하려는 것을 경계한다면 교육의 정치적 중립성 개념은 재해석되어야 한다는 것이다.

정영화(2012)는 일본을 제외하고, 영·미, 독일, 프랑스 등과 비교할 때 교원이나 공무원의 정치적 중립성의 가치를 인정하면서도 정치 활동을 어느 정도 보장하는 점을 감안하면 우리나라는 제약의 정도가 크다고 분석했다. 성중탁(2020)은 공무원이라 해도 지위, 장소, 근무 여부 등 고려해야 할 점이 다양함에도 일률적이고 전면적으로 정치적 표현의 자유를 박탈하며, 특별권력관계이론의 잔재에서 법원이나 헌법재판소가 벗어나지 못하고 있음을 비판했다.

조석훈(2017)은 정치적 중립성이 두 가지 의미를 내포한다고 보았다. ① 배제중립. 이는 중립 차원에서 문제가 있는 주제를 공공 영역에서 다루지 않는다. ② 포함중립. 이는 논쟁거리를 제고하지 않은 상태에서 서로 다른 주장을 균형 있게 다룬다. 교육적으로는 '포함중립'이 바람직하지만 현실은 정치중립성을 명분으로 '배제중립'을 요구하는 셈이다. 홍석노(2017)는 헌재의 기존 해석은 정치적 진공상태에서 시민교육을 하라는 것인데, 그 방식으로는 의미 있는 민주시민 교육이 사실상 불가능하다고 말한다. 결국 정파성과 당파성

모두 아픈 학교, 공동체로 회복 하기

을 잘 극복해야 하는데, 그것은 교원의 전문성과 연결된다. 어려운 주제를 교육과정과 수업의 전문성으로 풀어갈 방법과 방안은 교육학적으로 얼마든지 성립할 수 있다.

4. 변화는 가능한가?

21대 국회에서 박주민 의원이 공무원의 정치적 기본권 보장을, 강민정 의원이 교원의 정치적 기본권 보장을 위한 관련 법률 개정안을 발의한 바 있다. 박현미·김성천·황유진(2023)의 연구에서 학부모 2,186명을 대상으로 설문 조사한 결과, OECD 수준으로 유·초·중등 교원의 정치 활동을 허용해야 한다는 주장에 87.5%가 긍정, 12.5%가 부정 답변을 했다.

학부모들의 답변을 구체적으로 살펴보면 교육감 선거에 휴직 출마 허용(긍정 90.4%), 지지 후보나 정당에 정치후원금 허용(85.1%), 근무시간 외에 후보나 정당 지지 의사표명 허용(긍정 83.7%), 교육감 후보 지지 의사표명 허용(긍정 86.2%), 업무시간 외 정당 관련 정치활동 허용(84.6%)으로 나타났다. 학부모들이 교원의 정치적 기본권 보장에 긍정 반응을 매우 높게 보인 점은 주목할 만하다.

아래 내용은 박현미·김성천·황유진(2023: 180-183)의 보고서에 실린 정치기본권 보장에 관한 학부모의 인터뷰 내용이다. 학부모1은 국민들이 교사의 이익만을 위한 행동을 충분히 구분할 수 있으며, 교육정책에 교사들의 의견이 더 많이 반영될 필요가 있다고 한다. 학부모2는 욕망이 정치를 타고 들어와 교육정책이 망가진 사례가 적지 않았다고 한다. 이러한 문제 해결에 정치기본권 보장이 필요하다는 입장이다.

헌법이 보장한다는 정치적 기본권은 국민은 누구나 국가의 의사결정에 참여할 수 있고 정치적 견해를 자유로이 밝힐 수 있다고 했습니다. 그런데 왜 교사는 '국민 누구나'에서 제외일까? 하고 생각한 적이 있습니다. 교사가 자신이 지지한 다는 교육감 후보의 페이스북 글에 '좋아요'를 눌렀다고 고소당하고 징계받았다는 얘기는 법을 잘 모르는 저 역시 허탈하게 만들기에 충분했습니다. 개인으로 직업이 교사일 뿐인 국민이 자신의 정치적 판단 중에서도 그다지 적극적이지 않아 보이는 단순한 의사 표현까지도 법으로 제한된다는 것은 정의롭지 않아 보였습니다. 그 법이 만들어질 때는 스마트폰도 SNS도 없었을 텐데 말입니다. … (중략) … 교원들의 정치적 표현에 대한 징계 이유가 궁금합니다. 무엇이 두려운 걸까? 이런 생각을 하게 됩니다. 거듭 얘기하지만, 개인의 의견이 자유롭게 소통되고, 서로 다른 의견이 존중되고, 합의된 결정에 동참하는 문화를 희망합니다. 교사 역시 국민에서 예외일 수 없습니다. … (중략) … 교육을 전공하고 수업과 생활지도를 고민하고, 지금의 아이들을 가장 오랜 시간 만나고 있는 현장 속 교사의 의견이 교육정책에 자유롭게 개진되고 반영되면 좋겠습니다. 교사의 이익만을 위한 행동 정도는 구별할 수 있는 국민 수준은 되지 않았나 합니다. 교육전문가의 교육철학과 정책을 들어볼 기회가 현저하게 부족하다고 생각합니다. 교사를 상대로 비상식적인 학부모의 갑질성 민원이 늘고 있다고 하지만, 자녀를 맡긴 다수의 부모는 여전히 학교와 교사가 어렵습니다. 교육부의 교육정책이 학교 교육에서 어떻게 구현될지 알고 싶습니다. 교육정책에 교사들의 의견이 어떻게 반영되는지도 알고 싶습니다. 다양한 지혜가 자유롭게 모이고 소통되어야 더 좋은 교육을 할 수 있지 않을까 기대할 뿐입니다.(학부모 1)

교육정책에서 가장 중요한 주체 중 하나가 교원입니다. 교원사회에서 대학입시에 초점을 맞추고 종속화된 한국 교육에 대한 비판과 대안의 큰 방향은 보수와 진보 모두 동의하고, 이런 문제점을 지양하기 위한 흐름이 형성되어 있었으나, 불균형한 욕망이 정치권력을 타고 들어와 크게 후퇴시킨 경우를 종종 목격했습니다. 이런 부작용을 제어하기 위해 교원의 정치기본권은 열려야 합니다. 그것 하나만으로도 상당한 참여의 힘을 가질 수 있기 때문입니다. (학부모 2)

학부모2는 각종 차이가 오히려 학교 발전에 기여했다고 보면서, 사회제도적으로 교사의 사회 및 정치 참여를 제거한 것을 안타까워했다. 서이초 사건 역시 구조적으로 보면 정치 기본권 부족에서 나타난 사례로 그는 보았다.

정견의 차이, 가치관의 차이, 관계의 차이 등을 놓고 때론 갈등을, 때론 협력을, 때론 경쟁을 하고 때론 헌신하며 책임지면서 학교와 학교 구성원은 발전했을 것이기 때문입니다. 그러나 이런 민주주의 성숙 과정이 배제됨에 따라 좋은 교장 (학교공동체의 리더)에서 책임교육의 가장 중요한 주체인 교사가 더 많이 탄생할 기회를 사회제도적으로 제거한 것입니다. 한나 아렌트는 '탄생성'에 주목하며, 앞선 세대의 내리먹임의 한계를 극복할 수 있다고 봤는데, 나는 새로운 생명이 저절로 기성질서를 넘어 주체성과 자기 세대의 시대를 만들 수 있다고 보지 않습니다. 근대 이후 기술과 경제가 급속도로 발전할 수 있었던 힘은 이런 민주적 관계에서 스스로 주체성을 찾을 수 있었기 때문이라고 봅니다. 우리 학교가 열린 정치적 품을 지녔다면 푸코가 찾으려 했던 현대 시민의 '주체성'이 가장 동등하고 비적대적인 관계 속에 발전할 수 있었으리라 생각하며, 지금이라도 이런 '열린 정치권'에 문호를 열어야 합니다. 최근 연이어 일어난 교사의 안타까운 죽음 역시 '정치적 기본권' 부족의 단적인 사례라 할 수 있습니다. (학부모 2)

이런 점을 감안하면, 교원의 정치적 참여는 교육적으로는 민주시민교육의 실천과 확장을 가능케 하고, 사회적으로는 배제된 주체들에게 권리가 주어지며, 정치적으로는 전문성과 대표성을 갖춘 인력풀의 확장을 통해 정치 발전을 위한 계기가 될 수 있다.

향후 7공화국을 기치로 헌법이 개정된다면, 교원과 공무원의 정치적 기본권 규제보다는 보장적 의미로 조항을 손볼 수도 있고, 정치적 기본권을 제한하는 각종 법률을 개정할 수도 있을 것이다. 정치적 기본권의 요구 수준은 다양하지만, 단계적으로 접근하여 정치 후원금, 국회 보좌관 근무를 위한 고용휴직, 공직선거에 출마하는 경우 퇴직이 아닌 휴직, 당내 경선 중 국민경선 참여 등을 먼저 허용하고, 정당 가입 및 정치 활동은 폭넓은 여론 수렴과 국민적 합의를 얻어서 추진할 수 있을 것이다.

아래 표는 교사노조연맹에서 제시한 방침인데, 기본활동, 1단계(정치후원금 허용 및 국가기관 고용 휴직 허용), 2단계(공직 선거휴직제도 허용), 3단계(정당활동 관련 허용)로 제시했다. 한꺼번에 모든 것을 얻는 방식이 아닌 점진적, 단계적 방식으로 접근한 점이 인상 깊다.

교사노조연맹의 교사 정치기본권 확보 추진 방침(안)

구분	내용	관련 법률
기본활동	선거 관련법 개정 활동	• 과도한 선거 관련 규제 법률 제·개정
1단계 정치후원금 허용 및 국가기관 고용휴직 허용	교원의 정치후원금 허용	• 국가공무원법 및 국가공무원 복무 규정 일부 개정
	국가기관/정당 고용휴직 허용	• 교육공무원법 44조 일부 개정
2단계 공직선거 휴직제도 허용	교육감 선거 출마 휴직 허용	• 지방교육자치법 23/47/49조, 교육공무원법 44/49조, 사립학교법 59조 일부 개정
	공직선거 무소속 출마 휴직 허용	• 교육공무원법 제 44조, 공직선거법 제53조 일부 개정
	당내 경선 중 국민경선 참여 허용	• 공직선거법 57조 일부 개정
3단계 정당관련 활동 허용	정당 가입 및 정치활동 허용	• 교육공무원법 53조, 정당법 22조, 공직선거법 53조, 정치자금법 22조 일부 개정

출처: 박현미·김성천·황유진(2023), p.222

물론, 우려의 시선도 있다. 교원과 공무원을 일종의 '기득권 집단'으로 보면서 이들은 지금도 정치적 영향력이 적지 않은데, 국민 전체의 이익보다 이익집단화 경향이 더욱 강화될 수 있으며, 정파적 관점으로 직무를 행할 수 있다는 우려를 표하는 이들도 있다.

그런 문제가 심각하게 이루어진다면 경쟁 선거 구도이기 때문에 유권자들은 교원과 공무원의 정치권 진입을 위한 표를 주지 않을 가능성이 크다. 정파적 관점으로 직무에 영향을 미칠 수 있는 고위직급이라든지 선거관리위원회 같은 특정 직무에 대해 집중적으로 규제할 수 있을 것이다. 선거와 상관없는 직무나 중하위직의 경우, '직무 밖' 활동만 허용하면서 그 범주를 명확하게 정의하면 될 것이다. 그 모든 변화의 출발은 정치를 어떻게 정의 내리고 해석할지에 달려있다. 정치와 정책, 행정, 교육이 과연 구분될까? 이론상 구분은 가능하지만, 현실은 서로 섞여 있다. 기존 정치판을 한 번 더 흔들어야 한다.

그렇지만 교원만의 노력으로 정치적 기본권을 확보하기는 매우 어렵다. 학부모와 학생, 일반 국민의 지지가 필요하다. 학부모가 교원을, 교원이 학부모를 서로 신뢰하고 지지할 때 정치권을 움직일 수 있다. 하지만, 현재는 주체 간 분열과 대립이 더욱 심해지고 있다. 이러한 불신과 분열이 아닌 연대와 협력으로 함께 풀어가야 한다. 교원의 정치기본권 보장은 각 주체들의 연대와 협력, 지지에서 시작된다.

참고문헌

- 박현미·김성천·황유진(2023). 교원의 정치기본권 보장방안 연구. 한국노총 중앙연구원.
- 배소연(2019), 「헌법상 교육이 정치적 중립성에 관한 연구」, 연세대학교 대학원 박사학위 논문.
- 이종수(2019), 「공무원의 정치적 기본권 보장 및 그 이후의 쟁점들에 대한 소고」, 『국가법연구』, 15(1), pp. 1-28.
- 이태화·이재덕(2021), 「교원의 정치적 기본권 제한에 관한 쟁점 분석」, 『지방교육경영』, 24(2), pp. 27-52.
- 성중탁(2020), 「공무원 신분에 따른 기본권 제한의 문제점과 개선방안」, 『법학논고』, 69, pp. 33-61.
- 조석훈(2017). 교육의 정치적 중립성의 법적 해석과 적용, 교육법학연구 27(3), 295-332.
- 전진영(2024), 「국회와 주요국 의원의 직업적 배경 비교 : 법조계 출신 의원을 중심으로」, 이슈와 논점(2024.1.31.), 2184, 국회입법조사처.
- 정영화(2012), 「헌법상 공무원의 정치적 자유의 제한과 그 한계」, 『헌법학연구』, 18(1), pp. 393-427.
- 정영태(2010), 「공무원의 정치적 자유에 대한 헌법재판소의 논거와 문제점」, 『한국정치연구』, 19(1), pp. 71-100.
- 홍석노(2017), 「헌법적 합의에 기초한 한국 학교 시민교육의 과제」, 『헌법연구』, 4(1), pp. 121-152.
- 김성천(오마이뉴스, 2024.4.2.). 선거철이면 아무것도 못하고 침묵해야 하는 존재들
- https://www.ohmynews.com/NWS_Web/Series/series_premium_pg.aspx?CNTN_CD=A0003015659
- 중앙선거관리위원회 선거연수원(2022). 2022년도 각국의 선거제도 비교연구. 중앙선관위.

교사와 학부모, 세대론적 접근

한수현

1. 왜 세대론인가

'MZ세대', 각종 포털사이트와 예능 프로그램 등에서 심심찮게 볼 수 있는 신조어다. 대체 MZ세대가 무엇이길래, 기성세대와 무엇이 다르길래 신인류처럼 다뤄지는 것일까? 이는 한국에서만 나타나는 현상이 아니라, 해외에서도 'Gen Z' 등의 용어로 새로운 세대의 특성을 주목함과 동시에 기성세대와 겪는 갈등을 주목하고 있다.[1]

세대(generation)란, 독일의 지식사회학자 만하임(Mannheim, 1952)의 글에서 처음으로 개념화된 것으로 보인다. 그는 '세대'를 태어난 연도를 주기별로 그룹화하는 것이 아니라, 공통으로 드러나는 특성을 기준으로 분류했다. 즉, 같은 세대에 속하는 구성원끼리는 공감대를 나누며 연대할 수 있게 하는 결속체이자 다른 세대와 집단별 특징을 이루게 한다. 이와 같은 세대 구분과 함께 논의되는 것은 세대 갈등이다. 각 세대는 서로 다른 역사적·사회문화적 사건을 경험했고 그에 따라 세대 간 사고의 차이는 필연적이다. 같은 현상을 바라보더라도 서로 접근 방식이 다를 수 있다.

---

[1] 'OK boomer': 25-year-old New Zealand MP uses viral term in parliament(2019.11.7.), https://www.bbc.com/news/world-asia-50327034

2024년 기준, 학교에 재직 중인 교사는 베이비붐 세대부터 Z세대까지 다양한 세대로 구성되어 있다. 그리고 학부모(보호자, 이하 '학부모'로 통칭)의 경우 80년대생(밀레니얼 세대)이 다수를 차지한다(이은경, 2023). 다시 말해 교사의 경우 다양한 연령대와 세대로 구성되어 있으며 학부모의 경우 특정 세대로 구성되어 있다. 학교는 다양한 집단과 세대로 구성되어 있으므로 서로 다른 말과 생각이 얽힌, 단어 그대로 '갈등(葛藤)'을 수반하는 공간인 셈이다. 또래 친구와의 만남에서도 크고 작은 이유로 갈등이 존재하는데, 살아온 세월이 다른 낯선 사람들이 만나는 공간에서는 얼마나 다양하고 많은 갈등이 발생할까? 가령, 학교에서 '기본적으로 지키는 것'으로 여기던 규칙이나 규범 등을 받아들이는 방식에 차이가 있다. 그리고 이를 해결하는 방식 또한 다르게 인식한다. 이에 다양한 장면에서 갈등이 발생하며 타 세대 집단을 '틀린 것' 또는 '잘못된 것'으로 여겨 배제하고 소통하지 않으려 할 수 있다. 하지만 한 집단 또는 세대의 의견이 반드시 옳다거나 틀린 것이 아니라 '다름'이라는 것을 이해하는 것부터가 세대 이해의 첫걸음이다. 그러므로 세대 간 특성의 이해를 통해, 특정 집단을 배척하거나 무조건 우대하는 관계가 아닌 상호 이해 기반의 협력적 관계로 나아가야 한다.

이 글에서는 학교가 갈등의 장이 아닌 협력과 이해의 장으로 변모하기 위해 학교 구성원 간 갈등 상황을 세대론적 측면으로 해석하고자 한다. 이를 위해 먼저 고경력 교사 및 학교 관리자가 속하는 베이비붐 세대부터 신규 교사가 속하는 Z세대까지의 특성을 파악하고자 한다. 그리고 세대 갈등 양상에 포함되지는 않으나 학생 세대의 이해를 돕기 위한 자료로서 알파세대에 대해 간략하게 알아보고자 한다. 이후, 교원 간 세대 갈등, 교사와 학부모 간 세대 갈등을 분석하고자 한다.

2. 다양한 세대와 다양한 생각들

앞서 언급한 바와 같이, 세대가 다르다는 것은 세대 갈등이 발생할 수 있음을 의미한다. 이는 어떤 객관적 사실이나 원인, 가치관의 차이라기보다 세대마다 살아온 배경이나 문화에 의해 형성된 인식과 표현 방식이 다름을 의미한다. 즉, 어떠한 상황이나 사건을 받아들이고 대응하는 방식에 차이가 있어 갈등이 발생할 우려가 있다는 뜻이다(한미영, 문경화, 2022). 다시 말해, 교사, 학생, 학부모가 속한 세대가 다르므로 살아온 배경과 문화가 다르며, 아래 표와 같이 서로 다른 특징을 지닌다.

세대별 특성

(고재연, 2018; 김수정, 2022; 문화체육관광부, 2022: 17을 바탕으로 수정)

세대 구분	출생 연도	주요 사건 및 특징	집단		
			교사	학부모	학생
베이비붐 세대	1950~1964	전후(前後) 시기, 산업화와 민주화			
X세대	1965~1980	수능 세대, 무선 호출기(삐삐) 도입, IMF 취업 위기			
밀레니얼 세대 (M 또는 Y세대)	1981~1995	PC 등 디지털화 수용, SNS 사용에 능숙			
Z세대	1996~2008	IT 붐, 안정성과 실용성 추구			
알파 세대	2009~	COVID19 팬데믹			

가. 베이비붐 세대

베이비붐 세대는 한국전쟁 이후 태어나 1960~70년대 산업화와 민주화를 경험했다. 이들은 밀레니얼 세대(M세대)와 Z세대의 부모 세대이자 조직에서 중책을 맡은 경우가 많으며, 공동체적 가치를 중요하게 여긴다(김수정, 2022). 2024년 기준, 베이비붐 세대 교사들이 명예퇴직 또는 정년퇴직을 앞두고 있다. 후배 교사에게 온정적 지원을 제공하고 어려운 상황에 능숙하게 대처하는 선배교사로서의 역할을 한다(한미영, 문경화, 2022). 그러나 자신의 경험을 정답이라고 여기는 다소 권위적인 태도를 보이거나 부조리한 상황에 순응하는 경향도 있다.

나. X세대

X세대는 1965년부터 1980년 사이에 태어나고 1990년대에 청소년기와 청년기를 보낸 세대다. 해당 용어는 1991년 소설 'Generation X'(Coupland, 1991)에서 처음 명명되었으며, 베이비붐 세대와 달리 개인주의적이고 경제적 안녕을 추구한다(김정은, 구혜경, 2017). 또한 대중문화의 부흥을 이끌며, 문화와 소비 트렌드 변화에 빠르게 대응하는 진보적인 성향을 보인다. 비합리적인 기존 관습을 타파하고 창의적 해결을 모색하는 합리적 주체로, 탈권위적이고 진취적이며 직장과 개인의 삶의 조화를 추구하는 최초의 세대다.

다. 밀레니얼 세대(M세대)

밀레니얼 세대(이하 M세대)는 1981년부터 1995년 사이에 태어난 세대를 일컫는 용어로, 아날로그 환경에서 디지털 환경으로 전환된 시기에 위치한다.

이들은 스마트폰 및 디지털 기기의 도입과 함께 성장했으며, 일과 삶의 균형을 추구하고 SNS를 사회적 참여를 위해 활용한다(한수현, 2022). 아울러, X세대와 Z세대의 중간 세대이므로 집단주의와 개인주의가 혼재된 '포용적 개인주의'라는 특징을 보인다(변혜리, 2019). 2024년 기준으로 이들은 약 7년 이상의 교직 경력을 지닌 중경력 교사이며, 대부분의 학부모가 이 세대에 속한다.

라. Z세대

1996년 이후 출생한 세대는 태어날 때부터 디지털 환경에 익숙해 자신의 생각과 느낌을 온라인으로 표현하고, 주로 SNS를 통해 의사소통을 한다. 이들의 부모 세대는 X세대로, 이들은 개인의 생활을 중시하고 다양성을 추구하는 가치관을 이어받았다. 따라서 Z세대는 공동체나 집단보다 개인의 삶을 중요시하며, 불확실한 미래보다는 현재에 집중하여 의사결정을 내리는 특징이 있다. Z세대 교사들도 이러한 특성에 기반해, 다른 세대에 비해 워라밸(work-life-balance)을 가장 중요한 요소로 생각한다.[2] 이들은 새로운 정보 습득에 빠르게 반응하며, 공정과 정의를 중시하고, 혁신을 주도하는 성향을 보인다(윤정, 조영하, 2021).

마. 알파 세대

2024년 기준 중학교 3학년 이하에 해당하는 알파 세대는 날 때부터 아날로그가 아닌 디지털만을 접한다는 의미에서 '디지털 온리'로도 불리는 세대로, AI 또는 디지털 기기와 매우 친숙하다(김영아, 한정엽, 2022). 이들은 직관적

---

[2] X세대 '책임감' MZ세대 '워라밸' 교사도 세대 차이, 최일영(2021.5.13.), https://www.kmib.co.kr/article/view.asp?arcid=0015841816

으로 느낄 수 있는 재미와 흥미, 그에 따른 보상을 추구한다. 그리고 코로나 19 시기에 원격수업을 경험하며 다양한 디지털 소통 도구를 익히는 것은 물론, 다른 나라 또는 먼 지역에 거주하는 사람들과 소통하며 다양한 시각을 경험할 기회를 갖는다. 또한 대학 진학이 중요하다고 생각하며 성에 대한 고정관념을 거부한다. 더불어 자신이 지지하는 가치를 실현하기 위해 사회운동에 참여하고자 하며, 정신적 건강을 우선시하는 특징도 지닌다.[3]

3. 세대 갈등 양상: 공존하는 우리, 서로 다른 우리

가. 교사 간 세대 갈등

MZ세대로 통칭하지만, 앞서 살펴본 것처럼 M세대와 Z세대의 특성에도 차이가 있다. 문영진 외의 연구(2023)에 따르면, 교사 간 세대 갈등은 50대, 즉 X세대와 다른 세대 간 가장 빈번하게 발생하는 것으로 보인다. X세대 교원이 관리자인 베이비붐 세대와 후속 세대 사이에 위치하며 가치관과 행동 양식의 차이에 의해 행정 업무 추진 시 갈등을 겪기 때문이다. 그리고 M세대 교사의 경우 부장급 업무를 맡는 중경력 교사에 해당하며, 신규 교사인 Z세대 교사의 멘토이다. 다시 말해, 선배 교사인 X세대와 후배 교사인 Z세대 교사 간 가교 역할을 하며, 그에 따른 세대 갈등과 고충을 경험한다. 그러므로 M세대 교사들은 개인과 집단 간 우선순위가 상충될 때 집단을 우선하며 고경력 교사에게 동등한 수준의 업무를 부여하는 것이 반드시 공정한 것은 아니라고 생각한다. 이런 점에서 Z세대 교사와의 갈등을 경험하며 업무 추진에 어려움이 있음을 토로한다. 예를 들어, 개인과 집단 간 우선순위가 충돌하는

---

3   알아두면 좋은 알파 세대 소비자에 대한 모든 것(2023.5.4.),
     https://ko.wix.com/blog/post/gen-alpha-consumer

사안이 발생했을 때 M세대의 경우 '어쩔 수 없지만' 집단 또는 업무를 우선하는 반면 Z세대는 개인을 중시하며 자유시간을 침범하는 간섭으로 여긴다. 또한 M세대의 경우 베이비붐 세대나 X세대 같은 원로교사를 대우해야 한다고 생각하지만 Z세대는 앞서 기술한 세대 특성에 따라 '공정'을 우선하기에 모든 교사가 동등한 대우를 받기 원한다(한수현, 2022).

이 같은 문제가 발생했을 때 교사들은 조용히 참고 넘어가기, 강경하게 대응하기, 이해하고 받아들이기, 내 입장을 설득하기 등의 전략을 발휘했다. 해당 빈도는 아래 표와 같으며, 세대갈등을 경험하지 않은 경우, 향후 사안이 발생했을 때 어떻게 대처하려는지 응답하게 했다.

세대갈등 발생 시 대처 방식(문영진 외, 2023: 341)

세대갈등 발생 시 대처 방식		전체	세대 구분			
			베이비붐	X	M	Z
조용히 참고 넘어가기	경험자	93(43.87)	10(25.00)	39(43.82)	37(50.00)	7(77.78)
	미경험자	58(13.21)	3(3.37)	16(10.13)	31(19.25)	8(25.81)
강경하게 대응하기	경험자	18(8.49)	0(0.00)	7(7.87)	10(13.51)	1(11.11)
	미경험자	17(3.87)	0(0.00)	4(2.53)	11(6.83)	2(6.45)
이해하고 받아들이기	경험자	57(26.89)	20(50.00)	27(30.34)	10(13.51)	0(0.00)
	미경험자	254(57.86)	66(74.16)	100(63.29)	75(46.58)	13(41.94)
나의 입장을 설득하기	경험자	28(13.21)	7(17.50)	10(11.24)	10(13.51)	1(11.11)
	미경험자	82(18.68)	13(14.61)	26(16.46)	37(22.98)	6(19.35)
기타	경험자	16(7.55)	3(7.50)	6(6.74)	7(9.46)	0(0.00)
	미경험자	28(6.38)	7(7.87)	12(7.59)	7(4.35)	2(6.45)

경험자 중 베이비붐 세대의 경우 '이해하고 받아들이기'를, 다른 세대는 '조용히 참고 넘어가기'를 선택한 비율이 가장 높다. 그리고 미경험자 중 베이비

붐 세대는 '나의 입장을 설득하기'를 선택했으나 다른 세대의 경우 '이해하고 받아들이기'를 선택했다. 주목할 만한 점은 베이비붐 세대의 경우 세대 갈등 사안이 발생했을 때 '강경하게 대응하기'를 선택한 경우, Z세대 유경험자 중 '이해하고 받아들이기'를 선택한 경우가 0명이라는 점이다. 이 점은 세대의 특성을 뚜렷이 드러내며, 갈등 상황에 대응하는 양상을 보여준다.

이에 더해, 모든 세대의 교사들이 교사 소진과 사회적 동기 부여에 따라 직무 만족도에 영향을 받는다. 그러나 베이비붐 세대와 X세대는 학교 관리자의 리더십에 더 많이 영향을 받는다. 반면, M세대와 Z세대는 교직 자체의 사명감보다 직장인으로서 교사라는 직무에 임하는 경향이 있어, 세대 간 교직에 임하는 자세나 태도에 차이가 있음을 알 수 있다(이문정, 김경리, 2024). 이는 학교 구성원 간 과업 갈등을 유발할 가능성이 있다.

이와 같은 세대 갈등을 경험한 교사들은 개인의 의지, 주변의 협조, 상황 변화를 통해 극복하게 되므로(임경미 외, 2021) 소통 창구, 중재 행위 등을 통해 가치관의 차이로 인한 오해를 줄일 방안을 마련해야 한다.

나. 교사와 학부모 간 세대 갈등

2020년 경기도교육청의 연구(김기수 외, 2020)에 따르면, 1980년대생 학부모는 학교에 대한 기대와 자녀 교육에 대한 인식이 386세대나 X세대 등 이전 세대와 다른 것으로 분석되었다. 이전 세대 학부모들은 육성회, 학부모회 등의 집단적 성격을 띠고 학교 운영을 '지원'하는 보조자의 위치였다. 그러나 최근 학부모들은 학교와 교육청에 의견을 적극적으로 '제시'하는 참여자의 위치로 변화했다. 또한 학교 출석을 의무적인 것으로 생각하지 않으며 기존 관행을 구시대적인 것으로 여겨 변화에 대한 목소리를 높인다. 반면 집단적으로 목소리를 내기보다 개인적으로 의견을 제시하며 SNS 등을 통해 간접적으로 의견을 제출하는 경향이 있다. 이러한 모습은 80년대생, 즉 M세대의 특징과 학부모로서의 정체성이 맞물린 것이라고 할 수 있다.

향후에도 이 같은 특성이 학교 및 교육공동체에 미치는 영향이 클 것으로 예상되므로, 현재 교사와 학부모가 겪는 세대 갈등을 분석할 필요가 있다. 이를 통해 새로운 학교공동체 문화 조성에 통찰을 얻고자 한다. 이은경(2023)은 "80년대생 학부모, 당신은 누구십니까(our media)"에서 80년대생 학부모의 학교 관련 키워드를 다음과 같이 정리했다. 이들은 '신종 학부모'이자 '알파 세대' 자녀를 키우고, '인성' 교육을 중시하며 '학교폭력'에 기민하게 반응한다. 그리고 교육이 학교에서만 이루어질 필요가 없다고 생각하여 홈스쿨링이나 대안학교 같은 새로운 형태의 교육을 시도하는 것을 이전 세대만큼 두려워하지 않는다. 즉, 베이비붐 세대나 386세대 같은 기성세대와 다른 방식의 사고를 하되, 그 사고의 방향이 자기 삶에만 적용되는 것이 아니라 양육에도 반영되는 것이다.

알파 세대인 그들의 자녀는 '디지털 네이티브(Digital Native)' 또는 '디지털 원주민'이라고 불릴 만큼 디지털 기기 활용을 자연스럽게 여긴다. 그러나 부모로서, 양육자로서 아이들에게 스마트폰을 자주 사용하게 하는 것이 교육적으로 바람직하지 않은 일이라고 생각하기에 딜레마에 빠진다. 친구들과 놀이터, 운동장 등 오프라인 공간에서 만나 대화하고 어울려 노는 것보다 온라인 공간에서 대화하는 것이 익숙하고 영상 시청이 더 자연스러운 세대이기 때문이다.

이들은 자녀가 학교 또는 유치원 생활에서 어떤 덕목을 얻기를 바라는지 묻는 문항에 사회성, 자립심, 인성 순으로 많은 수가 응답했다. 즉, '공부 잘하는 아이'보다 '인성이 바른 아이'로 성장하기를 바란다(138쪽 표).

자녀가 학교 또는 유치원 생활에서 어떤 덕목을 얻기를 바라는지 한 가지만 고른다면?

	응답	응답수	
1	성적(공부 잘하는 아이)	31명	1.7%
2	인성(예의 바른 아이)	351명	18.8%
3	사회성(친구 관계)	837명	44.9%
4	자립심(스스로 하는 아이)	509명	27.3%
5	자신감	112명	6.0%
6	기타	19명	1.0%
7	응답 없음	7명	0.3%

(이은경, 2023: 87)

즉, 높은 성적을 받기 원하지만, 학교에 기대하는 것은 사회성과 인성, 자립심을 길러주는 것이다. 다시 말해 공교육과 사교육의 역할을 구분하고 학교는 자녀의 품성을, 학원은 자녀의 성적 또는 학업능력을 길러주는 기관이라고 인식한다. 그에 따라 80년대생 M세대 학부모들은 공교육에 기대하는 바가 이전과 달라졌으며 학부모회 등의 모임에서 논의하는 것이 아니라 학교에 적극적으로 의견을 제시한다. 다시 말해, 학교에서는 학부모를 '교육시켜야 할 대상'으로 여기지만, 80년대생 학부모들은 주체로서 교육에 '참여하고 실천하기'를 원한다. 또한 SNS와 카페 등의 발달로 다양한 정보를 얻고 자신의 성장 경험을 바탕으로 학교를 바라보기에 학교 및 교사의 교육 방식에 이의를 제기하고 이에 따라 갈등이 심화되기도 한다(김기수 외, 2019).

교사의 경우 앞서 언급한 것처럼 다양한 세대로 구성되어 있어 80년대생 M세대 학부모가 낯설고 어렵게 느껴질 수 있다. 먼저, 고경력 교사가 속하는 베이비붐 세대 또는 386세대의 경우 세대 차이로 인한 낯섦이 있다. 80년대생 학부모들은 기존 틀과 규범을 반드시 지켜야 하는 것으로 생각하기보다 '왜 그래야 하는가?'라는 당위성에 의문을 제기한다. 이들은 해당 규범이 구시대적이거나 합당하지 않다고 판단되면 이를 따르지 않고, 학교에 의견을 제시하여 바꾸어 가기를 요구한다. 그러나 이런 모습은 기성세대 교사들에게 낯설게 느껴져 학부모 자체의 문제로 여겨지기도 한다.

둘째, 중·저경력 교사가 속하는 M세대나 Z세대(이하 MZ세대)의 경우 같은 세대에 속해 있어 인식의 방향은 유사하지만, 초점이 달라 갈등이 발생한다. 다시 말해, 기존 관념에 의문을 제기하고 옳지 않다고 생각하는 바를 바꾸고 자 의견을 제시하는 점은 같지만, 교사는 '여러 학생'을 교육하는 데 초점을 두고 학부모는 '자신의 아이'에 초점을 둔다. 그에 따라 MZ세대 교사는 선배 교사들의 의견을 따르면서도 학부모의 의견을 온전히 반영하기 어렵다. 학교 가 인지적·신체적 발달뿐만 아니라 사회적 성장을 위한 공간이라는 점을 고 려할 때, 이는 학생 간 발생할 수 있는 다툼을 바라보는 관점의 차이를 일으 킨다.

앞서 기술한 바와 같이 80년대생 학부모는 학교폭력이라고 여겨지는 사안 에 발 빠르게 대처한다. 물론 학교폭력은 학생에게 큰 상처가 되며, 폭력적인 상황에 노출되지 않게 하는 것이 중요하다. 그러나 자기 자녀가 조금이라도 상처받으면 이를 학교폭력으로 오인하여 교사에게 해당 사안을 처리해줄 것 을 요청한다. 하지만 교사는 여러 학생 간 자연스럽게 해결될 수 있는 다툼으 로 보아 심각성을 느끼지 않거나 못할 수 있다. 이 경우, 교사는 합당하지 않 다고 생각하는 일에 자기 생각과 의견을 제시하는 것이 자연스럽지만, 선배 교사나 학교 관리자로 인해 학부모의 의견을 받아들이도록 권유받는다. 이런 상황에서 교사와 학부모는 서로의 생각을 이해하지 못해 갈등이 발생한다.

4. 틀린 생각이 아닌 다른 생각으로

세대별 특성은 일종의 '평균값'에 해당하므로 모든 사람이 해당한다고 볼 수 없다. 같은 세대에 속하더라도 사회·문화적 배경, 경제적 차이 등으로 삶의 궤적에 차이가 있기 때문이다. 세대론이 비판받는 핵심 논거다. 그럼에도 세대별 특성을 이해하고 세대 간 발생하는 갈등 상황을 논하는 것은 사회문제 발생의 초점을 개인이 아닌 집단에 두고 해결을 고민하게 하는 일종의 출발선이 된다. 개인 간 갈등은 선과 악, 옳고 그름을 가늠하게 하지만 집단 특성에 따른 문제 발생은 향후 유사한 문제가 발생할 것을 우려하게 하여 해결책을 모색하게 하기 때문이다. 이 글은 이와 같은 의도에서 교육공동체 간 문제 해결의 도착점이 아닌 출발 경로 중 하나로서 작성되었다.

'요즘 대학생들은 교사 위에 서고 싶어 하고,
교사의 가르침에 논리가 아닌 그릇된 생각들로 도전하려 한다.'

언뜻 보면 최근 글 같지만, 1311년 알바루스 펠라기우스가 대학생을 보며 한탄한 말이다. 동서고금을 막론하고 젊은 세대는 이해하기 어렵고 기성세대는 구시대적 생각만 하는 것처럼 보인다. 그리고 서로의 생각 차이를 '옳고 그른 것'으로 판단하고 평가하려 한다. 이런 말들은 모두에게 상처와 앙금이 되어 영원히 사라지지 않는 장벽을 형성한다. 그러나 우리의 생각은 서로 '다를' 뿐이며, 이해와 타협을 통해 더 나은 길로 변화할 수 있는 여지가 있다.

Sessa et al(2007)에 의하면 기성세대와 젊은 세대 간 이념 및 의견 차이는 내용 자체의 차이라기보다 표현 방식에 기인한다. 즉, 본질적으로 추구하는 가치관이나 생각은 유사하지만 이를 어떤 표현 방식과 용어로 나타내느냐에 따라 다르게 느껴져 갈등이 발생한다(손병권 외, 2019). 그러므로 제도나 정책 같은 외부적 요인에 기대기보다 소통과 이해의 장을 마련하여 열린 자세로서 세대 갈등 문제를 해결해야 할 것이다.

기성세대가 과거의 산물이 아니며 신세대가 철부지가 아니듯 절대선 또는 절대악, 공공의 적을 규정할 수 없다. 또한, '교육'을 향해 함께 목소리를 내는 구성원들이 다른 세대에 속한다는 것은 때로는 넘어야 할 산처럼 여겨진다. 서론에서 언급한 바와 같이 여러 집단과 세대가 씨실과 날실처럼 직조된 복잡한 공간인 학교지만, '학생의 전인적 성장'을 위해 모인 공동체임을 잊어서는 안 된다. 목표 지점에 도달하는 하나의 정답만 존재하는 것이 아니라 각자의 경험과 의견을 모아 최적의 길을 만들어 갈 수 있다. 일상의 개인적 사례에서 발견되는 기성세대에 대한 불만과 젊은 세대에 대한 무시가 아닌 상호 연대로 나아가야 한다.

세대 차이는 넘을 수 없는 장벽처럼 보이지만, 서로의 차이에 대한 인식 전환과 타협을 통해 학교라는 교육공동체가 형성되는 벽돌이 되기 바란다.

참고문헌

- 고재연(2018.10.15.). 산업화세대→베이비부머→X세대→밀레니얼세대→Z세대…세대별로 성장 배경과 소비 패턴·가치관이 모두 다르죠~, 생글생글, Retrieved from https://sgsg.hankyung.com/article/2018101267181(2024.2.12. 인출)

- 김기수, 오재길, 변영임(2020). 1980년대생 초등학교 학부모의 특성(이슈 2020-6). 경기: 경기도교육청.

- 김수정(2022). 세대별 행복에 영향을 미치는 요인에 관한 연구: 베이비붐세대, X세대, 그리고 MZ세대 간 차이를 중심으로. 사회과학연구, 35(1), 29-58.

- 김영아, 한정엽(2022). 메타버스 기반 알파세대의 조형예술 교육 사례 연구 및 활용 방안. 한국공간디자인학회 논문집, 17(7), 273-281.

- 김정은, 구혜경(2017). X세대 기혼여성소비자의 생애사적 관점에서의 소비생활 탐색. 소비문화연구, 20(4), 19-49.

- 문영진, 김지선, 윤소희(2023). 교원 간 세대갈등에 대한 초등교원 인식 분석. 한국교원교육연구, 40(4), 325-349.

- 문화체육관광부(2022). 2022 여가백서(11-1371000-000055-10). 세종: 문화체육관광부.

- 변혜리(2019). 세대별 차이에 따른 민주주의 감수성. 민주화운동기념사업회 연구소 연구보고서, 2019, 39-61.

- 손병권, 박경미, 유성진, 정한울(2019). 세대갈등의 원인 분석: 세대계층론을 중심으로 본 20대와 70대의 갈등 원인. 분쟁해결연구, 17(2), 5-37.

- 윤정, 조영하. (2021). 경기도 Z세대 초등교사들의 교직에 관한 인식 연구 : 기성세대 교사와의 관계적 경험에 근거하여. 교육행정학연구, 39(4), 183-212.

- 이문정, 김경리(2024). MZ세대와 기성세대 간 초등교사의 직무만족도 및 영향요인 분석. 교육문화연구, 30(1), 187-208.

- 이은경(2023). 80년대생 학부모, 당신은 누구십니까. 서울: 아워미디어.

- 임경미, 김지영, 박병기(2021). 초등교사의 교직갈등 극복 과정에 관한 근거이론 연구. 아동교육, 30(3), 43-62.

- 한미영, 문경화(2022). 교직사회에서의 세대 차이 및 갈등 인식: 초등교사의 세대 간 상호지각 및 상호평가를 중심으로. 열린교육연구, 30(3), 51-78.
- 한수현(2022). 밀레니얼 세대와 Z세대 초등교사 간 세대 갈등에 대한 현상학적 연구. 초등교육연구, 35(4), 75-94.
- Coupland, D. (1991). Generation X: Tales for an accelerated culture. NY: Macmillan.
- Mannheim, K. (1952). The problem of generations, in essays on the sociology of knowledge. NY: Oxford University Press.
- Sessa, V. I., Kabacoff, R. I., Deal, J. & Brown, H. (2007). Generational differences in leader values and leadership behaviors. The Psychologist-manager Journal, 10(1), 47-74.

교직문화의 그림자

공후재

1. 교직 수행 어려움의 근원, 조직문화

2023년 여름 서울 서이초 교사 사망 사건을 계기로 교권은 한국 사회에서 뜨거운 이슈가 되었다. 상식 이하의 교권침해 사건, 피해 교사들의 연이은 자살, 대규모 교사 집회, 공교육 멈춤의 날 등 언론에는 교권 관련 이야기들이 넘쳤다. 교권 추락에 대한 깊은 성찰이 요구되었으며 교권 4법 개정으로 이어졌다.

교권 4법은 2023년 9월 21일 국회 본의회를 통과했고, 9월 27일에는 학생생활지도 고시 해설서가 배포되었다. 그러나 교권 4법을 현장에서 실질적으로 뿌리내리기 위한 시·도교육청과 각급 학교의 변화는 현재진행형이다. 개정된 법률을 중앙 행정부 및 지역 교육청 단위에서 시행하고 이를 정착시키기에는 상당한 시간이 걸리기 때문이다. 일례로 교권보호위원회의 지역청 이관, 아동학대 신고시 교육감 의견 수사기관 제출 등 세부 규정을 담은 교원지위법 시행령은 2024년 3월 국무회의에서 심의 의결되었다.

교권 이슈에서 우려되는 점은 학교 교육의 문제를 법으로 해결하려는 법화 현상이 더욱 심해졌다는 것이다. 교원들 사이에서는 법률이 개정되면 교육현장의 문제가 바로 해결될 것이며, 효율적인 조치를 위해서는 세세한 매뉴

모두 아픈 학교, 공동체로 회복 하기

얼이 필요하다는 인식이 늘고 있다. 그렇다면 법 개정은 최선의 해결방안일까? 학교폭력예방법이 학교에 들어온 이후 학교폭력의 빈도와 심각성이 줄지 않은 반면 교사의 자율성은 침해되었으며, 학교 구성원 간 관계성은 악화되었다.

서이초 사건은 수년간의 교권 추락 이슈들이 겹겹이 쌓인 뒤 하나의 촉발 기제(trigger event)로 작동했다. 사회 문제를 풀어가는 방법은 법, 제도, 문화, 정책 등 다양한 차원이 있다. 오늘날 교직의 어려움을 보다 근본적으로 분석하기 위해서는 거시적으로 문화적 차원의 요인을 들여다볼 필요가 있다. 문화는 조직 구성원들의 삶의 구현체로서 의식, 행동양식, 가치관의 종합이라 할 수 있으며(김병찬, 2003), 교직 사회의 문제를 문화적 차원에서 분석하는 연구들이 계속되고 있다. 이 글에서는 학교 문화의 고질적인 문제로 언급되는 형식주의, 고립주의, 독박주의에 대해 논하고자 한다.

2. 형식주의

1) 형식주의의 의미와 문제점

형식주의(formalism)는 일의 본질보다 형식, 달성하려는 목적보다 수단적 가치들이 중시되면서 나타나는 가치 전도(顚倒, displacement)를 말한다. 김병찬(2003)은 "실속보다 겉치레, 내용보다 형식에 치중하는 양태"라 정의한다. 형식주의가 강화되면 과업의 본질이 소홀하게 다루어지고 피상적인 실천에 그치게 되며 본래의 목적은 도외시된다. 형식주의의 보편화는 본질보다는 껍데기를 중시하는 메커니즘이 학교 구성원들 사이에서 자연스럽게 여겨짐을 의미한다(권정현, 허병기, 2013).

형식주의는 학교 행정, 교육과정, 학교 구성원의 교직 생활 속 어디에나 만연해 있다. 교사의 교육활동이 형식주의화되면 행위와 본질적인 목표가 따로 돌고, 더 악화되면 교육이 수단으로 변질된다. 그렇다면 본질을 잃어가는 까닭은 무엇일까? 학교 선택제와 코로나 팬데믹 이후 현대 사회가 학교에게 요구하는 것은 기존 교육에서 보육, 돌봄 기능 등으로 확장되었다. 그래서 교사는 학생들을 가르치는 것과 생활지도 외에도 업무가 엄청나게 많다. 학교 공모사업 운영, 공문서 처리, 민원 응대, 현장체험, 방과후 프로그램, 늘봄 교실, 디지털 기기 관리 등 셀 수 없을 정도로 많은 업무로 학교는 과부화 되어가고 있다. 즉 학교는 시간 빈곤 상태에 놓여있다. 특정 사안이 터질 때마다 국회, 의회, 교육부, 교육청 차원에서 법률, 시행령, 조례, 지침, 규정, 매뉴얼, 공문 등을 끊임없이 생성하여 하달하고, 학교는 이를 온전히 실행해야 한다. 과거의 규정과 지침은 그대로 살아있으면서 새로운 것들이 계속 생성된다. 학교가 감당할 수 있는 시간과 에너지의 총량을 넘어선다. 본질은 사라지고 행정의 껍데기 또는 요식행위만 남는다.

그래서 정작 수업 준비를 할 시간은 없고, 수업 관련 연수나 장학마저도 '하는 척'으로 대응할 수밖에 없는 형식주의로 흐르고 있다. 이는 시간 빈곤에 놓인 교사들이 생존하기 위해 선택한 전략이다. 형식주의의 단적인 예로 동료장학 수업공개를 떠올려보자. 다음은 어느 학교 동료장학의 모습이다.

모두 아픈 학교, 공동체로 회복 하기

학년부장: 이번주에 동료수업 공개가 있잖아요. 우리 학년은 통일해서 사회 2단원으로 하기로 해서 수업 계획은 전부 똑같이 제출했고… 참관록과 회의록 써서 내야 한대요. 참관록 다 내셨지요?

교사 A: 저 참관록 아직 안 냈는데, 옆반 선생님 것 참고해서 써서 낼게요. 어차피 주제 같으니까 비슷하게 써서 내면 되죠.

학년부장: 연구부장 선생님이 회의록에다 회의하는 거 사진 찍어서 내래요. 교장선생님이 사진은 몇 장 필요하다고 하셨답니다.

교사 B: 교과서랑 책 가져다가 수업나눔 하는 분위기 좀 내게요.

학년부장: 사진 찍고 나서 회의 마칩시다.

　　동료장학은 상호간 수업 나눔을 통한 교원과 학교의 역량 신장을 목표로 한다. 그러나 현실에서는 형식주의 그 자체로 이루어진다. 동료 수업공개는 보통 학교 평가와 연계하니 매년 문서상으로 수업 계획을 작성하고 참관록과 협의록을 제출한 뒤 내부기안한다. 하지만 실제 계획대로 동료의 수업을 참관하고 수업 협의회를 통한 상호 피드백이 이루어지는 경우는 드물다. 매년 형식적으로 문서상으로만 동료장학을 하는 것이 익숙하기 때문에, 대부분의 구성원이 당연하게 받아들인다. 오히려 실제로 동료장학을 추진하려 하면 '피곤하게 만드는 사람'이 되기 십상이다. 당연히 동료장학이 목표하던 교육적 역량의 신장은 이루어지지 않고 문서화 된 실적만 남는다.

　　교무회의 역시 형식주의의 극치다. 다음은 어느 학교에서 매달 이루어지는 전 교직원 회의 모습이다.

교무회의의 목적은 구성원 모두가 함께 학교교육의 방향을 세우고, 당면한 문제해결을 위해 자유롭게 토론함에 있다. 그러나 대부분의 교무회의는 학교장 말씀, 각 계별 업무 안내, 전달 연수로 이루어진다. 교무회의는 관리자와 부장교사의 업무를 전달하는 통로로 쓰이며, 민주적인 토론은 거의 이루어지지 않는다. 손을 들고 의견을 개진하는 일부 교사들이 있다. 그러나 분위기를 망친다거나 회의 시간을 길게 만드는 이유 등으로 좋은 시선을 받지 못하며 때로는 벌떡 교사, 시끄럽게 하는 사람으로 낙인찍히기도 한다.

상명하달식 업무 전달 회의에서 교원은 학교의 주요 의사 결정에서 소외되고 있다고 느낀다. 따라서 회의 참여 효능감이 낮을 뿐만 아니라, 일부 교사들은 교무회의 참여의 필요조차 느끼지 못한다(정명자, 2006). 오래된 깊은 불신과 무력감으로 교무회의에서 진정한 토론이 이루어지리라고 기대하는 교사들은 드물다.

교무회의, 교직원 회의는 그 학교의 자치 문화를 가늠할 수 있는 핵심 잣

대다(김성천 외, 2018). 대부분 교무회의가 형식주의로 흘러가는 현실은 우리 사회의 교육자치가 아직 갈 길이 멀었음을 의미한다.

형식주의의 가장 큰 문제점은 학교 구성원들이 학교의 핵심업무인 교육에 집중하기 어렵게 만들어 교육력을 약화시킨다는 점이다(김병찬, 2003; 김인희 2007). 감사와 실적을 위한 공문 만들기, 각종 전시성 사업 추진 등 형식 만들기 행위는 결과적으로 교육의 핵심인 수업과 학생지도에서 교사를 멀어지게 한다. 본질에서 거리가 먼 요식행위에 집중할수록 교사의 직업 정체성은 흔들리며, 직무만족도는 떨어질 수밖에 없다. 최근 세계적으로 높은 교직 이탈률은 학교 교원들이 위기 상황에 있음을 보여준다. 교사들은 형식주의가 극화된 시간 빈곤 속에서 교사의 전문성이 무엇인지, 교사의 주체성이 무엇인지 의문을 품으며 지쳐가고 있다.

더불어 형식주의는 관료주의의 폐해에서 벗어나려는 교육개혁마저 형식화시킨다. 세계적으로 학교 교육 개선을 위한 정부 차원의 교육개혁은 끊임없이 시도되었다. 미국은 1960년대 이후 학교 교육의 질 제고를 위해 낙오방지법(No Child Left Behind, NCLB) 등 꾸준히 교육개혁을 추진해왔다. 한국의 경우 학교의 변화를 위해 교육부나 시도교육청 지정 연구학교, 미래학교 등 학교 공모사업을 운영하고 있다. 그러나 교육개혁은 예산 대비 만족스럽지 못한 성과들로 비판받고 있으며, 그 원인으로 형식주의를 지목하는 경우가 많다. 어떤 내용의 교육개혁안이 제시되더라도, 형식주의 작동원리가 뿌리내린 학교 상황에서는 새로운 과제 역시 형식적으로 처리되어 목적하는 성과를 거두지 못할 위험성을 내포하고 있다(김인희, 2007). 문서로는 그럴듯하게 뭔가를 하는 것처럼 실적을 만들고 있지만, 실상은 내실 없는 이중적인 모습이 강화된다.

2) 형식주의의 원인과 해결방안

그렇다면 학교는 왜 의례화와 보여주기 문화가 만연한 곳이 되었을까? 이런 양상은 개인의 도덕성이나 일 윤리의식에서 비롯된 것이 아니다. 형식주의는 조직의 특정 상황에서 발생한다. 학교 형식주의는 본질적으로 교육조직이 관료제 행정의 형태로 운영되며, 학교 구성원들이 국가 및 지방 공무원이라는 구조적인 한계에서 기인한다.

TALIS 2018 교사의 업무시간 주요국 비교

구분		수업시간	교내·외에서의 수업 계획 및 준비	교내에서 이루어지는 동료 교사와의 의견교환 및 협동작업	학생들이 제출한 과제 채점/수정	학생 상담(학생지도, 멘토링, 온라인 상담, 진로 및 진학 상담, 생활지도)	학교 경영업무 참여	행정 업무(연락, 서류 작업, 기타 사무 포함)	전문성 개발 활동	학부모 또는 보호자와의 의사소통 및 협력	교과 외 활동 지도(예: 방과 후 동아리 활동 지도 포함)	기타 업무
		시간 (S.E)	시간 (S.E)	시간 (S.E)	시간 (S.E)	시간 (S.E)	시간 (S.E)	시간 (S.E)	시간 (S.E)	시간 (S.E)	시간 (S.E)	시간 (S.E)
한국		18.1 (0.2)	6.3 (0.1)	2.5 (0.1)	2.9 (0.1)	3.7 (0.1)	1.7 (0.1)	5.4 (0.1)	2.6 (0.1)	1.6 (0.1)	2.0 (0.1)	1.8 (0.1)
주요국 현황	일본	18.0 (0.2)	8.5 (0.2)	3.6 (0.1)	4.4 (0.1)	2.3 (0.1)	2.9 (0.1)	5.6 (0.2)	0.6 (0.0)	1.2 (0.0)	7.5 (0.2)	2.8 (0.1)
	싱가포르	17.9 (0.1)	7.2 (0.1)	3.1 (0.1)	7.5 (0.1)	2.4 (0.1)	1.4 (0.0)	3.8 (0.1)	1.8 (0.1)	1.3 (0.0)	2.7 (0.1)	8.2 (0.1)
	호주	19.9 (0.2)	7.3 (0.1)	3.7 (0.1)	4.9 (0.1)	2.5 (0.1)	2.4 (0.1)	4.1 (0.1)	1.7 (0.1)	1.3 (0.1)	1.8 (0.1)	2.6 (0.1)
	핀란드	20.7 (0.2)	4.9 (0.1)	2.1 (0.0)	2.9 (0.1)	1.0 (0.1)	0.3 (0.0)	1.1 (0.0)	0.8 (0.0)	1.2 (0.0)	0.4 (0.0)	0.9 (0.1)
	스웨덴	18.6 (0.2)	6.5 (0.1)	3.3 (0.1)	4.1 (0.1)	2.2 (0.1)	0.9 (0.1)	3.2 (0.1)	1.1 (0.0)	1.5 (0.0)	0.4 (0.0)	1.9 (0.1)
	영국 (잉글랜드)	20.1 (0.2)	7.4 (0.1)	3.0 (0.1)	6.2 (0.1)	2.5 (0.1)	2.0 (0.1)	3.8 (0.1)	1.0 (0.1)	1.5 (0.1)	1.7 (0.1)	2.2 (0.1)
	프랑스	18.3 (0.1)	7.0 (0.1)	2.1 (0.0)	4.7 (0.1)	1.2 (0.0)	0.7 (0.0)	1.4 (0.1)	0.8 (0.1)	1.1 (0.1)	1.0 (0.1)	1.8 (0.1)
	미국	28.1 (0.4)	7.2 (0.2)	3.5 (0.3)	5.3 (0.4)	3.4 (0.5)	1.7 (0.2)	2.6 (0.2)	1.7 (0.2)	1.6 (0.2)	3.0 (0.2)	7.1 (0.2)
	캐나다 (앨버타)	27.2 (0.5)	7.3 (0.3)	2.6 (0.1)	5.0 (0.2)	2.3 (0.1)	1.8 (0.2)	2.4 (0.1)	1.5 (0.1)	1.4 (0.1)	2.7 (0.2)	0.7 (0.1)

출처: OECD(2019). Chapter 2 Teaching and learning for the future, <Table I.2.27 Teachers' working hours> 재구성
(https://doi.org/10.1787/888933933045)
한국교육개발원(2019). 교원 및 교직환경 국제 비교 연구: TALIS 2018 결과를 중심으로(I). 92p.

모두 아픈 학교, 공동체로 회복 하기

OECD 교원 및 교직 환경 국제비교 조사(Teaching and Learning International Survey, TALIS) 2018 한국보고서에 따르면 한국 교사의 업무시간 구성에서 수업이 차지하는 시간이 적고, 행정업무 비율이 평균보다 높다(한국교육개발원, 2019). 한국 교사들의 행정업무 시간은 5.4로, 일본 다음 세계 2위다. 핀란드의 1.1, 캐나다(앨버타 주)의 2.4, 싱가포르의 3.8을 크게 웃돈다. 반면 수업 계획 및 준비시간은 6.3으로 하위권이다. 이런 결과는 국제적으로도 한국 교사들의 행정 업무부담이 높은 것을 시사한다. 즉, 교원의 핵심업무인 학생 교육에 전념하기 어려운 환경이며, 중대한 방해요인이 행정업무라는 이름의 형식주의라는 점을 알 수 있다.

행정업무의 상당수를 차지하는 것이 학교현장으로 쏟아지는 수많은 공문이다. 한국교육신문(2018.12.03.)에 의하면 학교는 1년에 1만여 건이 넘는 공문을 처리한다. 총 공문량을 연간수업일수(190일)로 나누면 하루 평균 70건 정도로, 엄청난 행정력을 소모한다. 현재 학교의 총 공문 수는 일반 행정기관과 비슷하다. 그래서 교육활동 및 교육자치를 정상적으로 운영할 수 있는 환경이 되지 못한다. 특히 보직교사들은 처리해야 하는 공문 건수가 가볍게 백 단위를 넘어간다. 또한 공문 총량을 직원 수만큼 나누어 가져가기 때문에 소규모 학교 교원들은 엄청난 행정업무에 시달린다.

학교는 공공기관이고, 교사는 국가공무원이기 때문에 상급기관의 공문 요청에 응할 의무가 있다. 형식주의는 기본적으로 구성원이 스스로를 보호하고 생존하기 위한 자기방어적 대응이다(김인희, 2007). 교사들은 물리적 자원의 빈곤 속에 행정업무에 형식적으로 대응할 수밖에 없다. 수많은 의무와 좁은 시간의 틈바구니에서 "하는 척하기"를 생존 전략으로 선택한다.

학교 형식주의 문화의 문제점을 해결하기 위한 근본적인 방안으로 무엇보다 학교 공문 총량을 대폭 줄여야 한다. 특히 의무적으로 제출해야 하는 공문 수를 줄이고, 제출방식을 통합 및 간소화하여 교원의 본업인 교육과 생활지도에 집중할 수 있는 물리적인 시간을 확보해야 한다.

교육선진국인 핀란드의 학교는 공문 없는 학교 행정을 운영하고 있다. 핀란드에서도 행정기관이 학교에 문서를 보내긴 하지만 주로 이메일로 소통하며 그 횟수가 많지 않은 편이다. 핀란드의 한 교장은 교육부, 지방정부에서 내려오는 공문에 대해 어떤 업무를 해야 한다는 식의 상부기관의 지시를 받은 경우는 없다고 했다(서울교육, 2020).

거시적 차원에서 학교 형식주의의 폐해를 줄이려면 기본적으로 학교에 대한 믿음이 필요하다. 학교를 믿지 않고 촘촘한 공문과 감사로 학교를 통제한다고 해서 학교의 교육력이 높아지지 않는다. 오히려 실적성 보여주기 행위로 형식주의가 심해질 뿐이다. 학교 교육이 살아나려면 '자율성'이라는 학교자치의 본질을 돌아보아야 한다.

3. 고립주의·독박주의

1) 고립주의·독박주의의 의미와 문제점

사일로(silo)는 작물이나 곡식 등을 모아 놓는 저장고다. 사회학자 레베카 코스타는 사회발전을 가로막는 중대한 걸림돌로 '사일로(silo)식 사고'를 언급했는데, 조직장벽과 부처 이기주의를 의미한다. 비슷한 용어로 경영학의 '사일로 현상(silo effect)', '칸막이 현상(government silo)'이 있다. 부처별 이기주의는 이윤을 독점하려는 각 부서별 목표 추구 때문에 발생하는데, 대화와 소통을 단절시키며 조직 전체의 시너지 효과를 저해한다(한국지방행정연구원, 2014).

홀로 서 있는 사일로는 각자 교실에서 문 닫고 들어가 있는 교사들을 떠올리게 한다. 각자의 교실, 각자의 책상에서 교사들은 자기 할 일만 한다. 교사들은 교실에서 단독으로 수업을 하며, 수업이 끝나고 동료와 대화 한마디 나

〈곡식 저장고 사일로〉

누지 않아도 업무상 큰 지장이 없다. 특히 대규모 학교의 경우 1년이 지나도 서로 얼굴을 알아보지 못하며, 구성원에게 어떤 일이 생겨도 나와 연관이 없으면 무관심한 각자도생의 양상을 보인다. 사회적 고립에는 외부와 네트워크가 단절되는 외부적 고립(external isolation)과 심리적으로 단절되는 내부적 고립(internal isolation)이 있는데(Zavaleta, D., Samuel, K., & Mills, C. T., 2017), 교직의 각자도생은 내부적 고립에 가깝다.

교직 문화에 관한 연구들은 공통적으로 고립주의를 언급한다. 로티(Lortie, 1974)는 교직 문화의 중요한 특징으로 개인주의적인 교직사회화를 든다. 전통적으로 교직에서 나타나는 공통적인 기술 문화의 부족으로 교사들은 장학체제를 통한 상호작용보다 비공식적으로 정보나 기술을 배우는 구조에 익숙하다. 교사들은 학생들을 어떻게 가르칠지, 생활지도를 어떻게 할지 공식적인 장학이나 연수를 통해 알아가는 것보다는 사적으로 동학년 선배들로부터 알음알음 배우거나 혼자 상황에 부딪혀가며 대처 능력을 체득한다. 고립된 교실 공간에서는 개인주의 성향이 형성될 수밖에 없다.

황기우(1992) 역시 대표적인 교사 문화로 개인주의를 언급했다. 교사는 학생을 교육할 때 누구의 간섭도 받지 않고 상호불간섭의 규범을 발전시킨다.

교직의 개인주의는 교실 개방이나 타인의 간섭으로 자신의 행위가 외부에 알려질 경우 능력이 평가되고 비난받을 것을 불안해하는 심리에서 비롯된다. 이러한 개인주의 문화 때문에 교직 사회는 대체로 협업체계가 약한 편이다.

이러한 교직의 고립주의 문화가 악화되면 '독박주의'가 된다. 코로나 팬데믹 시기를 지나며 초개인화가 심화됐다. 공동체 의식은 약화되었으며, '나만 아니면 된다'는 이기주의가 팽배하다. 학교의 독박주의 풍토를 가장 단적으로 볼 수 있는 것이 업무분장이다. 교직의 업무 배분은 표준화된 직무분석에 기반한 것이 아니기에 비체계적인 특성이 있다. 초개인화 시대 이전에도 힘의 논리와 연공서열, 눈치보기 문화에 따라 업무분장이 이루어졌지만, 독박주의가 심화되면서 현장에서는 약자가 가장 어려운 학년과 일을 맡게 되는 촌극이 벌어지고 있다. 다음은 어느 교사들의 업무분장에 대한 의견이다.

#3

교사 C: 14년 교직생활 동안 큰 학교에서 5~6학년만 했어요. 학교 업무분장은 체계가 없어요. 사람 봐가면서 정한다는 생각이 듭니다. 2년차에 6학년을 맡았는데 저도 모르고 6학년이 되었어요. 전혀 희망하지 않았어요. 그 학교 젊은 여자 선생님 한 분은 5년간 6학년만 하셨어요. 고학년에 업무부장까지 떠안은 분들도 종종 봤고요.

원칙? 있더라도 잘 지켜지지 않죠. 아픈 사람, 정상적으로 일하기 어려운 사람 등 배려해 드려야 할 분들이 많잖아요. … 또 일을 못 하는 사람한테 일을 시키면 결국 관리자분들이 커버하셔야 하는데 그게 번거롭잖아요. 그러니까 결국 맨날 하는 사람만 시키는 거죠. 그리고 어느 개인이 강하게 업무를 거절하거나 일을 안 하기로 작정하면 그걸 견제할 수단도 없어요.

더군다나 승진이 예전만큼 매력이 없다 보니 대도시 학교들은 다들 보직은 안 맡으려고 하죠. 그러다 보니 교장·교감 선생님들이 인사철에 주로 설득하는 사람은 초임교사나 순종적인 선생님들이죠. 일할 사람이 없다고 하는데, 정말 그럴까요?

교사 D: 요새는 학급 배정을 뽑기로 하잖아요. 저는 뽑기 운이 나빠서 늘 어려운 학생, 악성 학부모 민원인이 있는 학급을 골랐어요. 게다가 어떨 때는 시설마저 나쁜 교실에 배정돼서 엎친 데 덮친 격이더군요. 근데 어쩔 방법이 없잖아요. 내가 선택했으니까요… 그렇게 혼자 감당해 나가다 보니 소진 현상이 왔어요.

모두 아픈 학교, 공동체로 회복 하기

손형국(2014)에 의하면 대부분의 초등교사는 6학년 담임을 기피한다. 다른 학년에 비해 기본 업무가 많고 생활지도가 어렵기 때문이다. 그러나 학교의 온정주의와 비체계적인 업무 문화 때문에 원칙에 따라 업무분장을 하기보다는 초임교사, 전입교사, 남교사 또는 말 잘 듣는 만만한 교사에게 6학년 담임을 떠맡긴다.

독박주의 문화는 시도 단위로 볼 때 더욱 심각하다. 서울 시내 신규 임용 초등교사 중 39%는 강남, 서초교육지원청 관할 초등학교로 배정되었다(JTBC 뉴스, 2024.06.25). 강남·서초구는 교사들 사이에선 선호하지 않는 지역으로 분류된다. 과대 학교가 서울시에서 최다 분포되어 있으며, 학급당 학생 수가 서울에서 가장 많다. 그뿐만 아니라 학부모 민원이 적지 않다. 즉 신규 임용 교사들이 교사가 부족하거나 많이 이탈하는 지역으로 발령받은 것이다.

서울 서이초 사건의 초임교사는 1학년의 고난도 생활지도와 많은 업무에 시달리며 극심한 심리적 고통을 겪었다(조선일보, 2023.07.24.). 사회적 약자에게 어려운 학년과 기피 업무를 떠맡기는 지금의 독박주의 문화는 교직의 민주주의 지수가 낮음을 의미하며, 교직계 전반의 성찰을 요구한다. 교실 문을 닫고 내 교실에만 몰입하는 것은 가장 쉬운 일이다. 그러나 사회의 다변화로 교실 환경은 점점 도전적으로 변해가고 있다. 누구나 언젠가는 폭탄 학생, 기피 업무의 대상자가 될 수 있다. 그게 바로 당신이 될 수도 있다. 더 이상 각자도생으로는 살아남기 힘든 시대다.

2) 고립주의·독박주의 해결방안

현재 각자도생 교직문화로는 미래에 점점 더 난해해질 교실 문제를 해결하기 어렵다. 도전적인 상황을 효율적으로 해결하기 위해서는 체계적인 문제 대응 시스템과 협업 문화가 갖추어져야 한다. 경영학에서는 위기 발생 시 기업들이 활용하는 의사결정시스템 중 통합체계(Integration system)를 이상적인 모델로 제시한다. 통합체계는 외국 기업에서 사용하는데, 부서 간 칸막이가 없고 대화와 토론을 즐기는 문화에서 가능하여 분절적인 교직 환경에 주는 시사점이 있다.

〈통합체계(Integration System)〉

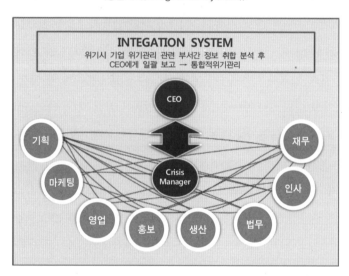

출처: 지방자치단체 칸막이 현상의 개선방안에 관한 연구, 한국지방행정연구원(2014), p.25.

통합체계에서는 상호 간 커뮤니케이션이 활성화되어 있으므로, 상황 파악과 공유가 빠르다. 촘촘한 의사소통 체계이므로 구멍이 없거나 적으며, 큰 그림을 모든 구성원이 적절히 공유하게 된다. 각 부서를 통할하고 CEO와 소통하는 위기관리 매니저(Crisis Manager)가 중핵을 담당한다. 따라서 이들의 역량과 역할이 중요하다(한국지방행정연구원, 2014).

이 모형을 학교 시스템에 적용할 수 있다. 우선 동학년 간에 촘촘한 소통체계를 만든다. 한 예로 동학년 중심 교사 자율 공동체 모임을 구성하고, 수업 개선 프로젝트 등 공동 목표를 설정한다. 이 방법으로 동학년 조직을 활성화할 수 있다. 성공적인 혁신학교들의 경우 전문적 학습공동체를 활용한 교사 간 소통이 원활하다. 이렇게 조직의 진정한 소통문화를 형성하는 것이 첫 번째이며, 그 중핵으로 학년 부장교사 등 앞바퀴 교사들의 리더쉽 역량이 핵심이 될 것이다.

위기관리 매니저는 각 부서 간 충돌과 칸막이 현상에 대응하고 조정할 수 있는 고위임원이 가장 적절하다. 중간리더인 교감이 이 역할에 적합할 것이다. 위기관리 매니저인 교감은 각 학년의 앞바퀴 교사인 부장교사들과 상시 소통한다. 요점은 행정업무보다 수업과 생활지도 등 교육 본연의 업무에 대해 심도 있게 고민을 나누고, 위기상황을 함께 해결해가는 역할을 하는 것이다. 또한 각 학년의 위기 상황을 파악하며, 학교의 최종 리더인 교장과 상황을 공유한다. 특히 중대한 생활지도, 민원 문제를 반드시 중간관리 매니저인 교감과 CEO 위치인 교장이 함께 책임지고 해결해가야 한다. 이러한 역할체계의 변화는 온전한 학교 자율에 맡기기에는 한계가 있다. 따라서 교원 업무 직무분석 연구에 기반한 매뉴얼 등을 통해 의무성과 자율성을 적합하게 부과해야 한다.

협업 체계 구축에서 가장 중요한 것은 시스템이 아니다. 통합체계 성공의 핵심은 결국 교사들이 내 교실 문을 열고 동료와 소통하려는 의지이다. 그리고 중간리더들은 추진력, 의사소통능력, 문제해결능력 등 리더쉽 역량을 갖추도록 노력해야 한다. 시스템 구축도 중요하지만 결국 성패를 가르는 열쇠는 구성원의 인식과 역량에 있다.

4. 그러면 어떻게 할 것인가?

결국 제도와 문화와 역량이다. 어느 한 개인을 탓한다고 문제가 해결되지 않는다. 문제를 일으키는 학생과 학부모, 교사가 있다고 할 때, 그런 행위가 가능한 맥락 중 하나는 제도와 문화다. 제도가 정치와 행정에 의해 구축된다면, 문화는 오랜 상호작용 과정에서 형성된 정형화된 양상이다. 하지만, 문화는 고정된 것이 아니라 변화 가능한 영역이다. 결국 부정적인 조직문화와 교직문화에 대한 성찰이 필요하다. 전입했다는 이유로, 경력이 적다는 이유로 고난도 업무를 누군가에게 몰아주면, 그런 문화는 대물림될 수 있다. 누군가는 거의 업무가 없는 상태이고 누군가는 여러 업무를 몰아주는 방식이라면, 선배들을 향한, 관리자를 향한 분노가 솟구칠 수밖에 없다. 누군가의 어려움에 대해 함께 짐을 지려는 노력을 얼마나 했는지 먼저 성찰해야 한다.

형식주의를 만들어내는 구조적 상황에 대해서도 이제는 침묵해서는 안된다. 제도와 정책을 만들어내는 이들에게, 그 정책의 적절성과 유효성, 타당성에 대해 질문해야 한다. 학교 친화적인 제도와 정책 설계에 관심을 기울여야 한다. 이는 정치와 정책을 통해 구현되는 면이 있기에, "교사는 수업만 잘하면 되는 사람"으로 정체성을 좁힐 이유는 없다. 탈정치화와 탈정책화가 이루어질수록 현장과 괴리된 제도와 사업이 만들어지고, 형식주의는 더욱 강화된다.

동시에 선택과 집중이 필요하다. 형식주의가 본질을 압도하는 상황이라 해도, 집중해야 할 영역과 내용에 대해서는 충분히 합의하고 논의해야 한다. 모든 영역의 형식주의 역시 경계해야 한다. 예컨대, 전문적 학습공동체 구축과 운영은 형식주의로 대응할 수 있겠지만, 이는 교육력 저하로 이어지고, 불신의 악순환으로 이어질 수 있다. 동시에, 학교마다 유사한 상황임에도 좋은 모델을 만들어내는 학교와 그렇지 않은 학교가 있다. '그럼에도' 역량을 갖춘 교원, 학부모가 고군분투한 결과다. 그런 역량을 갖춘 중간 리더들의 삶과 실천 양식에 주목해야 한다.

모두 아픈 학교, 공동체로 회복 하기

참고문헌

■ 권정현, 허병기(2013). 학교 형식주의에 관한 사례 연구: 학교 운영과 교직 수행 방식을 중심으로. 교육행정학연구. 31(4), 175-198.

■ 김병찬(2003). 중학교 교사들의 교직문화에 대한 질적 사례 연구. 교육행정학연구, 21(1), 1-27.

■ 김성천 외 6명(2018). 학교자치. 테크빌교육; 서울.

■ 김인희(2007). 학교의 형식주의와 학교혁신의 관계에 관한 연구. 교육행정학연구, 25(3), 29-5.

■ 손형국(2014). 초등학교 6학년 담임교사의 교직문화 탐구. 성균관대학교 대학원 석사학위논문.

■ 서울교육(2020). '지원'이라는 우산을 쓴 핀란드 학교의 자율행정 이야기. https://webzine-serii.re.kr/%EC%A7%80%EC%9B%90%EC%9D%B4%EB%9D%BC%EB%8A%94-%EC%9A%B0%EC%82%B0%EC%9D%84-%EC%93%B4-%ED%95%80%EB%9E%80%EB%93%9C-%ED%95%99%EA%B5%90%EC%9D%98-%EC%9E%90%EC%9C%A8%ED%96%89%EC%A0%95/ 에서 2024.05.21. 인출.

■ 유은혜(2013.11.01.). 교육부 종합국정감사 보도자료. 민주당 유은혜 국회의원실.

■ 정명자(2006). 학교운영주체의 의사결정 참여와 갈등에 관한 연구. 전북대학교 대학원 박사학위논문.

■ 조선일보(2023.07.24.). "업무폭탄·○○난리, 버겁고 놓고 싶다" 서이초 교사의 죽음 2주전 일기. https://www.chosun.com/national/national_general/2023/07/24/RM5UYF47EVFDFEDSMA4US7SV7I/ 에서 2024. 05.22. 인출.

■ 한국교육개발원(2019). 교원 및 교직환경 국제 비교 연구: TALIS 2018 결과를 중심으로(I).(RR2019-22). 충북 진천: 한국교육개발원.

■ 한국교육신문(2018.12.03.). 학교 공문처리 하루 70건. https://www.hangyo.com/news/article.html?no=87243 에서 2024.05.16. 인출.

■ 한국지방행정연구원(2014). 지방자치단체 칸막이 현상의 개선방안에 관한 연구.

■ 황기우(2002). "교사문화의 생성과정 분석". 교육문제연구. 제17호. 213-228.

- JTBC 뉴스(2024.06.25.). 새내기 초등교사, '근무 기피 지역' 강남·서초 발령 왜? https://news.jtbc.co.kr/article/article.aspx?news_id=NB12202517에서 2024.06.27. 인출.

- Lortie, D.C. (1975). School teacher: A sociological study. Chicago and London: The University of chicago Press.

- Zavaleta, D., Samuel, K., & Mills, C. T. (2017). Measures of social isolation. Social Indicators Research, 131, 367-391.

3부

공동체로
회복하기

학생-교사-학부모, 회복의 대화

이윤경

더욱 심해지는 주체 간 칸막이 현상

교원 노조와 학부모 운동의 역사가 35년으로 같다는 것은 전교조와 참교육학부모회만 아는 비밀(?) 같은 사실이다. '행복은 성적순이 아니잖아요'를 함께 외치던 교사와 학부모, 학생들은 35년이 지난 지금, 안타깝게도 각자 자리에서 서로 다른 구호를 외치고 있다. 물론 그동안 교육 정책에 따라 다소 이견이 있었던 적도 있지만, 지금처럼 주체 간에 칸막이가 쳐진 분열 현상은 전례 없던 심각한 상황이다. 교사는 학생을 불신하고 학부모는 교사를 불신하는 상황에서, 공정이라는 이름으로 입시 제도와 생기부를 비롯해 학폭법, 교권보호법 등이 학교를 교육기관이 아닌 학원과 사법기관으로 만들고 있다.

이처럼 학교가 황폐해진 원인을 '불신'과 '법화 현상'에서 찾는 견해에 동의하면서 여기에 '불통'을 추가하고 싶다. '소통 부재'는 학생, 교사, 학부모 사이에 대화가 없다는 것만을 말하는 것이 아니다. 상대방에 대해 '이럴 것이다'라는 짐작과 '다 알고 있다'는 오해를 바탕에 깔고서 각자 방식으로 이야기를 들으며 '나는 소통하고 있다'고 착각한 것은 아닌지 돌아보자는 의미다. 학부모들도 서이초 사태를 겪으며 교사가 어떤 직장 생활을 하고 있는지, 학부모를 어떻게 생각하고 있는지 등을 훨씬 깊이 알게 되었다.

이제는 서로 마주하고 대화할 때다. 각자의 편견을 깨고 상대방 이야기에 경청하며 이해하려는 노력이 필요하다.

1. 학부모를 협력자로

교육이 시작된 이래 학부모는 늘 많은 역할을 해왔다. 현재의 학부모회와 학교운영위원회의 형태를 갖추기 훨씬 전부터 후원회, 사친회, 육성회 등의 명칭으로 교육현장에 함께했다. 육성회비 폐지, 운영지원비 폐지, 돈봉투 없애기, 무상급식, 고등학교까지 무상교육 등 학부모가 앞장서서 일궈낸 성과들도 적지 않다.[1]

하지만 학부모의 이미지는 여전히 '치맛바람', '내 새끼 지상주의자', '몬스터', '악성 민원인'처럼 부정적인 인식이 지배적이다. 학부모는 모여 있으면 불만만 나올 뿐, 좋을 게 하나도 없다는 생각에 단톡방이나 온라인 밴드 개설을 금지하는 학교도 많다. 학부모를 철저히 개별화시키려는 것이다.

한편, 학부모를 사적인 존재가 아닌 공적인 주체로 인정하고 학부모회를 자생적인 소수의 모임이 아닌 공식적인 기구로 자리매김하려는 요구는 학부모뿐만 아니라 혁신교육을 지향하는 교육청과 학교에서도 바라는 바였다. 2012년 경기도교육청을 시작으로 학부모회를 교장이 해산시킬 수 있는 임의조직이 아니라 반드시 설치해야 하는 의무기구로 명시한 조례가 제정되었고, 2024년 현재 대구를 제외한 16개 시·도교육청에 학부모회 조례가 만들어졌다.

학부모회는 재학생의 보호자 모두가 당연히 회원이고, 편의상 학생 수와 동일한 인원을 재적 회원 수로 정한다. 매년 1회 반드시 열어야 하는 학부모 정기총회는 회원의 1/10 이상이 참석해야 성원이 되고, 학부모회 규정 개정과

---

1   「학부모의 학교 참여 실태분석 및 개선방안: 초등학교를 중심으로」, 서울시교육청교육연구정보원 김명희, 2023.

임원 선출은 대의원회가 아니라 학부모 전체 회의인 총회에서만 가능하다. 이는 전국 학부모회 조례가 모두 동일하다. 즉, 학교에는 '학부모회'라는 학부모들의 공식 기구가 있고, 학부모들이 선출한 공식적인 대표가 존재하는 것이다.

학부모 참여를 확대하고 학부모회를 강화하려면 학부모회를 조례가 아닌 초·중등교육법에 의해 필수 기구로 보장하는 것이 필요하다. 그래야 학운위와 동등한 위상으로 학부모회가 제대로 설 수 있다. 둘째, 학부모회를 학교 조직도 안의 공식 기구로 인정하고, 학부모들의 개별 의견은 반드시 학부모회를 거쳐 공식적으로 제안하도록 해야 한다. 개인의 민원이 아닌 학부모회가 의견으로 제시하고 학교가 이를 수렴하는 문화가 정착되어야 학교공동체가 회복될 수 있다. 셋째, 학교 교육과정에 학생과 학부모의 의견이 반영돼야 한다. 예를 들어 매년 2학기 말 교육과정 평가회를 열어 전교생과 학부모들을 초대해 토론하고, 여기서 나온 의견을 다음 해 교육과정에 반영하는 것은 결코 불가능한 일이 아니다. 학생 수가 많아 이런 방식이 불가능하다면 교육과정위원회에 학생·학부모 위원을 교사와 동수로 구성해 의견을 수렴하면 된다. 구성원 비율상 학생 위원이 교사, 학부모보다 많이 참여하는 것이 바람직하다.

교육기본법과 초중등교육법, 초중등교육법 시행령에는 학부모(보호자)의 의견을 존중해야 한다는 규정과 특정 사안에 대해서는 반드시 학부모 의견을 수렴해야 하는 의무 조항도 있다.

학부모를 협력자로 만들고 학부모회를 공적 기구로 보장하는 것은 불필요한 민원을 줄여주고 학교와 교사에게도 도움이 될 수 있다.

이런 때일수록 학부모를 '민원인' 아닌 '협력자, 파트너'로, 학부모회를 학교 홈페이지 조직도에 포함된 공식기구로 강화하면서 순기능을 제고하는 것이

필요하다.[2]

2. 코로나19 영향과 공동체 회복 대안

그나마 코로나19 전까지는 학부모회 조례가 자리 잡은 곳도 있었고, 혁신학교를 중심으로 확산된 3주체 협약, 다모임 등을 통해 건강한 교육공동체를 만들어 가는 학교들도 곳곳에서 모범 사례로 발표되었다. 그런데 코로나19로 모든 것이 백지화되었고 3주체는 각각 고립되었다.

2020년부터 등교 대신 가정에서 원격수업을 받은 학생들은 타인과 관계 맺는 방법을 배우지 못했고, 학부모는 링크를 걸어놓거나 EBS 강의를 틀어주는 수업을 지켜보며 교사의 전문성에 대해 실망하게 되었다. 게다가 돌봄 공백을 메우기 위해, 또는 학업을 보충하거나 선행 학습을 위해 사교육기관 이용률이 폭증했고, 학교가 제공했던 공교육 영역을 사교육이 대체하게 되었다.

코로나19의 피해는 교사도 마찬가지였다. 교육실습도 온라인으로 이수했다는 코로나19 세대 교사들은 학생을 대면하는 수업과 상담에 서투를 수밖에 없었고, 이들에게 학부모는 가능한 한 피해야 할 두려운 존재였다. 최근 교육계에서 분류하는 5년 미만 저경력 교사는 엄밀히 말하면 '코로나19 시기 3년+2년'이라고 해야 하지 않을까.

특히, 코로나19로 학부모들은 학교뿐만 아니라 같은 반 학부모, 선배 학부모들과도 소통이 단절됐다. 아는 학부모가 없으니 소소한 질문조차 교사에게 할 수밖에 없었다. 악성 민원인이 급격히 늘어난 이유가 짐작되는 대목이다. 학부모의 연락 중에는 민원인지 질문인지 상담인지 모호한 내용이 많다. 그런데 학교와 교육청은 이에 대한 통계 자료조차 전무하다. 학부모 민원 건

---

2   대한민국 교육트렌드 2024 '대한민국 학부모의 현주소'/ 참교육을위한전국학부모회 이윤경

수와 종류, 상담과 민원 분류 기준, 단순 질문 건수 등 문제가 무엇인지 제대로 파악해야 정확한 진단과 처방이 가능하다.

지금이라도 교사, 학생, 학부모 모두에게 관계와 신뢰 회복을 위한 특별 프로그램이 필요하다. 우리는 코로나19 이후 회복 기간도 없이 바로 전면 등교를 실시했다. 학년 초 3월 한 달 동안을 3주체 간 '관계 맺기' 기간으로 운영할 것을 제안한다. 교육부와 교육청이 나서지 않는다면 단위 학교에서라도 방안을 모색하면 좋겠다. 대한민국 최초의 미래학교라고 자랑하는 서울 창덕여중은 코로나19 이전부터 3월 개학 후 2주 동안 적응 기간을 운영해 왔다. 교과 수업 진도는 나가지 않고 학생 간, 학생과 교사 간 관계 맺기와 정보화 시스템 익히기 등 학교생활에 적응하기 위한 특별한 시간표로 구성했다. 다른 학교들도 못할 이유가 없다.

3. 교육공동체 회복, 무엇을 어떻게 해야 할까?

두 자녀의 부모로, 학부모회 임원과 학교운영위원으로, 시민단체와 마을교육공동체 활동가로… 여느 학부모보다 훨씬 많은 교사를 만났을 것이다. 그 중엔 좋은 교사도, 그렇지 않은 교사도 있었다. 자녀가 새 학년이 될 때마다 학부모들은 제발 좋은 담임을 만나게 해달라고 기도한다. 학생이라는 이유로 성장기에 겪어야 했던 힘든 경험들은 당시뿐만 아니라 평생 잊을 수 없는 트라우마와 흉터로 남기 때문이다.

올해 어린이날 행사로 '청소년인권운동연대 지음'에서 '학교 체벌 생존자 위로회'를 열었는데 이야기 손님으로 초대되어 인터뷰를 했다. 나와 자녀들이 겪은 학교 체벌을 이야기하다 울컥했다. "큰아들이 내가 졸업한 사립 중학교에 입학했는데 30년 전에 몽둥이를 들고 다녔던 체육 선생님이 30년 후에도 여전히 몽둥이를 들고 다니시더라. 그 얘기를 듣고 그 학교 학부모회 활동은 아예 하지 않았다. 그런데 지금 생각하니 내가 비겁했다. 더 적극적으로 나섰어야 했다. 나도 두 아들도 학교 체벌의 생존자가 맞는 것 같다."

나의 학창시절 교사들을 비롯해 6년 터울 아들들의 어린이집, 유치원, 초·중·고 교사 중 나와 자녀의 성장 과정에 안 좋은 영향을 끼친 교사들의 사례를 들자면 끝도 없을 것이다. 지금도 갈등조정자로 학교에 가서 상담해 보면 우울증 약을 복용하고 자해하는 학생뿐만 아니라 자살을 시도하는 학생도 적지 않은 현실에 억장이 무너진다. 삶을 포기할 정도면 학교를 안 다니는 게 낫다고, 누가 좀 얘기해 주면 좋겠다.

하지만 학생, 교사, 학부모가 각자의 상처가 더 크다고 목소리를 높이면, 듣는 이는 없고 말하는 사람만 있게 된다. 서로에게 귀 기울이고 고개를 끄덕이는 것, 끝까지 만나지 못할 평행선의 각도를 조금이라도 좁혀서 언젠가는 한 지점에서 만나는 것, 이것이야말로 교육공동체 회복을 바라는 대다수 사람의 바람일 것이다. 그런 이유에서 '학부모여서 좋았던 경험', '학부모가 할 수 있었던 선한 영향력'에 대해 사례를 들어보고자 한다.

1) 교육공동체 회복 대화모임

2024년 1월부터 5월까지 세 차례에 걸쳐 학생, 교사, 학부모 3주체가 '교육공동체 회복 대화모임'을 했다. 첫 모임인 1월 23일 경기도 분당 종합사회복지관에서 '일단 해 보자'는 실험 정신으로 첫발을 떼었다. 이날 모임은 학생, 교사, 학부모와 회복적 정의 실천가 등 30여 명이 참석한 가운데 오전 10시부터 6시간 동안 진행되었다. 2023년 7월 이후 급격히 붕괴한 교육공동체를 어떻게 하면 회복시킬 수 있을까 고민하는 자리였다.

'학교에 공동체라는 게 있었던 적이나 있느냐'는 회의적인 목소리도 있지만 그래도 '이렇게 두고 볼 수는 없다'는 절실한 마음들이 닿아 어렵게 성사

모두 아픈 학교, 공동체로 회복 하기

된 모임이었다. 교사 단체인 '좋은교사운동', 학부모 단체인 '참교육학부모회', 청소년 단체인 '청소년인권모임 내다'와 회복적 정의 실천과 갈등 조정 단체인 '회복적정의평화배움연구소 에듀피스', '평화 비추는 숲'의 다섯 개 단체가 준비 회의부터 프로그램 기획, 참석자 초대, 진행, 후속 보도자료 발송까지 함께했다.

학생, 교사, 학부모가 각 한 명씩 각자의 생각을 발표한 후 4~5명씩 모둠을 만들어 대화를 나눴는데, 네 개의 질문에 대해 대화모임에서 공통적으로 나온 의견은 다음과 같다.

❶ 교육공동체 회복을 어렵게 하는 현실: 소통 부재, 교육 주체 간 불신과 단절, 과도한 경쟁교육, 교육의 방향성 상실, 정치의 도구가 된 교육, 리더십 부재, 공동체 경험 부재, 교육공동체 대화 부족, 편견과 이기심 등

❷ 현실 속에 발견한 희망: 지금 함께하는 우리, 서로를 이해하려는 노력, 상대방에 대한 관심, 공동체를 위한 자성의 목소리 등

❸ 원하는 교육공동체의 미래상: 자발적 배움의 기쁨이 있는 학교, 공유된 비전과 이상, 협력과 나눔이 쉬운 문화, 모두에게 의미 있는 배움, 시험과 서열이 없는 학교, 모두의 이야기가 들려지는 민주주의 학교, 학부모 공동체성이 존재하는 학교, 리더십이 건강한 학교, 쉼과 여유·놀이가 있는 학교 등

❹ 교육공동체 회복에 필요한 가치(키워드): 신뢰, 존중, 성장, 공동체, 기쁨, 관계, 소통, 책임, 자율, 협력 등

▶ 핵심 가치로 만든 문장: 우리는 존중과 신뢰의 관계로 함께 성장하는 교육공동체를 만든다.

회차마다 구성원을 다르게 진행했던 세 번의 대화모임에서 3주체 관계 회복이 결코 불가능한 것이 아니라는 희망을 볼 수 있었다. 소감 나눔 시간에

교사들이 가장 많이 했던 말은 "학부모와 이렇게 대화해 본 적이 처음"이라는 것이었다. 교사들과 달리 학부모들은 혁신학교에서 학부모회 임원을 하며 3주체 협약을 만들고 학급별·학년별 간담회 등 교사들과 긴밀하게 소통한 경험이 많기에 "학부모와 교사는 학생에게 무슨 문제가 생겼을 때만 연락하는 사이라고 생각했다"는 말에 안타까워했다. 교사가 학부모와 소통을 두려워하고 차단하는 이유가 '긍정적인 경험을 못 해봐서'라는 것을 알게 된 계기였다. 한편으론 '좋은 소통을 경험하면 벽을 허물 수도 있겠다'라며 오늘 이 시간이 두 번째 질문의 그 '희망'이라고 참여자들은 입을 모았다.

마지막으로 각자 할 수 있는 실천사항을 "나는 ~을 선택한다."라는 형식으로 한 문장으로 적은 뒤 발표했다.

세 번의 대화모임 중 울림을 준 문장들을 옮겨 본다.

"나는 선택한다"

- 나는 변화에 대한 믿음으로 용기 내기를 선택한다.
- 나는 우리 반 아이들과 나 자신에게 부끄럽지 않은 교사가 되기를 선택한다.
- 나는 회피하지 않고 직면하기를 선택한다.
- 나는 모두가 행복한 교실 만들기를 선택한다.
- 나는 '함께'의 가치를 잊지 않기를 선택한다.
- 나는 '소통'을 선택한다.
- 나는 관계에서 '따뜻한 경청과 공감'을 선택한다.
- 나는 '연결'을 선택한다.
- 나는 꾸준함을 가지기를 선택한다.
- 나는 편견과 벽을 허물기를 선택한다.

모두 아픈 학교, 공동체로 회복 하기

2) 학부모회 학습공동체 배움터

강릉의 '학부모회 학습공동체 배움터'(아래 '배움터')는 단위 학교 학부모들이 모여 학부모회 운영에 대해 함께 공부하는 학습공동체다. 2021년, 강릉교육지원청 학부모지원센터에서 단위 학교에 공문을 보내 '학부모회 총회 개최, 학부모회 규정 제·개정, 학부모회 활동계획 수립'에 대한 학습을 희망하는 학부모회의 신청을 받음으로써 〈배움터〉 사업이 시작되었다. '단 1개 학교만 신청하더라도 기꺼이 찾아간다'는 심정으로 기다렸는데, 첫해에 무려 9개 학교나 신청이 들어왔다(강릉의 학교 수는 총 62개교). 그리고 참교육학부모회 강릉지회 임원과 강릉 학부모회 연합회 임원으로 구성된 '학부모회 지원단'은 신청된 9개 학교 학부모회를 2~3회 찾아가 학부모회 운영의 어려움을 공감하고, 학부모회 활성화에 도움이 될 수 있는 조언들을 전했다. 2022년에는 총 15개교로 신청 학교가 늘었다.

희망하는 학교들을 '자율적으로 신청' 받아 진행했던 방식에서 확대해 2023년에는 강릉 62개 학교들을 권역별로 나누고 모든 학교가 〈배움터〉에 참여하게 했다.

학부모가 학부모회를 주체적으로 운영하는 일이 '선택' 사항이 아니라 '필수'이자 '의무'임을 인지시키려는 의도였다. 하반기에는 〈배움터〉를 진행하며 배우고 익힌 내용들을 공유하는 〈강릉 학부모회 임원 간담회〉를 진행했다. 다른 학교 학부모회 운영 상황들을 공유하는 자리다. 〈배움터〉가 지향하는 방향은 자주 만나 학교의 상황을 듣고 어려움을 공감하며 함께 해결책을 찾아가는 것이다. 그 속에서 학부모들은 '제대로 된 학부모회의 모습을 깨닫고 실천해가는' 배움의 과정이 일어난다고 본다.[3]

---

3   학부모회, 공부를 시작하다!, 참교육 학부모신문 곽경애, 2023.5.

3) 교사와 함께하는 학부모회

큰아들이 서울 소재 A혁신고등학교에 입학한 2016년은 서울시교육청에서 학부모회 조례를 시행한 첫해였다. 혁신학교에 대한 기대와 조례 시행 원년이라는 점에서 기존 학부모회와는 다를 거라는 생각에 자청해서 학부모회 부회장을 맡았다. 하지만 조례가 제정된 것도 모르는 학교와 학부모들 속에서 그야말로 고군분투했던 해였다. 교장실에 선물할 화분 값을 학년별로 할당해주고 걷어 오라는 3학년 학부모회장의 요구도 있었고, 학부모를 자원봉사에만 동원하려는 학교의 인식도 문제였다. 열악한 상황에서 그나마 희망이 보인 것은, 학부모회를 담당했던 생활지원부장 교사와의 소통이었다. 처음에는 대화가 잘 안 되고 논쟁도 많이 벌였지만, 서울시교육청 학부모회 공모사업을 신청해 진행하고, 학부모회 밴드를 만들고, 학부모들의 의견을 수렴해 공식적인 절차로 의견을 제시하는 과정을 반복하며 생활지원부장 교사와 조금씩 간격이 좁혀졌다. 그렇게 2학기엔 3주체 협약식을 함께 준비해 학생, 교사, 학부모가 각 주체별 의견을 수렴해 약속을 만들었다.

2학년 때는 학부모회장이 되어 공모사업을 신청해 학부모회실을 만들었는데, 인테리어 비용을 아끼고 이동형 빔프로젝트와 대형 스크린, 프린터 등 학생회와 교사들이 사용할 수 있는 기자재 구입에 주력했다. 학부모회실 이름을 공모하고, 벽과 문에 페인트를 칠하고, 재활용 가구를 구해 와서 칠하는 것까지 모두 생활지원부장 교사와 함께했다. 참고로, 그렇게 만든 학부모회실은 학부모뿐만 아니라 교생실, 학생 휴게실, 교사 휴게실 등의 공유 공간으로 사용했다. 그 공간에서 학부모와 교사가 함께 면 생리대를 만들어 보건실에 기증하고, 우리 학교 상담교사와 간담회를 열어 학생들이 어떤 고민을 하는지, 가정에서 어떤 도움을 주면 좋을지 의논하기도 했다.

2017년과 2018년 여름방학식 날에는 학교 옥상에서 'OO의 달밤'이라는 포트락 파티를 열었다. 학교에서 가정으로 바통 터치를 하는 날 학부모들이 가져온 음식으로 교사와 학부모가 학년별로 모여 앉아 조별 퀴즈도 풀고 담소도 나누며 거리를 좁혔다. 학부모와 교사의 거리는 '불가근불가원(不可近不可遠)'이 아닐 수도 있음을 경험한 시간이었다.

4) 학생, 학부모, 교사 '교육공동체 만남의 날'

경북 상주에 있는 B중학교 학부모의 글이다.[4] 공립학교인 B중학교는 행사가 많다. 중요한 행사를 앞두고 B중학교에서는 학생들이 뭔가의 위원회를 만든다. 입학식 준비위원회, 오리엔테이션 준비위원회, 축제 준비위원회, 문집 편집위원회, 졸업앨범 편집위원회, 졸업식 준비위원회 등. 위원회 구성, 위원장 선출, 회의, 역할분담을 하는 데 가장 중요한 요건은 자발적이고 민주적인 과정이다. 선생님들은 최소한의 개입만 하려고 노력한다. 아이들은 아직 잘 모르겠지만, 엄마들은 도와주지 않고 지켜보는 것이 어려운 일이라는 것을 안다. 스스로 실수를 깨우치고 바로잡도록 기다리는 것, 어른이 보기에는 가까운 길이 있는데 멀리 돌아가는 아이들을 바라보는 것이 얼마나 답답한 일인지 알고 있기에 아무것도 안 하는 척하면서 늘 아이들을 지켜보시는 선생님들을 존경하고 신뢰한다.

B중학교에는 학부모가 참여하는 행사도 여럿 있다. 그중에서도 한 학기에 한 번 있는 'OO교육공동체 만남의 날'은 늦은 밤, 꼬불꼬불한 시골길을 달려온 학부모들로 북적인다. 교사, 학부모, 학생 대표가 참여해 학교 교육과정과 일 년 동안의 행사들에 대해 이야기 나누는 시간이다. 교사도 학생도 학부모도 각자 입장에서 온갖 이야기를 나눈다. 이날 나눈 이야기들은 교육과정에

---

4   학생이 주체가 되는, 학생들을 위한 완벽한 학교, 참교육 학부모신문 남수영, 2024.3.
     https://www.hakbumo.news/142

반영된다. 서로의 작은 차이를 인정하고 함께 가야 할 큰 방향을 확인하는 시간이다.

다음은 B중학교를 퇴임하는 교사의 인터뷰 글이다.

Q. 지금 이 시대에 가정방문은 왜 필요할까요?

A. 저는 B중학교에 5년 동안 근무하면서 1학년 담임을 세 번 했습니다. 제게는 1학년이 딱 맞는 것 같습니다.(할아버지처럼 허허 바라봐 주면 쉽거든요.) 입학식에 거의 모든 학부모님이 오셔서 자기 아이를 공식적으로 소개하고, 멀리서 서로 인사를 하기는 하지만 가정방문으로 한 가정, 한 가정 들르면서 얼굴을 뵙고 이야기 나누는 시간은 1년의 관계를(혹은 B중학교 3년의 시간을) 잘 다지는 시간입니다.

한번 뵙고 나면, 약간 껄끄러운 일이 생겨도 얼굴을 모르는 상태보다 느낌이 훨씬 다릅니다. 또한 1학년 학부모님들께 "우리 학교는 이런 학교입니다, 백두대간, 이동수업, 금요만남 등이 있어요." 하며 설명해 드리면 학교 교육과정에 대한 이해가 훨씬 커집니다. 서로 신뢰를 쌓는 초석이 되는 거죠. 지나고 돌아보니 가정방문의 힘, 효과가 꽤 크다고 느껴지네요.

Q. 가정방문 가시면 부모님들께 드리는 질문이 뭔가요?

A. "댁의 아이는 어떤 아이인가요?"라고 물으면, 아이에 대해 조금씩 조금씩 이야기하시죠. 그러면서 댁의 전체적인 분위기나 부모의 성향 등이 복합적이고 입체적으로 보이죠.

Q. 가정방문 후 상담을 시작하셨는데 어떠셨어요?

A. 3월에 처음 만나면 무슨 얘길 해야 할지 잘 모르겠더라고요. 가정방문 가서

모두 아픈 학교, 공동체로 회복 하기

부모를 만나고 아이를 만나며 생기는 무늬들이 있고, 결이 깊어지면서, 4~5월 쯤 되어 책 읽을 녀석들은 도서관으로 보내고, 한 명 한 명 "요즘은 어때?"하며 풀어가면 지나온 시간이 있어서 이야깃거리도 있지요.

Q. 학부모 관련 업무를 죽 맡으셨어요. 교사로서 학부모와 관계는 어때야 한다고 믿으시나요?

A. 이 학교에서, 정말 너무나 훌륭한 학부모님들을 많이 만났습니다. 학부모회의 이름 자체가 보여주지요. 〈다내아이〉! 학부모회는 하나의 자치조직이지요. 학기 초에 예산 범위를 알려드리고 한 해 예산에 맞추어 여러 행사를 함께 논의하고 기획하다 보면, 참 능력들이 대단합니다. 그 기획력에 늘 탄복합니다. 한 아이를 같이 기른다는 마음으로 진실되게 대화할 수 있는 관계를 유지하려고 노력합니다. 불편하다면 한없이 불편할 수 있는 사이이지만, 불편해하지 않는 마음으로 학부모를 대하고자 애썼습니다. 꾸준히 학부모 독서모임에 참여한 것도 참 잘했다는 생각이 드네요.

5) 학부모가 참여하는 교육과정

강릉 C초등학교는 교육과정을 교사와 학부모가 함께 만든다.[5] 전교생 100명이 안 되는 C초등학교는 매달 1회 교사와 함께하는 학급모임(반 모임)이 13년째 이루어지고 있다. 학부모 다모임(학부모회 총회)은 학부모회 주최로 3월과 12월, 연 2회 정기 개최하고 학부모회 임원(회장·부회장·감사)은 연임 없이 매년 교체된다.

매년 2월 중순에 C초등학교 교사들은 〈교육과정 함께 만들기 워크숍〉에

---

5   학부모가 참여하는 교육과정 만들기, 참교육 학부모신문 곽경애, 2024.4.
      https://www.hakbumo.news/172

학부모들을 불러 모은다. 아직 학교에 입학하지 않은 신입생의 부모들도 초대한다. "우리 학교 교육과정은 교사와 학부모가 함께 만들 때 더욱 빛나는 것"이라며 교사의 전유물로만 여겨졌던 교육과정을 학부모와 함께 만들어간다.

워크숍은 C초등학교의 '학교상'과 '어린이상'을 학부모들과 함께 이해하고 공유하는 것으로 시작한다. 2011년 몇몇 교사와 학부모가 모여 폐교 위기를 맞은 학교를 혁신학교로 만들어 가는 치열한 과정을 통해 완성한 것이다. 이는 C초등학교의 학교 철학을 구성원들이 함께 숙지해가는, C초등학교를 'C초등학교답게' 만드는 지속적이고 의미 있는 과정이다.

C초등학교의 4가지 학교상은 '마음을 여는 소통', '기쁨이 있는 배움', '함께 크는 성장', '모두를 위한 나눔'이다. 주제별로 네 개의 모둠을 만들고, 모둠별로 재학생 학부모 + 신입생 학부모 + 교사를 고루 배치했다. '현재가 행복하고, 더불어 함께 살아가며, 스스로 삶을 아름답게 가꾸는' C초등학교 어린이상을 구현하기 위해 어른들은 머리를 맞대었다. 그리고 열띤 토론 끝에 그룹별 결과물을 만들어냈다.

학부모들이 학교 교육과정을 교사들만큼 꿰뚫고 이해하는 것은 불가능하다. 다만 교육과정을 함께 이해하고 고민하는 위치에 학부모의 자리를 마련한다는 것은 학교가 학부모를 교육의 주체로 받아들이겠다는 뜻이다.

주체(主體)란 어떤 일에 적극적으로 나서서 그 일을 주도해 가는 사람(집단), 즉 '주인공'과 비슷한 의미다. 영화나 드라마에서 주인공이 되려면 '스스로 주인공임을 인지하고 주인공답게 연기해야' 하기도 하지만, 영화나 드라마 시청자들이 그를 주인공으로 '인정'하고 바라봐 주는 것이 필요하다.

교육 주체가 된다는 것은 '스스로 교육의 주체임을 인식해야' 할 뿐만 아니라 '주변에서 그들을 교육 주체로 인정해 주어야' 가능한 일이다. 교사와 학생은 이 두 요소를 모두 갖춘 교육 주체가 확실하지만, 학부모는 어떠한가.

모두 아픈 학교, 공동체로 회복 하기

코로나 3년 공백을 깨고 학부모회는 지역의 각종 연수를 통하여 교육 주체로 바로 서야 할 필요, 학부모 학교 참여의 필요를 조금씩 깨달아가는 중이다. 단위학교 학부모회는 공공성을 지닌 학부모 리더를 중심으로 집단지성의 힘을 키우고 공동체성을 확장시키기 위해 노력하고 있다.

"우리도 학교 교육의 주체다"라는 단위학교 학부모회의 '외로운' 외침에 학교도 적극 응답해 주는 날이 오기를 희망한다.

4. 학부모가 주체로 서는 '학부모 교육 의무화'

2024년 3월, 교육부 학부모정책과에서 여러 가지 학부모 정책을 발표했다. 교육청들도 앞다퉈 '학부모 교육 의무화'를 내세우고 있다. 학교폭력 예방 교육부터 아동학대, 성폭력, 가정폭력, 자살 예방 교육 등 학부모뿐만 아니라 모든 어른이 당연히 알아야 할 내용들을 담고 있다. 하지만 실상은 형식적인 보여주기식에 그친다. '경기도교육청 온품 학부모교육 추진계획'에 따르면 2024년 학부모 법정 의무교육을 총 10개 분야, 연간 12회 이상 받아야 한다. 맞벌이 가정은 물론 외벌이 가정 학부모여도 모두 이수하긴 힘들다. 그러다 보니 "했다 치고, 눈 가리고 아웅" 할 수밖에 없다. 실제로 올해 아들 학교의 학부모 총회에서 가정폭력, 성폭력, 선행교육 예방, 부정청탁 금지 등 7개 분야의 학부모 교육 자료를 다섯 장짜리 출력물로 받았다.

학부모 단체들도 학부모 교육을 의무화해야 한다고 주장했다. 하지만 학부모를 계도의 대상으로 보고 정부와 학교가 필요로 하는 연수를 강제하자는 것은 결코 아니었다. 부모로서 책임과 의무를 다하려면 자녀를 나와 동등한 온전한 인격체로 존중하는 것에서 출발해야 한다. 그 바탕 위에 내 자녀가 또래를 비롯한 여러 사람과의 관계 속에서 행복하게 살 수 있도록 도와줄 부모의 '교육적 역량'을 길러야 한다. 학교는 모든 구성원의 안전하고 평화로운 학교생활을 위해 학부모가 알아야 할 필수 정보들을 '제대로' 알려줘야 한다. 그리고 정부와 기업은 학령기 아동을 둔 부모가 교육권을 구현하도록 휴가 항목에 '부모 교육'을 추가하는 식으로 적극 지원해야 한다.

참고로, 교육 이수를 강제하고 패널티를 주기보다는 학부모용 교육과정을 대면·비대면으로 개설하고, 강좌를 수강하면 수료증과 이수 시간을 적립해 혜택을 줄 것을 제안한다. 공공장소 주차요금 할인, 문화 공연 초대권, 지역 페이로 전환 사용, 공공 행사 및 시설 예약 우선권 등 지방자치단체와 교육청 단위에서도 가능한 정책이 얼마든지 있을 것이다.

마지막으로, 폭력, 차별, 혐오, 인권침해를 예방하기 위해서는 부모가 된 후가 아니라 생애 주기 전체에 걸쳐 인권 감수성을 기르는 교육이 필요하다. 훈육과 체벌이 당연했던 아동·청소년기를 보낸 부모들이 민법 915조 징계권("친권자는 그 자를 보호 또는 교양하기 위하여 필요한 징계를 할 수 있고 법원의 허가를 얻어 감화 또는 교정기관에 위탁할 수 있다")이 폐지되었다고 해서 하루아침에 달라지기는 어렵다.

모두가 다 같이 아픈 시대, 그럴수록 함께

한 학년에 한 학급인 두 초등학교가 있다. 각각 강원도와 경기도 내 외진 곳에 위치한 전교생 80명 규모의 작은 학교이자 혁신학교다.

A학교는 10년째 한 달에 한 번 담임교사와 학부모들이 간담회를 한다.

B학교는 코로나19를 겪으면서 예전에 지속했던 교사-학부모 간담회가 사라졌다.

두 학교의 차이는 교사들이다. A학교는 저경력 교사가 거의 없고 6개 학년 중 1~2개 학년만 교사가 바뀐다. B학교는 대부분이 저경력 교사이고 의무 기간만 채우면 전근 간다.

모두 아픈 학교, 공동체로 회복 하기

두 학교의 학부모회장에게 물어봤다. 좋은 학교를 만드는 데 학부모와 교사 중 누구의 역할이 더 중요하다고 생각하는지.

"교사의 역할이 중요하다. 학부모들이 아무리 잘 협력해도 학교 문화에 동조하지 않는 교사의 비중이 많아지면 학교 분위기가 금세 변한다."

교사, 학부모, 학생 모두 세대가 달라졌다. 공교육의 정의, 학교의 역할, 교사와 학부모·학생의 관계에 대해 고민해야 한다.

지금은 모두가 힘든 시기다. 더하거나 덜할 것 없이 모두가 똑같이 아프다. 아파하는 서로를 향해 응원과 격려를 보내며 손을 맞잡고 함께 걷자.

먼저 말 걸기, 먼저 손 내밀기, 딱 한발 떼기부터 시작하자.

참고문헌

- 「학부모의 학교 참여 실태분석 및 개선방안 : 초등학교를 중심으로」 / 서울시교육청교육연구정보원 김명희 / 2023.
- 대한민국 교육트렌드 2024 '대한민국 학부모의 현주소' / 참교육을위한전국학부모회 이윤경 / 에듀니티.
- 학부모회, 공부를 시작하다! / 참교육 학부모신문 곽경애 / 2023.5.
- 학생이 주체가 되는, 학생들을 위한 완벽한 학교 / 참교육 학부모신문 남수영 / 2024.3 / https://www.hakbumo.news/142.
- 학부모가 참여하는 교육과정 만들기 / 참교육 학부모신문 곽경애 / 2024.4 / https://www.hakbumo.news/172.

모두 아픈 학교, 공동체로 회복하기

교육공동체 회복은 가능하다

정유숙

1. 모래알로 풍화되는가?

2023년 여름 새벽녘, 교사 인터넷 커뮤니티에서 이유를 묻지 말고 어린 선생님의 명복을 빌어 달라는 글을 읽었다. 날이 밝자 드러난 사건의 내막은 마음을 크게 후볐다. 민원 고충으로 인한 교사의 사망 사건은 종종 있었으나 죽음의 장소가 교실(정확히는 교실 옆에 딸린 교육자료실)이었다는 점은 이전의 사건들과 사뭇 달랐다. 삶에 해일이 인 것 같은 나날이었다. 그날 하루, 140여 명의 교사 지인들이 SNS 프로필에 검은 리본을 단 사진을 올렸다. 서이초와 서울시교육청에 근조화환 보내기, 교육청과 교육부에 팩스 총공, 소리 없는 아우성이 급물살을 탔다. 터질 게 터졌다는 교사 내부의 반응은 놀랍도록 일치했다. 누구라도 예외 없는 현재의 교실 환경에서 너나없이 겪을 수 있는 일. 그래서 서이초 사건은 '누군가'의 죽음이 아니라 '나'의 죽음, '개인'의 비극이 아니라 '사회적' 비극이었다.

돌이켜 보면, 교육현장의 피폐화, 삭막화는 차근차근 진행되어왔다. 20년 전이라 해서 극성민원이 없던 것은 아니다. 그래도 그때는 울분과 속상함을 털어놓을 동료가 있었다. 그 사이 학교에는 소위 신공공관리론(New Public

Managemen)[1]에 힘입은 교원성과급제, 동료평가가 서로 간 관계를 할퀴었고 방과후학교, 돌봄교실, 무상급식 등 각종 교육정책이 차곡차곡 들어왔다. 학교 안 직종군은 다층화되었고, 늘어난 인력을 관리하기 위한 또 다른 행정업무가 교사들에게 주어졌다. 사회문제가 터질 때마다 관련 교육이 의무연수와 범교과교육의 형태로 추가되며 학교를 향한 압력은 가중되었다. 분수령은 학교폭력예방법이었다. 여기에 아동학대법이 입법 취지와 범위를 넘어 교육기관에 족쇄를 채우면서 학교의 모든 논리와 판단은 법 앞에 멈추었다. 갈등은 언제나 발생하기 마련이고 문제는 해결해야 하는 것이거늘, 교육적 해결과 판단은 수사와 소송, 재판이라는 사법화의 공간에서 설 곳을 잃었다. 교사와 학생이라는 사제 관계는 사라지고 가·피해자만 남았다. 교육적 성찰과 회복은 사라지고 처분과 판결만 남았다.

이 과정에서 교사들은 행정의 하위로, 책무성의 굴레로, 교실 속 원자로 체계적으로 배치되고 소외되었다. 그리고 교사를 지켜줄 것은 증거로 활용될 수 있는 스스로의 기록뿐이었다. 학생과 학부모와 나눈 한마디 한마디, 토씨 하나 놓치지 않고 주관 없이 건조하게 기술하며 지도를 명목으로 한 교사 자신의 언행 역시 빼곡하게 문서화한다. 모든 행위의 이유는 혹시 모를 법정에서의 싸움을 대비하는 것이다. 끝없는 파도에 부서져 모래알마냥 풍화되는 교사의 처지에서 학교공동체의 가치란 과연 무슨 의미인 걸까.

2. 초등교사의 '좋음'은 어떻게 형성되는가

우선, 초등교사가 처한 조건과 상황을 파악하고, 그 경험 속에서 교사는

---

1   신공공관리론(New Public Management)의 취지는 경쟁 원리에 기반한 시장 체제를 모방해 정부 관료제의 효율성을 높이자는 것이다. 주요 정책 수단으로 인력 감축, 민영화, 재정지출 억제, 책임 운영기관, 규제 완화 등이 있다(이종수, 행정학사전).

모두 아픈 학교, 공동체로 회복 하기

어떻게 형성되고 있는지 탐구할 필요가 제기된다. 세간의 편견으로 시작해 본다. 다루고 있는 지식의 범위 혹은 대상 연령에 대한 선입견을 동반해 초등 교사의 직업적 성격을 좁음으로 오인하는 경향이 있다. 그러나 엄밀히 말하면, 관료제 말단에서 교실 차원의 좁은 교육을 감내하며 쪼그라든 행위성이 초등교사의 좁음을 만든다. 그러니 이때의 좁음은 교사 개인의 '인지적, 인성적 좁음'이 아니라 그가 처한 시야와 인식의 범주, 움직일 수 있는 입지에 관한 '물리적 좁음'이다. 이러한 문제의식을 렌즈 삼아 교사들을 둘러싸고 있는 구조적 차원을 살펴보자.

가. 교육자 아닌 '학급''경영'자

학급 담임교사의 일은 학생 개개인의 맥락과 학생 간 조합에서 형성되는 학급의 고유한 분위기, 또 각 가정의 배경이 복합적으로 작용하는 개별성이 있어 표준안이나 매뉴얼이 작동되기 어렵다. 담임교사의 역할을 학급경영자로 인식하는 경향은 비교적 최근에 두드러진 현상이다. 그간 학급경영은 교사 전문성 영역에서 수업에 가려 부차적으로 취급되어 오다가 현장을 중심으로 한 확산 과정, 교육청 단위의 표준안 보급 과정을 거쳐 교직이수 과목으로 등장했다. 김현수 외(2023)는, 이러한 공식화 과정을 분석하며 체제 경영적 관점이 관료적 방식을 통해 학교에 침투한 뒤 교사들에게 효율적이고 안정적인 경영방식의 표준화를 강요하는 위험성을 지적한다.

한편, 학급경영자로서의 교사는 학교 공간 안에서 '학급' 경영자로 한계지어진다. 전문적 조직관리자, 집단관리 기술로 역할을 한정하고 학급이라는 경계에 한정하는 책무성 범위를 통해 교사의 자율성은 작아지고, 학급 너머와 학급 경계를 감각하는 일에 둔감해지는 것이다. 결국 교사의 역할은 학습과 생활 관리의 집단이라는 범위에 제한된다. 교육을 사유하고 실천하는 교육자로서의 정체가 아니라 학급을 무리 없이 관리하는 역할로 축소되어 규정되고 있다.

나. 비정상적 분업으로 소외되는 노동자

학교에서 행정업무는 통상 학년과 학급(혹은 교과) 그리고 업무분장 체계에 따라 분업화된다. 뒤르켐(2012: 583)은 개별 노동자의 업무가 너무 분할되어, 그 활동이 정상 수준 아래로 내려가 있는 상태를 '(또 다른 형태의) 비정상적 분업'이라 칭한다. 서로 다른 기능들의 비연속성이 너무 커지면 기능 사이에 연대의식이 생겨날 수 없다고 한다. 교사의 행정업무는 관료제 기반의 분업 구조에서 각자 나누어 맡은 일을 처리하는 형식이다. 전체를 조망하거나 다른 업무 간의 연계를 그리기 어려운 상태로, 포드식 조립라인에서 그저 일개 부품을 다루고 있는 셈이다. 독립된 1인 노동을 전제하지만, 그 분업은 철저한 책임을 요구하기도 한다.

"특정한 행동조직 내에서 노동자가 무엇을 해야 할지 충분히 알지 못할 때 그들의 활동은 체계적이지 못하고 여러 기능은 서로 잘 조율되지 않으며, 조직 내 활동은 전체적 일관성 없이 이루어진다"(뒤르켐, 2012: 577-578). 협업이 고려되지 않은 업무 체계 내에서 사회적 연대의식은 필연적으로 느슨해지고, 상호의존에 대한 인식은 희미해진다. 해체되는 노동과 파편화되는 업무 속에서 교사의 노동은 끝없이 소외된다. 체제 너머를 바라보며 연결과 연대를 모색해 볼 도리 없이 잘게 쪼개어 주어지는 행정업무의 무한책임 안에서 교사가 설 자리는 또 한층 납작해진다.

다. 외생적 정책을 집행하는 수동적 행위자

정책과정은 정책의제 형성, 정책 결정, 정책집행, 정책평가 및 피드백으로 이어지는 일련의 역동적인 과정이다(양승일, 2021). 그러나 유독 정책집행 측면에서는 결정되기만 하면 순응적으로 시행될 것이라는 고전적 집행관이 견지되어 왔다. 그 배경에는 공문으로 하달되어 내려오는 업무에 순응하며 수행하는 집행자이자 말단 행정공무원으로서의 교사관이 전제되어 있다.

서현수 외(2023) 연구에서는 문제를 스스로 해결하기보다는 외부에 해결을 요구하는 자로 자신의 정체성을 제한하는 교사들의 모습을 관찰할 수 있다. 이들은 학교 안팎에서, 정책의 주요 형성 과정에서 참여 채널을 보장받거나 목소리를 내어 본 경험이 없고, 발언을 경청 받아 본 경험 또한 드물다. 주요 정책 행위자로 참여해 본 기회의 부재, 문제의식의 부재가 정책의제 형성이나 결정 과정에서 스스로의 역할을 상상하지 못하게 하는 것이다. 결국 정책이란 '나와는 무관하게 남의 일처럼' 학교 밖에서 만들어져 밀물처럼 밀려드는 것이고, 교사는 이를 하수 처리하듯 겪어내야 하는 무력감의 반복이 소극적 태도와 자폐적 해석을 형성하게 하는 주요 원인이라고 볼 수 있다.

라. 소비자주권 실행의 감수자

앞서 담임 업무와 행정업무, 정책 참여 측면에서의 비합리적 구조를 살펴봤지만, 학교와 교사를 힘들게 하는 단연 압도적인 유형은 학부모 민원이다. 소비자주권주의는 영·미 국가에서 학부모주의(parenticracy)라는 개념으로 이해된다. 영국 역시 신자유주의에 입각한 1998 교육개혁조치(Education Reform Act) 이후, 학부모와 관련한 학교 변화를 겪는다(Brown, 1990: 권미경 외에서 재인용). 학부모의 소비자주권적 태도는 교사에게 '서비스 담당자, 고객 상담사,

보육사, 학원원장, 민원공무원' 같은 지위 변화를 경험하게 한다. 학력과 경제력이 높은 학부모들은 때로 권력 차원에서 소비자주권을 행사하는데, 이들은 정보독점과 배급, 차별적 사교육 구매, 성공모델 생성과 확산, 교육정책에 대한 전방위적 측면에서 영향력을 발휘한다(윤선진, 2010). 소비자주권이 행사되고 실현되는 과정에서 그 과정에 부응해야 하는 교사들은 부적절한 압박과 통제 속에 결국 법망을 살피며 최소한의 교육을 하는 것으로 교육 행위를 축소하며 위축되고 만다.[2]

그간 교육계에서는 주체성의 생산과 행위능력에 관한 담론이 주목받아 왔다(아감벤, 2010; 푸코, 1991). 고프만은 이에 상응하는 개념으로 수용소를 분석하며 감수자화(patientialization)라는 개념을 보고한다. 그는 이 개념을 통해 자아의 능력과 권리, 상징, 가치를 빼앗거나 파괴, 축소시키는 과정에서 무력하고 수동적이며 의존적인 '재소자'가 형성되는 과정을 확인한다(김홍중, 2019). 소비자주권주의 앞에서 교사 행위자는 그간의 특정한 사회적 역할과 정체성을 잃고 구조와 장치에 포섭되어 행위능력을 상실해 가며 행위에 수동적으로 반응하며 스스로를 최소화하는 감수자로 전환되고 있었다.[3]

이처럼 신자유주의적 교육행정이 부과한 과도한 노동조건과 사회 변화 속에서 관료제 학교의 조직문화는 파편화되어 교사노동의 소외가 지속적으로 일어났다. 이는 교육의 목적을 상실하고, 직업윤리를 왜곡하며 교사의 행위성을 훼손했다. 좌정관천(坐井觀天)의 구조에서 그 너머를 상상하고 체제의 외곽을 상상하는 힘은 사라지고, 학교라는 담장(fence)은 스스로를 가두는 우

---

2   서울교사 강남 3구 초교 대탈출… "근무 기피 지역"(오마이뉴스, 2024.6.25.)

3   기실, 페이션시(감수자)의 관점은 능동성과의 역동 속에서 새로이 변형되고 생성되며 발현되어야 한다. 감수자들의 힘과 그들의 존재는 현존하며, 이는 새로운 사회현실을 이해하기 위해 더 실질적으로 인정되고 탐구될 필요가 있으나, 이 글에서는 제한적인 개념으로 활용했다.

모두 아픈 학교, 공동체로 회복 하기

리(fence)가 되어 교실을 감옥으로 인식할 만큼 제한된 입지와 운신의 폭으로 오그라뜨리고 붙박힌다. 결국 초등교사가 이 과정에서 택하게 되는 전략이자 양상이자 대응 모습이 '좁음'인 것이다.

3. 교육의 법화 현상

30만 교사(와 시민)가 운집한 광장의 시간 이후, 교육활동 보호를 위한 각종 대안과 대책이 쏟아졌다. 6개 교원단체가 연대하는 역사적 사건도 있었고, 교원의 정치기본권에 대한 인식이 강화되면서 교사 출신 국회의원이 등판하기도 했다. 이례적인 반응속도로 교권보호 4법이 제정되었고, 생활지도에 관한 고시가 발표되었다. 수업방해 학생 분리제도나 민원응대 시스템 등 구체적인 운영 제도도 마련되었다. 그러나 현장의 반응은 9·4 이후의 변화를 크게 체감하지 못한 채 더욱 무기력해 보인다.[4]

앞서 살펴보았듯 교사를 학급에만 머물게 하는 시선의 좁힘, 비정상적 분업으로 인한 운신의 좁힘, 단순한 정책집행자로의 좁힘, 학부모의 소비자주권을 감수하며 겪는 위축을 통해 이 시대의 교사는 조형되고 있었다. 교사를 둘러싼 전방위적 압력과 비틀림을 통해 왜곡된 교실이 '감옥'이 되었다는 어느 젊은 교사의 표현(서현수 외, 2023)이 현 사회에서 교사의 위치를 가늠하게 한다. 교사의 '좁음'은 교직 내 최소주의와 보신주의라는 현상으로 드러나게 된다. 이 문제의 진단을 법화 현상 개념을 빌려 자세히 설명하고자 한다.

단적으로, 지난 10년간 아동학대-학교폭력-교권침해라는 삼각 앵글이 학교를 사법화의 공간으로 잠식했다. 김용(2017)은 읽기(reading), 쓰기(writing), 셈하기(arithmetic)와 함께 '규칙'(rule)이 학교교육의 네 번째 'R'이 되었음을 인

---

4   교사들 "교권보호 개선된건 없다"…교육정책에 'F학점'(교육언론창, 2024.5.9.)

용한다(Kirp,1986). 학교교육을 둘러싼 분쟁에 법원이 개입하게 되면서 법적 폭발이 일어나기 시작했다는 것이다. 특히 학교폭력 예방법의 도입 결과, 교사 자율성이 위축됨은 물론 교사와 학생 사이에 이른바 절차가 들어오면서 종국적으로 제자가 사라지는 교육 관계의 왜곡이 발생함을 진단한다(김용, 2017).

나 역시 몇 년 전 동료교사가 아동학대 사건에 휘말렸을 때 탄원서를 쓴 경험이 있다. 위험 행동을 반복하는 학생을 제지하며 한 언행 때문에 이전 학교에서 학부모에게 고소당했고, 대처가 미흡했다는 이유로 아동복지법 위반 혐의가 인정되어 200만 원의 벌금형을 받았다고 했다. 학부모는 양형에 불복해 다시 항소를 제기했고, 전말을 알게 된 동료교사들과 한탄하고 울며 탄원서를 썼다. 원고의 주장은 기각되어 다행히(?) 취업제한명령을 선고받지 않고 원심의 판결을 유지할 수 있었다. 사건 당시 그녀는 교직에 임용된 지 불과 2년 차 교사였다.

교사들이 요구해 온 아동기분상해죄(아동복지법 내 정서적학대금지[5])의 경우, 무조건적 면책 주장이 터무니없다고 느껴지면서도 오죽하면 그럴까, 한편 안타까움이 앞선다. 그러나 잊을 만하면 한 번씩 등장하는 교원 가해 관련 뉴스 앞에서는 여전히 낯이 뜨겁다. 부득불 학생이나 학부모를 강제 조치하는 것이 과연 교사를 보호할 수 있을지도 의문이다. 시·도교육청은 형사고소에 대비해 학교변호사를 전담 배치하는 등, 송사 대책에 분주하다. 문제를 키우지 말고 처음부터 변호사와 상담하라고 권하는 어느 학교변호사의 발언과 함께 학폭이 법조계의 블루오션이라는 말도 들려 온다. 결국 법화 현상에 대한 해결책마저 아이러니하게 사법적 영역에서 검토되는 셈이다.

---

5   아동복지법 제17조는 '누구든지 각 호에 해당하는 행위를 해서는 안 된다'라고 규정하며 구체적 행위 중 하나로 '아동의 정신건강 및 발달에 해를 끼치는 정서적 학대 행위'(제17조 5호)를 명시한다.

공동체를 유지하기 위해서는 공동체 내에서 발생하는 갈등과 분쟁을 해결하기 위한 규범과 절차가 필수적이다. 그러나 학교가 법화하면 공동체의 규범과 절차는 온데간데없고 수사와 재판, 사법적 절차를 통한 해결이 방책이된다. 교육의 논리와 맥락에서 발생하는 갈등을 교육적 지식과 절차가 아닌 법정의 논리로 풀게 되는 것이다. 결국 교육적 개입이 불가능한 공간에서 교육은 소멸한다. 학교공동체 구성원들이 신뢰와 합의에 기반한 민주적인 규범과 생활양식을 만들기보다는, 개인 간 권리충돌과 침해행위의 조치에 주목하는 법령(학교폭력예방법, 아동학대처벌법, 교원지위법)들이 새로운 규범이 되고 만다. 장다혜 외(2016)는, 현재 학교공동체에서 발생하는 학부모와 학생, 교사 간 갈등 심화가 사법적인 규범 및 절차와는 목적을 달리하는 공동체 규범 및 절차에 대한 몰이해와 연결되어 있다고 평가한다. 우리에게는 사법화에 맞서는 교육공동체의 규범과 절차가 필요하다.

4. 학교생활세계의 식민화와 이를 복원하는 의사소통적 합리성

법화 현상은 사회학 분야에서도 널리 검토되었는데, 대표적인 학자로 하버마스(Harbermas, 1987)를 들 수 있다. 그가 주장한 '체계에 의한 생활세계의 식민화'는 교육 분야에서도 여지없이 진행 중이다. 하버마스는 의사소통적 합리성을 주창하며, 행위자 사이의 상호작용이 상호주관적으로 공유하는 의사소통행위의 배경으로서 생활세계를 주목한다. 사회 진화 과정에서 생활세계는 점차 합리화되며 독자적인 조직과 규칙을 갖춘 체계(system)를 형성한다. 그에 따르면, 체계가 분화되면서 상호작용을 형성하던 매체가 달라지는데 생활세계에서는 의사소통을 통해 상호이해적 행위를 도모했으나 시장과 정치체계는 화폐와 권력이 조절 매체로 등장한다. 이후 체계의 조절 매체는 생활세계를 잠식하게 되고 생활세계는 상호작용의 가치를 잃어버리며 변방화하고,

별도의 하부체계로 소외된다. 이 과정에서 화폐는 소유권이나 계약과 같은 사법제도를 통해, 권력은 공법조직을 통해 제도화되고 결국 법을 통해 생활세계에 정박하게 되며 생활세계의 식민화가 나타난다. 하버마스는 생활세계의 식민화를 극복하기 위해 의사소통적 합리성을 제안한다.

결국, 학교생활세계에서 구성원들은 의사소통과 행위의 상호주관성을 담보하는 자리를 통해 생활세계를 복원해야 한다. 이 지점에서 현재의 학교는 어떠한가. 민원의 본래 개념은 사인(私人)이 행정기관에 처분 등 특정한 행위를 요구하는 것[6]이다. 학교는 행정기관인 동시에 교육기관이기에 통상 복합적인 요구를 받는다. 문제는 학부모가 원하는 것이 정보를 담은 답변과 행위 측면만이 아닐 수 있다는 것이다. 법령[7]에 따라 부모 등 보호자는 자녀 또는 아동의 교육에 관하여 학교에 의견을 제시할 수 있으며, 학교는 그 의견을 존중해야 한다. 그러나 교육부는 '교권 회복 및 보호 강화 종합방안(2023.8.23.)'에서 학교장 중심으로 각종 학교 민원을 처리하는 학교 민원처리시스템 운영을 해결책으로 제시하고 있다. 악성 민원 차단에는 효과가 있을지언정 교육적 관계를 회복시킬 수 있으리라는 전망은 어렵다.

통상적으로 학교와 학부모의 소통은 긍정적 관계의 발달과 문제의 원활한 해결, 학생의 성장에 도움을 준다. 그러나 정보를 제공하는 학교(교사) 측과 정보를 수급받는 학부모 간에는 괴리가 있다(옥선화 외, 2012). 대체로 학교에서 제공하는 교육이나 소통은 학교 중심의 일반화된 내용이고, 학부모가 원하는 정보나 소통은 자녀에 대한 개별화된 내용이다. 소통 욕구를 파악하지 못한 채 정보를 제공하는 것을 소통으로 오해하는 경향이 있는 것이다. 소통은 학교의 일방향적 진행이나 정보제공이 아니라 상호 간 의견교환과 공유,

---

6   민원처리에 관한 법률 제2조 제1호.

7   교육기본법 제13조 제2항.

조정 과정이 있을 때 가능하다(정유숙, 2023).

일찍이 마셜 맥루한은 미디어는 메시지라고 했다. 메시지의 내용보다 매체의 형식과 논리가 중요하다는 통찰이다. 더욱이 스마트폰 보급과 코로나19로 인한 비대면 형식의 일반화 이후, 젊은 세대에서는 폰 포비아(phone phobia) 현상이 많이 발견된다고 한다. 이런 지점에서 학교에서 행해지는 의사소통의 형식은 어떤 모습인지 교직 내부에서도 깊이 들여다보며 고민해야 할 것이다.

5. 학교공동체의 의사소통 합리성은 어떻게 가능한가?

그렇다면, 학교공동체는 과연 어떤 방식으로 존재할 수 있을까? 소담초 교육 주체의 의사소동 경험에 초점을 두어 소개하고자 한다. 개교 초기(2016) 흑역사를 돌이켜 보면, 우리 학교에서도 4년간 집중할 12개 과제 중 '3주체 협의'와 '학부모 교육참여'가 가장 후순위에 배치되어 있다. 실제로 이 시기, 학부모회 존재에 의문을 제기하며 학부모회를 없애는 게 교육혁신이라는 의견도 공공연히(!) 있었다.

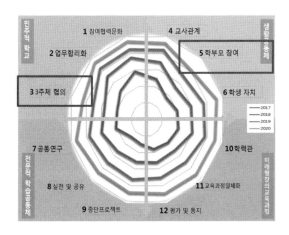

시기	집중과제 (영역)/하위과제	중점 운영 내용
1년차	1) 참여협력문화 4) 교사관계 2) 업무합리화	· 개교초기 논의사항 다듬고 매워 새로이 하기 · 교사간 관계맺기와 자발성과 책임감에 기반한 문화 만들기 · 2개 단지(2300세대)입주에 따른 학교 안정과 업무합리화
2년차	10)학력관 7) 공동연구 6) 학생자치	· 소담초 교육활동의 결과인 '학력'에 대한 합의안 마련 · 기초학력 신장을 위한 공동 연구 및 학년별 학습공동체 · 학생 다모임(전교/학급) 활성화 및 자율동아리 활성화
3년차	11)교육과정일체화 3) 3주체 협의 12)평가 및 통지	· 철학과 학년목표, 학년교육과정, 교육내용, 평가의 일체화 · 교사, 학생, 학부모가 함께 학교교육과정을 기획,운영,평가 · 평가 및 통지, 상담 연계한 전환으로 학생 성장을 지원함
4년차	9)중단프로젝트 8)실천 및 공유 4)학부모 참여	· 학생 6년 장기프로젝트 완성 및 진행, 학년간 내용 위계화 · 공동연구 실천 결과에 대한 공유와 학교내/학교간 컨퍼런스 · 학부모 동아리를 통한 공동학습으로 교육활동에 참여

　　공동체의 의사결정 시스템은 다름 아닌 만남으로 시작하는 것이고, 만남에는 연차별 단계가 존재하지 않기에 이 과정은 별다른 준비가 필요하지 않았다. 학교의 공식행사로 담임교사와 학부모들 간 학급모임이 진행되었고, 준비 없는 만남에 무방비로 노출된 교사들은 이내 울분을 안고 교무실로 달려왔다. 돌아보니 개인적 민원과 요구에 무차별 폭격을 당(했다고 생각하는)한 교사들을 달래며, 한편 이제 겨우 궤도에 오른 교사들의 연구와 협력문화가 꺾이는 것은 아닐까 조마조마하기도 했다. 물론 불편함이 있었지만, 이 자리는 학교라는 공적이고 공개된 곳에서 이런 식의 대화가 가능하다는 것을 모두에게 깨닫게 해준 자리였다. 더이상 삼삼오오가 모인 사적 공간에서 한쪽 견해만으로 교사를 조리돌림하고 일방적으로 대상화하지 않게 된 역사적인 순간이었음을 훗날 깨달았다.

　　이날 경험은 교직원 다모임을 통해 다시 다루어졌다. 학부모의 무조건적인 요구와 이유 없는 생떼가 아니라 건설적인 제안이나 학교 차원의 공식 답변이 필요한 요청에 대해서는 우리의 의제로 삼고 논의하여 공통된 안내로 대응하기로 했다. 나아가 학교나 교사가 단독 결정할 수 없는 내용은 교사-학생-학부모의 대표단이 모여서 논의하기로 했다. 그리고 학부모 개인 차원의 사적 요구나 예의에 관한 문제 등은 따로 모아 학부모교육 차원에서 동일하게 당부하고 이해와 협조를 구하기로 한다.

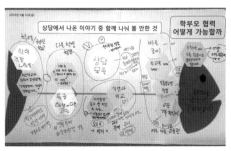

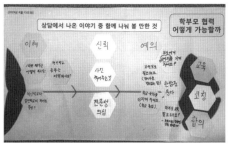

이어 학부모회를 학부모 의견을 수렴하는 공식 소통창구로 공언하고, 여러 채널(문자, 가정통신문, 알림장)을 통해 안내했다. 학교에 직접 들어오는 민원보다 학부모회를 통한 민원이 더 신속하고 공식적으로 다뤄지며 제대로 된 답변을 받을 수 있음을 반복하여 알렸다. 매월 열리는 3주체 연석회의에서 추려진 의견들은 공식 안건으로 다루어졌으며, 결과는 홈페이지와 안내문으로 환류했다. 몇 번의 과정을 되풀이하자 2학기 즈음 학교의 민원 체계는 크게 안정되었다. 안정화보다 놀라운 변화는, 애초 선생님들을 곤경에 처하게 한 반모임이 담임선생님들에 의해 자발적으로 이어졌다는 것이다. 학년 단위, 학급 단위 소담마실이 정례화하면서 일상 소통의 장이 열리자, 더이상 반모임은 불평불만이 아니라 문제가 드러나고 갈등을 해소하며 해결을 고민하는 협력의 자리로 재탄생했다.

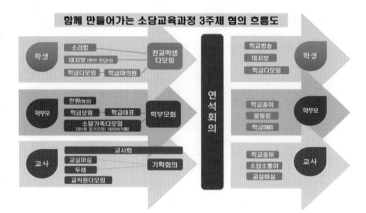

3주체 연석회의에서는 주체별(학생, 교사, 학부모) 대표가 모여 학교의 방향을 논의했는데, 초기 개별 담임교사 차원의 문제를 넘어 학교의 구조적 변화나 조정이 필요한 이야기들로 차차 안건이 정선되어 갔다. 대표의 자리는 늘 상 역할에 따른 고충이 있기에 때론 주체를 넘어 서로의 어려움을 헤아려 주고 응원을 전하기도 했다. 교육 주체란 주체별로 각각 존재하는 것이 아니라 상대와의 관계 속에서 출현하고 있었다. 교사끼리 학부모끼리 한 편이 아니라 성숙한 교사와 성숙한 학부모가 한 편이다.

심리학자들은 종종 개념적 거리에 관해 이야기한다. 한 주제에 너무 몰입하면 복잡함에 포위되어 그것에 머무르거나 내부에 피상적 변화를 주는 것 외에 사고가 어려워진단다. 자신의 패러다임에 포로가 되지 않으려면 아웃사이더 사고방식이 큰 자산인데, 이때 내부자인 동시에 외부자적 시선이 필요하다. 다른 주체와의 의사소통은 이 지점에서 풍부한 시야를 제공한다. 밀폐된 공간과 범주에서의 편안함은 집단적으로 멍청해지는 시그널이라고도 한다(매슈사이드, 2022). 교사 전문성 담론이 종종 교사 집단의 확증 편향을 독려하는 필터 버블로 사용되지는 않는지 돌아볼 필요가 있다. 이제 우리는 스스로에게 이렇게 묻고 답을 찾아야 한다.

'선생님, 혼자 오롯이 이 아이를 책임지실 수 있나요?'

6. 교육공동체의 회복은 가능한가?

2023년 8월 23일 개학일 즈음, 학교 정문에 파란 현수막이 걸렸다. 세상에서 가장 아름다운 단어가 선생님이라니. 아스팔트 위에서 뜨거운 여름을 보낸 교사들을 깊숙이 위로하는 문구다. 교육상황이 실시간 공유되는 『교육언론창』을 모니터링한바, 전국적으로 학부모회가 교권을 공식적으로 응원하고 지지를 보여준 최초의 움직임인 듯하다. 지역 상황을 종합해 보니 '9·4 공교육 멈춤의 날'과 관련해서도, 학부모 83%의 동의로 일찌감치 학교장 재량휴업일을 결정했다. 몇 주 뒤에는 이에 화답하는 교사회의 현수막이 나란히 걸린다.(이 과정에 끝없는 미담이 있지만 생략한다.) 관련 이슈로 학교마다 용광로를 안고 있는 상황에서 우리 학교는 어쩌면 유니콘 학교인 셈이다.

문제는 다른 곳에서 터졌다. 9월 4일 학사운영을 두고 학교마다 앓아야 했을 홍역을 피한 탓일까. 주거니 받거니 따뜻하고 울컥한 마음들을 겪으며 무풍지대의 시간을 보내고 있었으나 노란버스 이슈[8]를 두고 교사 간 생각은 사뭇 달랐다. 마침 교장선생님이 새로 오셨고, 갈등의 무게는 학교의 중간리더인 부장교사들의 어깨를 누른다. 구조적으로 교사에게 책임 위험을 지우는 체험학습을 거부하겠다는 의견들이 올라왔고, 결국 버스 탑승에 합의하지 못한 학년은 대중교통을 이용하거나 걸어서 가는 등, 다른 방법을 찾아야 했다. 학년 초 계획해서 응당 해왔던 교육활동이고, 마침 휴업과 관련해 학부모들이 강력한 지지를 보내온 시점인데, 불거지는 갈등에 경력교사들은 난감했다. 이후 경찰청의 단속 유예가 안내되었지만 불법을 종용하는 교육 당국을 향한 (주로) 젊은 교사들의 불만[9]은 쉽게 가라앉지 않았다. 공교롭게, 버스를 빌려 인근 지역으로 체험학습을 간 학년에서 3중 버스 추돌사고가 발생했다. 다행히 부상이 거의 없고, 신뢰를 바탕으로 한 신속한 대처와 안내 덕에 어렵지 않게 수습되었다. 그러나 결과적으로는 소신껏 교육적 판단을 내리고 행동한 교사들이 마음 쓰게 되는 상황이 되고 말았다.

서이초 사태가 우리에게 짙게 남긴 것은 제도와 규정으로 학교운영 원리를 요청하는 징후다. 그간 우리 학교에서는 학교자치를 화두에 두고, 규정을 적극적으로 해석하며 교육활동을 해 왔다. 규정은 '제한'인 동시에 '보장'을 의미하기에 최대한 활용하면 되는 것이고, 교육 본연의 의미가 있고 그에 따른

---

8   제주교육청이 도로교통법(제2조 제23호)에 관해 법령해석을 질의하자 법제처는 현실성 없는 유권해석(현장체험학습을 위한 이동에 버스가 이용되는 것도 통학에 해당함)을 내놓았다. 경찰청은 이 해석에 따라 교육부와 보건복지부에 관련 공문(전세버스 이용 시 어린이 통학버스 신고 준수)을 보냈고, 교육부는 이 내용을 시·도교육청에 단순 이첩하면서 학교마다 체험학습과 수학여행을 줄줄이 취소하는 대혼란이 벌어졌다. 현재는 우여곡절 끝에 국회 행정안전위원회에서 개정안을 마련해 본회의를 통과(23.10.6.)한 상태다.

9   그보다는 그간의 사법 집행과 법령 해석의 적용이 대상과 사안에 따라 선택적이고 모순적이라는 감각이 컸으리라 본다.

모두 아픈 학교, 공동체로 회복 하기

교육적 책임이 가능하다면 적절한 변주와 손질을 요청할 수 있다고 경험적으로 터득해 왔다[10]. 그러나 공동체의 판단과 경험에서 타당성을 찾는 세대와 공동체 밖 커뮤니티 정보에서 타당성을 찾는 세대로 인식의 체계가 갈리는 기점에 선 듯하다. 젊은 교사들은 '열정은 민원을 부르고, 정성은 고소를 부른다, 참교사는 단명한다, 교직 탈출은 지능순'이라며 냉소하고 회의했다. 불안 요인을 자세히 듣다 보면, 팩트체크가 필요한 부분이 제법 있다. 내부에서 재생산되고 있는 이른바 '공포 마케팅'도 적지 않다. 그러나 고(故) 서이초 선생님이 교직사회 가장 약자인 저경력 여교사였다는 점은 그간의 학교공동체에 분명 큰 파문을 일으키고 있었다.

7. 좁음을 넓히는 경험, 공동체의 연대와 협력

'학교가 어떤 공간이어야 하는가'라는 논제는 시대 변화에 따라 새로이 합의되고 정의될 수 있어야 한다. 그러나 그동안 학교의 기능적 변화에 대한 질문은 정리되거나 해소되지 못했고, 누적된 압력은 결국 눈에 보이는 대상인 교사를 과녁 삼아 분출되었다. 교육기관으로서의 정체성 재확인과 시스템 쇄신에 대한 미온적 대처가 개별 교사로 하여금 국지전을 치르게 하는 형식인 셈이다. 이 귀결에는 필연적인 과정도 존재했다. 이 글에서는 그 원인으로 학교 안의 척박한 공동체 의식과 광장 부재를 지목하며 대안을 찾고자 한다.

공동체 문화가 없는 학교는 고립된 교사들이 느끼는 압박을 고스란히 학교 차원에서 감지하며 수동적인 형태로 존재하게 된다. 이런 문화에서는 대체로 학부모를 협력자가 아닌 잠재적 민원인이나 위험인자로 간주할 수밖에 없다. 사안의 관계자 범위에서 학부모는 철저히 외부자다. 학교 내부에서 흔

---

10   실제로, 우리 학교의 요구로 자치법규(세종특별자치시교육청 학교 학부모회 설치 · 운영에 관한 조례 제12조 1항)를 개정한 사례가 있다.

히 마주하는 이런 인식의 이유는 다른 주체를 통해 보호받아 본 경험이 없기 때문이다. 상황을 섣불리 공개하는 것은 '긁어부스럼'이 되어 도리어 문제를 악화시킬 것이라는 불안감에 위축되다가 가장 폐쇄적인 선택지를 고르게 된다. 사안을 열어서 논의했을 때 더 나은 결론에 이르리라는 감각은 공동체에 대한 좋은 경험과 그로 인한 확신에서 비롯되기 마련이다.

그런 점에서 학교의 공동체 경험은 달리 말하면 학교와 교사의 '사회적 자본(social capital)'인 셈이다. 사회적 자본은 자발적인 참여를 바탕으로 직면한 문제를 해결하고, 공동 목표를 향해 나아갈 수 있는 사회적 역량이다(푸트넘, 1994). 신뢰와 소통, 협력에 기반한 네트워크에서 규범을 통해 확보되는 자산인 만큼 학교가 공동체로 존재하게 되면 내릴 수 있는 판단의 여지가 넓어지고, 공동 책임으로 든든한 뒷배가 생기며, 운신의 폭이 넓어진다. 따라서 공동체에 기대어 판단하고 책임지는 것은 교사뿐 아니라 학교 차원에서도 좁음을 넓혀내는 경험인 셈이다. 학교의 문화는 곧 공동체의 문화에 다름 아니며 이는 문제의 대응 방식과도 정확하게 공명한다.

현대 사회에서 고립은 생존을 위협하는 수준으로 심각해지고 있다. 영국과 일본이 외로움 전담부서[11]를 만들어 국가 차원에서 이를 위기로 인식하는 것을 보면, 전 세계적인 흐름과도 무관하지 않다. 자본주의와 능력주의하에서 개인이 향유하는 모든 것은 이제 개인 책임이 되었다. 성공도 실패도 모두 자기 노력의 결과이기에 고독과 단절, 소외감에 사로잡혀도 도움을 청하지 못하게 된다는 것이다.[12] 구조적 측면을 인식하지 못한 상태에서 밀려드는 고난과 외로움을 나의 잘못으로 인식하고 책임지려는 행동은 결국 개인의 파멸

---

11   외로움전담관, 고립·고독에 대한 공적 개입(한겨레신문, 2023.5.28.)

12   김만권(2021). 『새로운 가난이 온다』. 파주: 혜다.

로 이어질 수밖에 없다.

노리나 허츠(2019)는 『고립의 시대』에서 이런 현상을 정확하게 파고든다. 외로움이란 단순히 물리적으로 혼자 있는 것이 아니라 내면과 실존의 상태인 동시에 관계적 측면뿐 아니라 정치·경제적으로 배제된 느낌을 포함한다. 외로움은 건강에 치명적일 뿐 아니라 사회의 위험요인이 될 수도 있다. 아렌트(1951)는 『전체주의의 기원』에서 '히틀러의 나치즘이 외로워진 대중의 지지로 만들어진 체제'라고 설명한다. 나치즘을 추종한 사람들이 정상적 사회관계가 결여되어 고립되어 있던 사람들이라는 것이다. 지지와 돌봄과 호혜와 우정의 공간으로서의 공동체가 단순히 학교 차원에서 공동의 문제대응을 위해 필요하다는 주장을 훨씬 넘어서는 분석이다. 개개인의 생명적 차원은 물론 사회적 안전 차원에서도 우리 사회에 공동체가 절실하다는 것이 곳곳에서 입증되고 있다.

공동체로서의 학교는 이제 학교 밖 사회적 영역에서도 불가결하게 요청되고 있다. 그러나 공동체의 효과와 필요성, 입증된 사례를 듣는 것만으로 학교에 문화가 저절로 형성될 리 없다. 이는 공적 영역에서 개인의 문제를 공적 이슈의 언어로 바꾸고 해결책을 모색해 보는 '정치'의 부재 상황과 연관된다(Biesta, 2006). 따라서 지금 학교에 필요한 것은 정치를 시작하는 것인 셈이다.[13] 학교에서의 정치란, 민주적인 의사결정에 주체로 참여해보는 것을 뜻한다. 시민으로서 발언권을 행사하고 조정 과정에 드는 것이다. 비슷한 의식과 가치관을 공유한 동류 집단으로서의 공동체가 아니라, 민주주의를 연습할 장

---

13 이 글에서는 정치의 범위를 학교 내로 좁혀서 다루지만, 학교 안 교사를 위축시켜 좁음을 형성하게 하는 막강한 대항마가 하나 더 남아 있다. 바로 〈대한민국 헌법 제31조〉에서 밝히고 있는 '교육의 정치적 중립성' 조항이다. 역사적으로 해당 조항은 교육이 정치 권력으로부터 자유로워야 한다는 의미로 만들어졌다. 그러나 정권의 부당한 간섭이나 지배 없이 교사의 정치적 권리가 보장되어야 한다는 취지의 조항이 굴절되고 왜곡되어, 시민으로서 교사의 자유를 억압하고 침해하는 기제로 쓰여 왔다.

소로서 학교는 공동체의 의미를 부여받는다.

학교는 명백히 자기 삶을 꾸리고 타인을 경험하러 오는 곳이다. 그 안에서 원하는 것이 무엇인지 찾고, 항상 원하는 것을 가질 수는 없음을 배운다. 내 의견이 무엇인지, 어떻게 표현하는지 배우고, 내 의견대로 되지 않을 수 있음을 배운다는 측면에서 욕망과 제한을 동시에 배우는 곳이다. 또한 개인적인 요구를 집합적인 필요로 바꾸어 내고 전환하는 것, 개인적인 문제들에 대한 공공의 해결책을 모색하고 협상하고 합의하는 태도를 배운다(비에스타, : 정유숙, 2019에서 재인용). 조금 더 극단적으로 말하면, 이제 학교 아닌 곳에서는 이러한 가치와 태도를 배울 가능성이 희박하다. 학교라는 마지막 보루에서 공동체를 배우지 않는다면, 각자의 단절 속에 만인의 만인에 대한 투쟁이 예고되어 있는지도 모른다. 공동체의 경험을 바탕으로 시민으로 살아가기 위해 발 딛고 있는 공간에서 나를 표현하고 서로 다름을 겪어내는 것. 그러한 말과 행위가 가능한 광장의 공간으로 학교의 모습을 변모해 내는 것, 위기 상황에서 교육은 이 지점에서 다시 출발해야 할 것이다.

8. 교육 주체의 경험과 생성성

가. 교육의 주체

헌법과 법률이 교육 주체에게 교육과 관련한 권한을 부여한 것은 자기목적적인 것이 아니라 궁극적으로 학생의 학습권 실현을 위한 것이다. 교육권 보장의 구조는 교육받을 권리를 중핵으로 하고 국가, 교사, 학부모 등의 교육권은 학습권 실현을 위해 그 외곽을 이루는 구조라 할 수 있다. 결국 교육권을 회복하고 보장해야 한다는 주장은 교육을 통해 학생의 학습권 보장과 학부모의 자녀교육권을 실현(이종근, 2012: 63에서 재인용)하기 위해서일 때 더 설

모두 아픈 학교, 공동체로 회복 하기

득력을 지닐 수 있다.

나아가 현재의 터널을 벗어나는 일은 이전의 교육공동체를 회복하고 복원하는 것이 아니라, 새로운 이해와 지평에서 적극적으로 설정되어야 할 것이다. 소담초에서의 경험을 돌아볼 때, 우리는 몇 가지 결론에 이르렀다. 교육 3주체를 일컬을 때, 주체란 법적 근거로 출발하는 것도, 주체별 역할로 존재하는 것도, 주체의 이상적인 상(像)으로 완성되는 것도 아니다. 주체란 기대되는 역할과 개념으로 고정되고 불변하는 것이 아니라 공동체와의 관계 속에서 행위를 통해 위치 지어지는 것이다. 전통적인 형이상학적 주체론에 따라 이미 선재하는 것이 아니라 사후적으로 생성되고 형성되는 구성물인 셈이다.

비에스타(Biesta, 2017)는 인간 주체란 무엇이며 그 본질과 본성이 무엇인가를 답할 것이 아니라, 고유하고 유일한 인간 주체는 어디서 출현하는가를 물어야 한다고 한다. 존재의 의미 역시 그것의 속성(다움)에 있는 것이 아니라 어떤 배치와 이웃하여 어떠한 생성을 하는가, 즉 무엇을 할 수 있는가 하는 역능(力能)에 있다. 특정한 배치가 특정한 주체성을 형성한다는 점에서 주체는 배치의 효과라고 할 수 있다. 레비나스(Levinas)는 기존 존재를 앞세우는 철학이 자기중심적 특성을 벗어날 수 없다고 비판하면서 이는 동일성의 확장과 지배로 귀결될 수밖에 없다고 한다(문성원, 2017). 극복을 위해서는 타자와의 관계에서 윤리가 필요한데, 레비나스에게 개인의 주체성은 타자와의 관계에서 시작되는 것이다. 존재의 진리란 나에 있지도, 그것에 있지도 않고 오직 나와 너의 만남에 있다고 주장하며 모든 주체는 타자적 주체를 통해서만 자기가 될 수 있다고 한다.

소담초의 교육 주체들 역시 고정된 주체 개념을 획득하고 실현했기 때문에 주체가 된 것이 아니다. 이들은 교육의 본질을 살피고, 상호 의사소통을 통해 근원적인 질문과 탐색을 해 가며 역할과 과업을 발굴하고 창조해 가는 작업을 통해 주체로 자리매김했다. 결국 주체란 타자와의 관계에서 위치 지어지고, 사후적으로 구성되는 것인 동시에 끊임없이 진행되고 발생하는 개념으로 고찰해 볼 수 있다(정유숙, 2023에서 재인용).

나. 교육 주체의 경험과 생성성

관계성을 통해 도출되는 것에 초점을 맞추는 방식은 교육에서 다양한 관계망을 토대로 행위하고 변화하는 네트워크의 가능성을 시사한다. 생성성은, 이러한 차원에서 소담초의 학교문화를 연구하며 정리한 개념이다(정유숙, 2023). 교육 주체가 보여주는 행위 양상에서 공유된 집단문화를 분석한 결과, 학교가 기존 문화를 유지하고 이것이 흔들리는 것에 불안감과 불편감을 호소하는 한 축의 흐름과, 근대성의 산물인 기존 학교 기획과 운영으로부터 벗어나려는 일관된 지향을 보이는 것이 구분되었다. 이 두 축은 기존 학교체제에서 머무르려 함과 나아가려고 함이라는 측면에서 충돌하고 있었는데, 후자의 특성을 생성성[14]으로 보았다.

생성성의 관점에서 살펴본다면 삶이 이루어지는 방식도 통찰할 수 있다. 들뢰즈(Deluze) 식으로 말하면 끊임없이 차이를 생성하며 다른 주체성으로 변이하는 것인데, 이 과정은 듀이(J. Dewey, 1916)의 성장(Growth)과 같은 맥락으로 이해할 수 있다. 듀이는 우리의 본능이나 이미 형성된 습관으로 해결할 수 없는 상황을 마주했을 때 자신을 돌아보며 태도를 재조직하는 것, 즉 개인적 재조정 과정을 성장으로 설명한다. 이를 발전시켜 비에스타(Biesta, 2006)는 성장을 주어진 구속 속에서 스스로를 다시 형성해갈 수 있는 능동적 자기 형성력으로 본다. 들뢰즈가 감응(affect)이라 부르는 것도 하나의 양태가 다

---

14 생성성은 생성/되기(devenir, becoming)로, 들뢰즈 사유의 핵심으로 꼽힌다. 들뢰즈는 자기 동일성의 상태에서 벗어나 욕망과 의지를 바꾸어 냄으로써 자신을 바꾸어 내는 것을 생성/되기(devenir)라 칭하며 이것을 배움의 궁극적인 결과로 본다.

모두 아픈 학교, 공동체로 회복 하기

른 양태에 접속해서 영향을 끼친 결과인데, 사물과 신체가 만나 감응이 이루어지면 실제 존재의 활동 능력이 달라진다. 이에 따르면, 삶의 본질 역시 끊임없이 해체되고 새로이 상정되는 것의 연속이라 할 수 있다. 우리는 진공 속 개체가 아니라 다양한 사회·문화적인 실천 속에 던져진 개인(박동섭, 2016)으로 살아가는데, 이처럼 환경과 결합하고 끊임없이 변이하는 교육 주체의 삶의 방식 역시, 동일성과 재현의 관점을 넘어 차이와 반복을 통해 계속 나아가는 갱신과 항진의 과정으로 파악할 수 있다.

이는 국가가 설정한 최상위 표준을 무리 없이 재현(representation)해 내는 근대적 기획으로서의 교육이 아니라, 다원화되고 공통 규준이 해체된 시대에 통합과 연대를 지향하며 새로운 접근을 시도한다는 점에서 의미를 부여할 수 있다. 이러한 경험과 인식의 틀에서 지금 우리에게 필요한 묘책을 고민해 보자.

뜨거운 외침으로 마련된 교권보호 4법[15]이 개정되고, 학생생활지도에 관한 고시와 해설서가 마련되었지만 여전히 현장은 큰 변화를 체감하기 어렵다고 한다. 오히려 바뀐 법과 지침을 학교 단위마다 재현하기 위해 학칙을 개정하느라 분주하고, 문제 학생 분리와 민원처리를 누가 어디서 어떻게 할 것인지 폭탄 돌리기로 갈등하고 있다. 이 문제 해결을 위해 교육 당국에 적절한 예산과 인력과 시설의 지원을 요구하는 움직임도 보인다. 물론 지원이 필요한 부분이 있겠지만 지원을 통해 조건이 완비되는 시기는 언제며, 그렇다면 그때까지 해결을, 혹은 교육을 유예하는 것은 아닌지 의문이 계속된다. 지원이 있다 해도 학교의 갈등과 문제가 해결되리라는 보장 또한 희미하다. 맥락과 상황이 소거된 법의 결과가 아무에게도 도움이 되지 않을 수도 있다. 그보다

---

15   교육기본법, 초중등교육법, 유아교육법, 교원 지위 향상 및 교육활동 보호를 위한 특별법 개정안을 뜻한다. 교원의 정당한 생활지도는 아동학대로 보지 않고, 아동학대로 신고된 교원의 직위해제를 까다롭게 하며, 교육활동을 침해한 학부모에 대한 법적 조치를 추가하는 등의 내용이 담겼다.

는, 학교공동체 문화에서 필요한 규범과 절차를 논의해 보고 그 과정에서 의사소통 합리성을 실현해 보기를, 광장 경험을 우리 안에서 생성적으로 다시 펼쳐보는 일을 진지하게 그리고 절실하게 제안한다. 교권을 진실로 보호하는 일은 멀리 있는 빛나는 검을 바라는 일이 아니라 지금 여기서 공동체 사이의 존중과 신뢰를 회복하는 일이므로.

모두 아픈 학교, 공동체로 회복 하기

참고문헌

- 권미경·김천기(2015). 교사의 관점에서 본 학부모의 소비자 주권적 태도와 그에 따른 교사의 위축 및 정체성변화. 교육종합연구, 13(3), 83-109.
- 김은영·이강이(2016). 초·중·고 학부모와 학교의 소통 실태 및 활성화 방안 연구: 학부모 학교참여 시범학교를 중심으로. 학습자중심교과교육연구, 16(7), 27-49.
- 김용(2017). 법화사회의 진전과 학교생활세계의 변용. 교육행정학연구, 35(1), 87-112.
- 김현수·남유진(2023). "학급경영" 지식의 변천 양상에 대한 비판적 고찰. 교육사회학연구, 33(1), 1-30.
- 김홍중(2019). 인류세의 사회이론 1. 파국과 페이션시(patiency).『과학기술학연구』19(3): 1-49.
- 노리나 허츠(2021).『고립의 시대』. 홍정인 역(2021). 웅진지식하우스.
- 뒤르켐, 에밀(1893).『사회분업론』. 민문홍 역(2012). 아카넷.
- 매슈사이드(2022),『다이버시티 파워, 다양성은 어떻게 능력주의를 뛰어넘는가』. 위즈덤하우스.
- 문성원(2017).『타자와 욕망』: 에마뉘엘 레비나스의 '전체성과 무한' 읽기와 쓰기. 현암사.
- 비에스타, 거트(2006).『학습을 넘어: 인간의 미래를 위한 민주교육』. 박은주 역(2022). 교육과학사.
- 서현수·김성근·강영희·정유숙·현영임(2023). '9·4 집회' 이후 학교교육과 교육공동체의 미래에 관한 세종 MZ 교사 숙의포럼 실행 연구보고서. 세종특별자치시교육청 교육정책연구소.
- 아렌트, 한나(1951). 전체주의의 기원.
- 이종근(2012). 교사의 교육권, 학부모의 자녀교육권, 학생의 학습권의 내용 및 상호관계. 법과인권교육연구, 5(3), 47-68.
- 이용환(2014). Habermas의 의사소통행위이론의 관점에서 학교조직 생활세계의 식민화 현상 이해. 전남대학교 박사학위 논문.
- 장다혜·김정연·강지명·설경옥(2016). 공동체 규범 및 분쟁해결절차와 회복적 사법의 실현방안(Ⅰ). 한국형사법무정책연구원.

- 정유숙(2019). 『학교자치를 부탁해2』: 아이들도 선생도, 시민이 되어가는 중입니다. 살림터.
- _____(2023). 교육 주체의 학교자치 경험에 관한 문화기술지 연구. 한국교원대학교 석사학위 논문.
- _____(2023). 교육 주체의 경험과 생성성. 한국교원대학교 교육정책전문대학원 교육정책연구소.
- _____(2024). 『어린이와 함께하는 국어교육』: 그해, 여름이 남긴 것. 2024 봄 80호, 120-128. 전국초등국어교과모임.
- 양승일(2021). 정책집행과정의 역동성 분석을 위한 수정된 Matland의 정책집행모형 적용 - 재의요구사례를 중심으로 -. 한국정책학회보, 30(1), 1-32.
- 이규빈·유성상(2023). 교육공동체 개념에 관한 체계적 문헌 고찰: 새로운 교육공동체 사유를 향하여. 아시아교육연구, 24(3), 499-525.
- 윤근혁. 「서울교사 강남 3구 초교 대탈출… "근무 기피 지역"」, 오마이뉴스, 2024-06-25, https://www.ohmynews.com/NWS_Web/View/at_pg.aspx?CNTN_CD=A0003041405 (2024-6-27 접속).
- 윤두현. 「교사들 "교권보호 개선된건 없다" … 교육정책에 'F학점'」 교육언론창. 2024-5-9.https://www.educhang.co.kr/news/articleView.html?idxno=3582 (2024-6-10 접속).
- 황보연. 「외로움전담관, 고립·고독에 대한 공적 개입」 한겨레신문. 2023-5-28. https://www.hani.co.kr/arti/opinion/column/1093592.html (2024-5-3 접속).

미국 학교의 위기 대응 사례

공후재

1. 전세계적 경향: 교원 지위 하락

2023년 여름 서울 서이초 교사 사망은 한국에서 사회적 쟁점화가 되어가던 교권침해 문제를 일반 국민이 인정하는 공중의제이자 정부가 적극 해결해야 할 정부의제로 주목시킨 사건이다. 교권침해 및 교원 지위 하락 문제는 한국에 국한되지 않으며, 국제 공통 현상이다.

최근 미국에서는 교직환경 변화에 따라 교직의 전반적인 스트레스 수준이 높아졌고, 교사 번아웃과 교직 이탈 문제가 심각하다. 미국노동통계국에 따르면, 2020~2022년 30만 명이 넘는 공립학교 교사와 학교 직원들이 학교를 떠났으며, 이 대규모 사직은 학교 직원 전체의 3%에 달한다(The Wall Street Journal, 2024). 미국 교사들의 의견에 따르면, 교사 소진의 주요 원인은 낮은 보상, 교육재정 적자, 교사 부족으로 인한 업무 가중 심화, 안전 문제 등이다 (Delvin Peck, 2024.1.11.).

영국 교사의 직업 만족도 역시 매년 낮아지고 있다. 최근 영국 정부의 교직원 현황 조사에 따르면 2023년 11월까지 퇴사한 교사 수는 4만 3522명으로 역대 최다를 기록했다. 영국 전국교육연맹은 집권당인 노동당에 교사 부족 문제 해결을 위해 신규교사 채용보다 교단을 떠나는 교원을 막는 것을 우선순위에 둘 것을 촉구했다(교육플러스, 2024.6.9.).

영국에서는 최근 수년간 교사 파업이 이어졌는데, 과도한 업무량, 교권침해, 낮은 임금 등 교사의 직업 만족도 하락과 연관이 있다. 2023년 2월 1일 교사, 공무원 등 최대 50만 명이 연대파업을 했고, 이 여파로 영국 학교의 85%가 문을 닫았다(연합뉴스, 2023.2.1.). 학부모와 학생 등 학교 구성원들이 피로감을 표시할 법도 하지만, 다수는 여전히 파업에 지지를 표한다. 영국 전국교사노조의 파업 관련 여론조사 결과에 따르면 학부모의 60%가 파업을 지지했다. 이런 결과는 교권 문제에 대한 사회구성원들의 공감대를 보여준다(경향신문, 2023.08.15.).

글로벌 교육기관 바르키 재단은 2013년에 21개 국가를 대상으로, 2018년에는 35개 국가를 대상으로 교사위상지수(Global Teacher Status Index, GTSI)를 발표했다. 교사위상지수는 교사의 급여, 교사의 일하는 시간, 교사에 대한 신뢰도, 부모가 자녀에게 교사가 되도록 격려할지 여부, 학생들이 교사를 존경하는 정도, 교직과 위상이 유사하다고 생각하는 직종의 존경도 순위, 학생들의 교사 존경도, PISA 학업성취도와의 관계 등으로 구성된다. 2018년 결과에 따르면 중국 1위, 말레이시아 2위, 한국 4위, 뉴질랜드 9위, 싱가포르 10위, 영국 13위, 미국 16위, 독일 21위로 아시아 권역의 교사 위상이 서구권보다 비교적 높은 편이다.

모두 아픈 학교, 공동체로 회복 하기

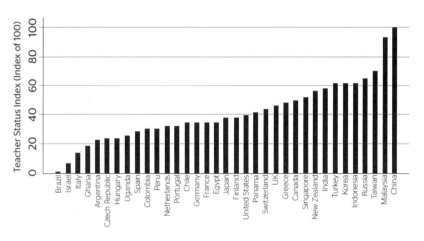

〈2018년 교원지위지수〉

[출처: Varkey Foundation(2018). Global Teacher Status Index 2018, 18p]

35 survey countries indexed on a relative scale 1-100

2013년 한국의 GTSI는 62점으로 4위를 차지하여 세계적으로 높은 지수를 보여준다. 그러나 2018년 결과에서 한국은 6위를 차지했고, 브라질, 스페인, 네덜란드, 터키, 이집트, 그리스와 함께 교사위상지수가 하락한 국가에 속했다. 더불어 GTSI 2018 보고서의 분석에 따르면 한국인들은 교육시스템의 질에 대해 10점 만점에 5.25점으로 평가했다. 2013년 GTSI의 4.4점에 비해 상승한 수치지만, 한국 학생들이 PISA 2018에서 높은 학업성취도 순위를 차지한 것에 비교하여 한국인들이 교육시스템에 대해 상대적으로 비판적인 입장임을 보여준다. 더불어 한국인들은 교사들이 일하는 것에 비해 낮은 임금을 받고 있다고 응답했으며, 2013년도에 비해 교사의 성과급 지급에 대한 지지도가 68%에서 27%로 크게 하락했다(Varkey Foundation, 2018).

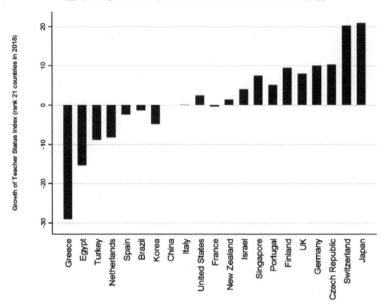

〈2013년과 2018년 교원지위지수 변화 정도〉

[출처: Varkey Foundation(2018). Global Teacher Status Index 2018, 21p]

2. 미국 학교의 위기 대응 정책

이 글에서는 학교의 심화된 위기상황과 이에 따른 제도적 대처가 세계적인 현상이라는 것을 배경으로, 미국 학교의 위기 대응 정책에 대해 알아보고 시사점으로 한국 교육현장의 교권추락 문제의 해결 방법을 탐색하고자 한다.

한국의 중앙 집중 시스템과 달리 미국은 주 교육부, 학교구, 각급 학교에 따른 학교 운영의 자율성이 높은 편이며, 교육자치 기구의 운영방침에 따라 학교 위기 대응 체계를 다양하게 마련하고 있다. 이러한 다양성은 미국의 교육정책 연구에 난제로 작용하고 있기도 하다. 따라서 이 장에서 소개하는 내용들이 미국 전체를 대표하는 일원화된 원칙으로 보기 어려울 수 있다는 한계가 있다.

모두 아픈 학교, 공동체로 회복 하기

1) 학생행동강령

미국의 학교는 총기사고나 학교폭력으로 인한 안전 문제가 심각한 편이다. 전미교육통계(NCES)의 '미국 공립학교의 범죄, 폭력, 훈육과 안전 보고서 2015~2016'에 따르면 학생 천 명당 폭력사건 발생 건수는 중학교 27건, 고등학교 16건, 초등학교 15건이다. 이 중 9%가 총기 등 무기류로 발생한 안전 문제다(교육정책네트워크, 2017). 이러한 상황에 대비하여 미국 교육계는 법적으로 교사 및 학교의 학생 훈육권을 강하게 보장하며, 교내에서 발생하는 문제 상황에 대해 철저히 매뉴얼과 시스템에 따라 대처하고 있다.

대부분의 미국 교육구는 학생들의 학교생활에서의 권리와 의무를 명시하는 학생행동강령(Student codes of conduct/Student rights & responsibilities)을 마련하고 있다. 학생행동강령은 교사의 수업권을 침해하고 학급의 안전을 위협하는 행동을 규정으로 명확하게 제시하고, 이에 대한 단계적 조치를 명문화한 문서다. 교육 당국은 학기 초에 보호자에게 학생행동강령 책자를 받도록 안내하고, 내용을 확인했음을 학부모와 학생에게 서명 받는다. 다음은 미국 버지니아주 페어팩스 카운티의 예시다.

〈미국 페어팩스 카운티 공립학교의 학생행동강령〉

[출처: Fairfax County(2023). Student Rights & Responsibilities] 『Fairfax county code of conduct』 표지, p.1.

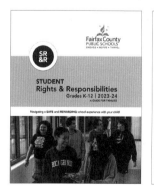

페어팩스 카운티의 학생행동강령은 버지니아주 교육부 규정에 따른 학생의 권리와 책임을 세세하게 명시한다. 이 책자는 출석, 흡연, 미디어 사용, 따돌림, 차별, 성희롱, 복장, 도박 등 학생과 학부모가 자주 문의하는 주제들에 대한 설명과 규정을 담고 있다. 다음 예시는 괴롭힘(Bullying)에 대한 내용이다.

〈괴롭힘에 대한 규정〉

[출처: Farifax County(2023). Student Rights & Responsibilities, 13p]

괴롭힘(Bullying)

1) 버지니아 교육부에 따른 괴롭힘의 정의는 다음과 같다.

피해자에게 해를 끼치거나 위협하거나 굴욕감을 주려는 의도가 있는 공격적이고, 상대가 원하지 않는 행동; 이 행동들은 가해자와 피해자 사이의 실제적 또는 인지된 힘의 불균형을 포함한다. 괴롭힘은 지속적으로 반복되거나 심각한 정서적 트라우마를 유발한다.

2) '괴롭힘'에는 온라인상의 괴롭힘이 포함된다.

: 온라인상의 괴롭힘은 일반적으로 이메일이나 웹사이트를 통해(예: 블로그, SNS) 한 학생이 다른 학생을 위협하는 것을 의미한다. 온라인 의사소통 중 타인에게 해를 끼치려는 고의적 의도가 있으며, 적대적이고 상처를 주는 방식은 괴롭힘에 해당한다.

3) '괴롭힘'에는 일반적인 놀림, 말장난, 말다툼 또는 또래 간의 가벼운 갈등은 포함되지 않는다.

-괴롭힘의 핵심요소: 해를 입히기 위해 고안된 의도적인 공격적 행동, 계획적이고 반복적인 행동, 힘의 불균형으로 특정되는 대인관계

괴롭힘을 해결하는 방법에 대해 자세히 알아보려면 571-423-4270으로 문의하십시오.

2023~2024년 페어팩스 카운티의 학생 권리 및 책임 매뉴얼에는 정학 처분이 없는 가벼운 문제행동, 정학 처분이 있는 중대한 생활지도 사항, 강제 전학, 대안 프로그램, 퇴학 등 단계별 문제행동과 이에 따른 훈육 방침이 세세하게 서술되어 있다. 일반적으로 문제행동 발생 시 담당 교사는 1차적 훈육을 하고, 이후 담임교사, 상담교사, 교감, 교장 등 상급자에게 보고하는 시스템으로 되어있다. 상급자는 학생행동강령에 따라 반성문, 보호자 소환, 강제

모두 아픈 학교, 공동체로 회복 하기

전학 등의 조치를 한다. 상세한 매뉴얼과 규약은 이러한 학생 훈육 과정에서 교직원을 보호하며 학생의 권리를 보장하는 역할을 한다. 더불어 보호자가 학교폭력이나 생활지도 처분 문제로 소송을 제기했다 하더라도 소송 대상은 일반적으로 교사가 아닌 지역교육청이나 교육위원회가 된다. 다음은 매뉴얼에 제시된 가벼운 교육적 조치에 대한 내용이다.

〈정학 처분이 없는 교육적 내용〉

[출처: Farifax County(2023). Student Rights & Responsibilities, 24p]

〈정학 처분이 없는 교육적 대응〉

학교 관계자는 학생이 학교 규칙과 자신의 위법 행위가 다른 사람들에게 어떤 영향을 미칠 수 있는지 이해하도록 돕습니다. 대부분의 경우 교사와 관리자는 학교 밖으로 학생을 보내는 정학을 고려하기 전에 학교 내부에서 다음과 같은 교육적인 대응을 합니다.

- 긍정적 행동 중재 및 지원
- 바람직한 행동으로 교정하기 위한 재교육
- 필요에 따른 교실 규칙 재구성
- 문제행동을 고칠 수 있는 사회적·정서적 기술 적용
- 교사의 개인적인 훈계 및 상담
- 다른 교직원에 의한 상담
- 학부모 회의, 교사 회의, 관리자 회의, 학생회의
- 좌석 변경
- 회복적 교육
- 행동 계약 및 차트
- 방과 후 남기(detention)
- 주차, 상급생 권리, 동아리 활동, 학교 후원 활동 같은 특권의 일시적인 중단
- 수업에서 일시적인 분리
- 기능적 행동 평가(Functional Behavior Assessment, FBA)
- 행동 중재 계획(Behavior Intervention Plan, BIP)

미국 현지 초등학교의 한 교감은 행동강령 관련 인터뷰에서 "이 매뉴얼을 활용하지 않으면 학교를 운영하기 힘들 정도이며, 결정을 내리기 위해서는 매뉴얼이 반드시 필요하다"고 응답했다(세계일보, 2023.8.3.). 매뉴얼에 따른 합리적인 학교 규정의 적용과 생활지도가 학교 현장에 자리 잡았음을 알 수 있다. 더불어 학생의 문제행동을 교사 개인이 혼자 온전히 책임지는 것이 아니라, 절차에 따라 학교 구성원이 분담하는 시스템이 갖추어져 있다는 정책적 시사점을 준다. 한국에서도 교권 4법 개정 이후 시도별 교권보호 매뉴얼을 만들고 있다. 중요한 것은 이러한 제도적 변화가 형식주의로 그치지 않아야 한다는 점이다. 현장에서 매뉴얼이 실효성 있는 문서로 작용할 수 있게끔 중장기 제도적 지원과 학교 구성원들의 긴밀한 협조가 필요하다.

2) 미국 학교장의 역할: 강력한 훈육

한국은 세계적으로 독특하게 교사가 교직 생애 동안 부장 점수, 시골 근무 점수 등을 쌓아 관리자가 되는 독특한 자격증제 교장제도를 유지하고 있다. 그리고 학교장은 학교 행정 전면에서 일하는 실무자보다는 고경력의 선배 교사나 학교의 어른, 상사의 이미지가 있다.

그러나 영미권 대부분의 국가는 교사와 교장을 별도의 역할로 인식하며, 임용 제도 역시 분리되어 있다. 미국에서는 지역 교육구에 따른 차이가 있지만 최소 3년 이상 교육경력과 교육행정 석사 및 박사학위를 교장 임용 자격 조건으로 제시한다. 일반적으로 학교장 선발 및 임용은 교육구가 주관하는데, 지원 자격 요건과 업무수행에 필요한 직무 기능을 포함한 모집공고를 낸다. 지역 교육위원회는 서류 및 면접 심사를 통해 가장 적합한 지원자를 추천하고, 교육감이 최종적으로 교장을 임명한다. 교사 경력이 3~5년 정도만 있어도 교장 응모가 가능하기 때문에 30~40대의 젊은 교장도 적지 않다. 중요한 차이점은, 미국은 교사와 교장을 아예 다른 역할로 인식하고 있다는 것이다. 교장은 학교의 관리자이자 행정가다. 그렇기에 교장이 되는데 필요한 주요 자질은 교육자적 역량보다 조직경영 능력, 행정 수완이다.

미국 교장의 가장 중요한 역할은 학생 생활지도 및 학부모 민원 대응이다. 미국 교장의 이미지는 "현장에서 무전기를 들고 있는 사람"으로, 실무에 적극적으로 관여하는 역할로 인식되고 있다(교육언론창, 2023.08.24.). 다음은 미국 소도시 공립 초등학교에서 교육지원전문가(Education support professional, ESP)로 일하는 한 학교 스태프의 학교장에 대한 인상이다.

초등학교 내 유일한 아시안인 나는 지난해 학기 초에 초등학교 5학년(한국의 6학년) 학생에게 처음으로 인종차별이 담긴 모욕적 언사를 들었다. 이민 9년 차이지만, 처음 듣는 모욕적인 말에 피가 거꾸로 솟는 듯해, 냉정한 훈육이나 대응이 어려울 것으로 생각했다. 나는 학생이 한 말을 이메일로 담임에게 보고했고, 다음날 학생으로부터 정중한 사과를 받았다. 한 번만 더 그런 언행을 하면 교장 선생님께 보고할 거라는 강력한 경고와 함께. 정중한 사과 한 마디로 그 학생이 개과천선하거나 인종차별적 생각을 바꾸지는 않겠지만, 적어도 언행을 조심한다. 신기하게도 담임선생님, 상담자, 교장선생님의 훈육은 학생들이 잘못된 행동을 지속할 수 없게 하는 브레이크 역할을 톡톡히 한다.

교장의 주된 업무 중 하나는 훈육으로, 그 끝에는 부모님 소환이 있기 때문에 강력한 힘이 있다. 실제로 점심시간, 야외 활동시간에 안전 지시를 따르지 않고 반항하는 학생들에게 '교장선생님께 보고하겠다'라는 경고성 발언을 하니 바로 순한 양이 되는 경우를 자주 보았다. 우리 ESP끼리 교장의 전신 사진이 필요하다는 농담을 할 정도로, 교장 선생님의 훈육은 강력하다.

- 오마이뉴스(2023.7.28.). 미국 학교 교장의 주 업무가 '강력한 훈육'인 이유. 김현경

미국의 학교장은 학교 스태프와 연락하기 위해 항상 무전기를 소지하며, 학교폭력이나 학부모 민원이 발생하면 현장에 우선적으로 투입된다. 교감과 교장은 사건 현장에 가장 먼저 도착하여 피해자와 가해자를 분리하고, 보호자에게 연락을 처리하는 등, 제반 민원처리 업무를 담당한다.

학생 사이에 폭력이 일어나거나 학생이 난동을 부리는 사건이 발생했다고 해보자. 문제 상황을 감지한 교사는 무전기나 전화로 교무실에 상황을 알린다. 교무실의 스태프는 관리자와 학급 교사를 도울 수 있는 다른 반 교사들에게도 무전으로 사건을 보고한다. 관리자들은 무전을 받으면 사안이 생긴 교실로 달려간다. 교사는 나머지 학생들을 교실 밖으로 인솔하여 나가고, 학교장은 빈 교실에서 문제학생을 담당한다. 학생이 진정되면 교장은 학생을 교장실에 데려가서 사회복지사와 학교 상담사가 지켜보는 가운데 상담을 한다. 여러 스태프와 상담을 하는 이유는 단독 판단으로 인한 오류를 방지하고 혹시 모를 송사를 위해 목격자를 만들어 놓기 위해서다(교육언론창, 2023.08.24.). 차후 정학, 퇴학 등 학생 징계에 대한 역할도 관리자들이 담당하고 있기에 미국 교장의 훈육 역할은 중대하다.

또 하나, 영미권의 학생생활지도상 큰 차이는 학부모와 교사 간 소통이 주로 이메일로 이루어진다는 것, 그리고 중대 민원의 관리 주체가 교장·교감이라는 사실이다. 교사 개인의 휴대폰 번호는 원칙적으로 학부모 및 학생과 공유하지 않으며, 이러한 개인정보 유출을 교원 노조와 지역 교육청 간 협약으로 엄격하게 금지하는 경우가 많다. 학부모가 이메일로 민원을 제기하면 단순 민원이나 경미한 건은 교사가 단독 처리한다. 그러나 중한 사항은 관리자를 참조하여 이메일을 전송하고 그 뒤부터 교감, 교장이 전면적으로 개입한다. 학부모가 민원 건으로 관리자를 대면으로 면담할 때도 반드시 약속을 잡아야 하며, 학교 출입시 벨을 누르고 교무실 직원이 신원을 확인해야만 학교로 들어갈 수 있다(교육언론창, 2023.08.24.).

이와 같은 학교장 중심의 학생 생활지도와 민원처리는 영국, 캐나다도 비슷하다. 학부모와의 갈등에서 관리자와 행정실, 지역교육청은 교사를 보호하는 방패 같은 역할을 한다. 학교장은 학부모 민원을 교육감과 의논하며, 학

모두 아픈 학교, 공동체로 회복 하기

교 내부에서 해결할 수 없는 악성 민원은 매뉴얼에 따라 교육구와 교원노조에서 문제해결을 협조한다. 학생 생활지도와 민원 처리 외에도 교장은 교사 평가, 교사 연수 기획, 장기결석 학생 관리, 학교재정 요청 등 학교의 중대한 행정실무를 담당한다. 이러한 학교장의 강한 실무적 책임과 역할 때문에 최근 영미권에서는 교장 기피 현상도 벌어지고 있다.

한국의 학교 현장의 생활지도상 어려움으로 교원의 지위가 추락하고, 교직 이탈률이 현저히 늘고 있는 상황에서 미국의 사례는 학교장의 생활지도 역할 강화가 필연적으로 요구되고 있음을 시사한다. 현재 한국의 학교장제에서는 학교장의 직무에 대한 역할이 명확하지 않으며, 개인의 성향에 따라 실무에 대한 개입차가 크다. 따라서 시대 변화에 맞는 학교장의 직무능력표준이 마련될 필요가 있다. 더불어 관리자가 문제상황 대응 역량을 키울 수 있도록 지원하는 제도적 기반이 요구된다.

3. 국가별 맥락을 고려하면서 참고해야

이상 미국의 사례를 보면, 사안 발생에 따른 체계적인 매뉴얼과 대응 시스템 구축, 분업화된 협업 구조, 학교장의 적극적인 역할 개입 등을 시사점으로 확인할 수 있다.

비교교육(Comparative education)은 여러 나라의 교육에서 공통점과 차이점을 만드는 이유를 파악하기 위해 다각도에서 교육제도를 분석한다. 1990년대 글로벌 추세 이후 한 국가의 힘만으로 해결할 수 없는 문제들이 많다. 국내외 환경 변화에 역동적으로 대응하기 위해 국가 간 교육정책 비교연구는 더욱 필요하다. 비교연구는 교육정책 입안자와 교육실천가들에게 교육정책에 관한 시사점과 개선방안을 제시한다(정일환, 2018).

그러나 주의해야 할 점은, 국가 간 맥락 차이다. 한국의 경우, 인적자본을 제외한 자원이 부족한 편이기 때문에 사회문제를 정책으로 해결하려는 편중현상이 있으며, 특히 선진국 해외정책 의존도가 높다. 그리하여 국내 교육제도나 문화 등 한국의 맥락에 맞지 않는 해외정책을 검증이 부족한 상태로 일방적으로 들여와 부작용이 빚어진 사례가 많다. 더불어 최근에는 비교교육연구가 국가의 교육적 성장을 위한 연구라는 본연의 목적에서 벗어나 전 세계적으로 통용되는 일반적인 법칙을 세우는 것으로 변화하는 점이 문제점으로 지적되고 있다(Crossley, Watson, 2003).

한국과 미국은 기본적으로 중앙집권 시스템과 주 중심 자치 체제라는 큰 차이가 있다. 그리하여 예산 지원 방식이나 교육청 규모도 매우 다르다. 더불어 미국 등 선진국의 경우 팀으로서의 학교 개념이 있기에, 행정직원, 보조교사 등 학교 내 교육 지원인력이 한국보다 훨씬 많은 편이다. 따라서, 위기대응 시스템을 개선함에 타국의 교육정책을 참고하되 구조에 따른 차이를 반드시 고려해야 한다.

그럼에도 특정 사안이 발생했을 때 체계적으로 대응할 수 있는 시스템의 구축 여부라든지, 학교 구성원들의 협업 시스템, 전문적 자본 내지 의사결정 자본에 기반하여 특정 사안에 대해 판단할 수 있는 재량 행위의 인정, 사안의 중심에 뛰어드는 학교장의 적극적인 역할 등은 충분히 참고할 만하다. 우리 시스템과 문화, 리더십에 대한 성찰과 반성을 해외 사례를 통해 볼 수 있기 때문이다.

모두 아픈 학교, 공동체로 회복 하기

참고문헌

- 경향신문. (2023.08.15.). 영국서도 교사들이 무너진다. https://www.khan.co.kr/opinion/column/article/202308152026005 에서 2024.06.09. 인출.
- 교육언론창. (2023.08.24.). 미국 교장 이미지, "현장에서 무전기 들고 있는 사람"https://www.educhang.co.kr/news/articleView.html?idxno=508 에서 2024.06.09. 인출.
- 교육정책네트워크. (2017.08.30.) 미국의 수업방해 학생에 대한 수업권 보호 정책 현황.
- 교육플러스. (2024.06.09.). [영국] NEU, 정부에 교사 부족 사태 해결 촉구 https://www.edpl.co.kr/news/articleView.html?idxno=13128 에서 2024.06.09. 인출.
- 세계일보. (2023.07.31.) 매뉴얼대로 학생 징계… 교권 무력화 막는 미국 [심층기획-美 공교육 시스템으로 보호] https://m.segye.com/view/20230731513936 에서 2024.06.09. 인출.
- 오마이뉴스. (2023.07.28.). 미국 학교 교장의 주 업무가 '강력한 훈육'인 이유 https://www.ohmynews.com/NWS_Web/View/at_pg.aspx?CNTN_CD=A0002948308&CMPT_CD=P0010&utm_source=naver&utm_medium=newsearch&utm_campaign=naver_news 에서 2024.06.09. 인출.
- 정일환. (2018). 교육정책탐구에서의 비교교육학적 접근방법의 유용성 탐색. 비교교육연구. 28(1).
- Crossley, M., & Waston, K.(2003). Comparative and international research in education: globalisation, context, and difference. London: Routledge Falmer.
- Kathryn, D(2022, June 20). School's Out for Summer and Many Teachers Are Calling It Quits. The Wall Street Journal. Retrieved May 06, 2024, from https://www.wsj.com/articles/schools-out-for-summer-and-many-teachers-are-calling-it-quits-11655732689.
- Teacher Burnout Statistics: Why Teachers Quit in 2024. (2024, January 11). Delvinpeck. Retrieved May 06, 2024, from https://www.devlinpeck.com/content/teacher-burnout-statistics.

- Varkey Foundation. (2013). Global Teacher Status Index 2013.
- Varkey Foundation. (2018). Global Teacher Status Index 2018.

정서위기학생 지원하기

이슬아

정서행동 위기학생 그리고 위기의 교사

학교는 학습과 교육뿐만 아니라 학생들의 정서적 안녕을 책임지는 공간이며, 학생들의 지적 성장뿐만 아니라 사회적 관계를 배우고 성장할 수 있는 기반이 된다. 최근 정서행동 위기학생 실태조사 결과, 그 유형은 ADHD가 78.6%, 반항 52.6%, 품행장애 50.5% 등이며, 행동 문제로는 신체적 공격, 욕설 및 폭언, 교실 이탈 순으로 나타났다(2022.10. 좋은교사운동).

이 조사 결과처럼 학생들은 학업 스트레스, 교우관계의 어려움, 가정 내 갈등 등으로 정서적 위기를 경험하게 된다. 정서행동 위기 학생을 돕는 것은 학교의 핵심 임무 중 하나다. 이러한 학교 핵심 업무의 역할을 하는 이들은 '교사'다. 현재 「교원의 학생생활지도에 관한 고시(교육부, 2023)」를 통해 학교 내 학생의 교육활동 방해에 대한 교육적 차원의 교사의 역할이 고시되어 있지만 정서행동 위기학생에 대한 체계적 지원이 이루어지지 않고 있다. 이러한 학교 현장 내 정서행동 위기학생 생활지도 과정에서 어려움을 경험한 교사는 전체 교사의 87.1%로, 학생의 문제행동과 생활지도 과정에서 교사는 정서적 고충과 심리적 소진을 겪는다(김수희 외, 2022; 좋은교사운동, 2022).

학교는 학생들의 안녕과 성장을 지원하는 공간이다. 더 나아가 학교는 학생이 개인적으로 성장하며 사회적인 발전에 기여할 수 있는 공간 역할을 하는 곳이라 할 수 있다. 하지만 학교의 교육활동 주체인 교사가 직무 스트레스로 감정 소진을 겪으며 학생들을 보호하고 예방할 힘과 원동력을 잃어버리면 학교라는 기관의 순기능을 발현하지 못할 것이다.

이 글에서는 효과적인 지원 체계를 중심으로 정서위기 학생을 이해하고 지원하고 돕는 데 초점을 맞춰 살펴보고자 한다.

1. 정서위기 학생 돕기 방안

정서위기 학생을 이해하며 학부모 지원, 교사 지원 등 행정적·제도적 접근이 지속적으로 이루어져야 정서위기 학생을 도우며 실질적인 효과가 있을 것이다. 우선 학생들의 정신건강 증진을 위한 선제적 예방 차원의 노력이 계속되어야 한다. 이를 위해 학교 현장에서는 관심군에 속한 학생들을 조기에 발견하기 위한 노력으로 학생 정서 행동특성검사를 해야 한다.

가. 학생 정서·행동특성검사의 이해

학생 정서·행동특성검사의 경우 2006년 1월 정신건강을 강조하는 방향으로 「학교보건법」이 개정되고, 2007년부터 학생 정신건강을 검진하는 사업으로 운영하게 되었다. 2008년에는 2011년까지 대상을 확대하면서 학생 정신건강 검진체계를 발전시켰다. 또한 2013년부터는 학생의 성격특성과 정서행동 발달 정도를 평가하고 발달과정에서 경험하는 인지, 정서, 사회성 발달과정을 평가하기 위해 학생 정서·행동특성 검사를 연 1회 학기 초에 실시한다(교육부, 2023).

학생 정서·행동특성검사의 대상은 초등학생을 포함한 중학생, 고등학생이다. 2017년부터 초등학생은 1, 4학년 학부모가 CPSQ-II 65문항을 실시하고, 중·고등학생의 경우 학생 스스로가 AMPQ-III 63문항을 온라인 또는 모바일로 검사를 한다. 또한, 중·고등학교용 AMPQ-IIISMS의 경우, 담임교사 또는 학생을 잘 이해하는 교사가 조사에 참여하여 학생의 정서·행동특성을 파악할 수 있는 보조 도구가 있다.

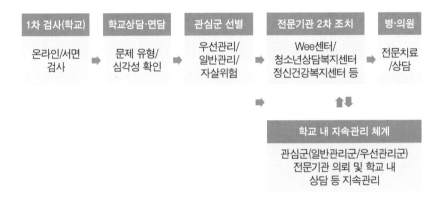

〈학생 정서 · 행동특성검사 절차(교육부, 2023)〉

2017부터는 학생들의 성격특성을 이해할 수 있도록 성격특성 관련 문항을 추가하여 위험관련 문항(학교폭력피해, 자살), 정서행동문제(심리적 부담, 기분문제, 불안문제, 자기통제 부진) 등을 비롯하여 개인의 내적 성격특성인 '성실성', '자존감', '개방성'과 개인 외적 성격특성인 '타인이해', '공동체 의식', '사회적 주도성'을 추가하여 구성했다. 이를 통해 성격특성, 주의력결핍·과잉행동장애(ADHD), 우울, 불안, 학교폭력피해, 자살 위기 등 주요 정서와 행동의 전반적인 특성을 이해할 수 있다.

초등학교와 중·고등학교의 문항 구성을 비교하여 이를 살펴보면, 개인의 성격특성 관련 문항은 공통적으로 포함되어 있지만, 위험 문항의 경우 중·고등학교는 '자살' 문항에 추가되어 나타남을 확인할 수 있다. 또한, 요인별로 초등학교와 중·고등학교의 문항은 차이가 있는데, 초등학교는 부모 자녀 관계에 대한 문항을 비롯하여 집중력 부진, 불안/우울, 학습/사회성 부진, 과민/반항성에 대한 문항 내용으로 구성되는 반면 중·고등학교는 심리적 부담, 기분문제, 불안문제, 자기통제 문제로 문항이 구성됨을 확인할 수 있다. 이는 연령대의 발달과 환경 변화 등을 고려한 설계적 차이에서 비롯함을 확인할 수 있다.

초등학교 CPSQ-II와 중학교 AMPQ-III의 문항 구성

구분			초등학교	중·고등학교
성격특성	내적	성실성	O	O
		자존감	O	O
		개방성	O	O
	외적	타인 이해	O	O
		공동체 의식	O	O
		사회적 주도성	O	O
위험 문항		학교폭력 피해	O	O
		자살	-	O
외부요인		부모자녀 관계	O	-
요인	정서행동 특성	집중력 부진	O	-
		불안/우울	O	-
		학습/사회성 부진	O	-
		과민/반항성	O	-
		심리적 부담	-	O
		기분문제	-	O
		불안문제	-	O
		자기통제 문제	-	O
기타			O	O

앞서 서술했듯이 교육현장 속 정서행동 위기학생으로 인해 교실 속 어려움은 계속 가중되고 있고 학급 내 1명 이상의 정서위기 학생이 있는 것으로 보고되었다(좋은교사운동, 2022). 학교 현장에서 실시하는 학생 정서·행동특성검사를 통해 학생의 정서·행동 문제를 일찍 발견함으로써 학생의 마음을 챙겨줌은 물론, 정서행동 위기학생에 대한 이해가 가능해진다. 더불어 학급경영과 생활지도 차원의 교사 역할에도 도움을 주는 것으로 볼 수 있다.

나. 정서위기학생에 대한 이해

1) 주의력결핍-과잉행동장애(ADHD)에 대한 이해

주의력결핍-과잉행동장애(ADHD: Attention Deficit Hyperactivity Disorder)는 주의력 부족, 과잉행동, 충동성이 주된 특징으로, 학생의 정상적인 학교생활, 학업수행 및 가정생활에 지장을 주는 장애 중 하나다. 아직 정확한 원인이 밝혀져 있지 않으나, 전두엽 손상, 대뇌, 도파민 감소 등 뇌의 신경생물학적 원인을 결정적인 요인으로 보며(교육부, 2023), 초기 아동기인 12세 이전에 발병한다.

ADHD 주요 증상은 과잉행동으로 나타나며, 행동을 억제하고 조절하는 능력이 약한 것이 특징이다. 이 때문에 수업시간에 수업에 방해되는 선에서 수다스럽게 말을 하거나 자리를 옮기는 행동을 하는데, 또래 아이들보다 강도, 빈도, 지속시간 면에서 산만함과 과잉행동이 훨씬 심하게 나타난다. 관련하여, 교실에서 나타나기 쉬운 ADHD 학생들의 징후를 살피면 다음과 같다(김동일 외, 2016).

학습 상황에서 주로 발견되는 ADHD(김동일 외, 2016)

부주의 행동	과잉행동-충동성
• 학습할 내용에 주의를 기울이지 않고 창밖을 보거나 낙서를 하거나 딴생각에 쉽게 빠진다. • 학용품이나 물건을 잘 정리, 정돈하지 못하고 책상 주변이 지저분하다. • 자기 물건이나 기억해야 할 사항을 잘 잊어버린다. • 시작하지만 끝내지 못하는 과제가 많다. • 교사의 지시와 다른 엉뚱한 과제나 행동을 자주 한다.	• 한자리에 가만히 앉아 있지 못하고 불필요한 몸동작을 많이 한다. • 수업시간에 떠들썩하게 구는 등, 상황에 알맞은 행동을 하지 못한다. • 아무 데나 올라타고 뛰어넘고 기어오르는 등, 위험하게 행동한다. • 지나치게 질문하거나 끼어들고 시끄럽다. • 질문이 끝나기도 전에 큰 소리로 답을 외친다. • 순서나 규칙을 잘 지키지 못하고 자기 마음대로 하려고 한다. • 한 과제를 마치기 전에 다른 과제에 덤벼든다. • 쉽게 화내거나 흥분한다.

앞서 살핀 것과 같이 ADHD 특징이 있는 학생은 주의를 집중할 수 있는 시간이 짧고 부산스러운 경향이 높다. 이 때문에 학업 수행도가 매우 낮고 일정하지 않다. 하지만 ADHD 특징을 지닌 학생은 정서적·사회적·재정적 자원을 포함한 삶의 경험과 발달과정에 따라 삶을 대하는 태도가 달라질 수 있기 때문에(Dulcan & Lake, 2011) 기본적으로 ADHD 학생의 행동을 변화시킬 수 있는 교사의 긍정적인 기대가 중요하다. 교육부(2023)에 따르면 ADHD 학생 지도에 성공적인 교실 환경을 다음과 같이 제시한다.

ADHD 학생 지도에 성공적인 교실 환경 조건(교육부, 2023)

- ADHD 학생에 대한 기대를 전환하고, 가장 효과적인 대응방법에 대한 인식을 높인다.
- 교실 환경을 구조화하고, 예측 가능하도록 한다.
- 좌석 배치를 효율적으로 한다.
- 적당한 학생 수를 배정한다.
- 프리맥의 원리(Premack Principle)[1]를 적용한다.
- 효과적인 과제부여 기법을 사용한다.
- 짧고 분명하게 반복해서 지시한다.
- 교수 및 설명 시 다중감각방식을 취한다.
- 학부모를 정기적으로 만나 협력하고, 서로의 역할을 명확하게 한다.

교사들은 이러한 교실 환경을 조성하여 공감적인 이해와 반응적인 상담을 통해 학생이 자신의 감정을 이해하고 바람직한 표현 방식을 표출할 수 있도록 노력해야 한다(한유경 외, 2018). 특히, ADHD 학생에 대한 이해를 높이기 위해 학부모를 신뢰하고 학부모와 정기적으로 만나 서로의 역할을 구분하여 학생의 행동을 개선시키고 교육활동을 구체화하는 것이 매우 필요하다.

2) 아동·청소년 우울증 이해

아동·청소년의 10~15%는 우울증 증상을 경험하며, 청소년의 9~13%는 치료가 필요할 정도의 우울증이 있다(교육부, 2023). 우울증의 원인은 생물학적·심리학적·환경적 요인들이 복합적으로 나타나며, 우울증은 부모가 우울증이 있는 경우 유전되는 경향이 있어 동일한 심리적·환경적 스트레스에 놓여도 발생 가능성이 상황에 따라 다르게 발현될 수 있다. 또한, 학교폭력 같은 외부적 상황에 노출될 경우에도 발생할 수 있다.

---

1 프리맥의 원리: 하기 싫고 어려운 것을 먼저 하고, 재미있고 쉬운 것을 나중에 하기.

아동·청소년의 우울증은 일반적인 성인 우울증과 다르게 나타나는데, 이는 과잉행동, 공격적 행동, 비행 등의 가변성 우울증 형태로 나타난다. 이들에게 나타난 가변성 우울증은 성인에게 나타나는 전형적인 우울증과 달리 반항적 성향, 심한 변덕과 분노, 집중력 저하, 성적 저하, 신체적 증상, 등교 거부 등의 증상으로 나타날 수 있다. 아래는 아동·청소년이 보일 수 있는 우울증의 주요 증상으로, 아동·청소년 우울장애로 흔히 관찰되는 증상은 슬픈 모습, 신체적 호소, 분리 불안과 공포감 등으로 발현된다.

아동 · 청소년 우울증의 주요 증상(교육부, 2023)

- 자주 울고 슬퍼하고 눈물을 흘린다.
- 일상생활의 의욕이 떨어지고, 재미있어하는 일들에 흥미가 떨어지고 관심이 없어진다.
- 희망이 없다는 말을 자주 한다.
- 에너지가 없고 맥이 빠져 있다.
- 친구들과 잘 만나려 하지 않고, 혼자 있으려고 한다.
- 자신감이 떨어지고 죄책감을 느낀다.
- 실패나 거절에 매우 예민하다.
- 사소한 일에도 쉽게 짜증을 내거나 화를 내고 공격적으로 반응한다.
- 대인관계를 어려워한다.
- 두통이나 복통을 자주 호소한다.
- 집중력이 떨어진다.
- 성적이 떨어진다.
- 식욕이나 수면 습관의 변화가 있다.
- 컴퓨터 게임에 지나치게 몰두한다.
- 학교 가기를 싫어한다.
- 죽고 싶다는 생각을 하거나 자해를 한다.

모두 아픈 학교, 공동체로 회복 하기

주변 어른, 부모, 교사들이 아동·청소년 우울증의 주요 증상을 사춘기에 으레 나타나는 현상쯤으로 여기면 증세가 더 심각해질 수 있다. 또한, 우울한 감정이 있다 하여 무조건 우울증이라 판단하기보다 진단을 위해 우선 아동, 부모와 면담하여 우울증 여부를 확인하는 것이 필요하다. 그래서 학생 정서·행동특성검사를 통한 조기 선별과 적절한 개입이 필요하다.

또한, 검사 전에 아동, 부모와 면담하여 교사가 우울증 여부를 확인해야 하며, 우울증 정도와 개인의 특성에 따라 비약물적 치료, 약물 및 입원 치료 같은 다양한 치료 방법이 쓰일 수 있으나, 학교 현장에서 교사가 우울 장애가 있는 학생을 배려하고 이해하려는 노력은 학생의 건강성을 회복하는 데 도움이 될 것이다.

우울증을 지닌 아이 이해하기(교육부, 2023)

- 아이의 마음을 이해하고 공감하며 도와주고 싶다는 의사를 전합니다. 아이가 하고 싶어 하고 잘하는 활동을 독려하되 압력을 가하지 않는 것이 좋습니다.
- 작은 성공이라도 진심으로 칭찬하고 격려해주는 것이 좋습니다. 처음에는 칭찬과 격려에 낯설어할 수도 있습니다. 작은 노력이지만 지속적으로 노력하면 작은 변화를 통해 아이는 큰 힘을 얻을 수 있습니다.
- 늘 아이 입장에서 이야기를 들어주고 반응해줍시다. 아이는 누군가에게 도움을 얻고 싶어 어렵게 마음을 열었다가도 작은 상처에 다시 마음을 닫고 힘들어 할 수 있습니다.

다. 정서위기학생 지원을 위한 방안: 지원체계 구축을 중심으로

지금까지 정서위기학생 이해와 개입은 교사의 업무 중 '생활지도'의 하나의 축으로 보았다. 하지만, 교사의 업무로 오롯이 혼자 해결해야 할 몫으로 보기보다 교실 속 정서위기학생 지원을 위한 학교 구성원 모두가 성장할 수 있는 지원체계를 마련하는 것이 필요하다.

이와 관련하여 2022년 좋은교사운동과 서울시교육청은 공동토론회를 통해 교육현장에서 정서위기학생 지도의 어려움을 공론화하며 정서위기학생 지원과 관련하여 교사 지원과 체제 마련 가능성을 논의하기 시작했다.

2023년 서울시교육청은 「정서행동 위기학생 지원 방안 마련 통합 TF」를 구성하며, 일반학교 현장에서도 긍정적행동지원(Positive Behavior Supports, PBS) 시범 운영을 실시하고 효과성을 확인하여 정서위기 학생을 도울 방안을 '협력적 다층예방모형'으로 제안했다. 앞서 이야기한 긍정적행동지원(PBS)이란 서울시에서 지난 10년간 특수학교를 중심으로 학생의 문제를 발견하고 그 학생의 행동특성에 따라 지원 정도와 방법을 나누어 학생에게 더 나은 행동을 체계적으로 가르치는 과정이라 할 수 있다(서울시교육청, 2024).

이에 정책적으로 제안되기 이전 일반학교의 정서위기학생을 위한 긍정적 행동지원 운영과 관련된 박상현·강영모(2024)의 연구를 참고하면, PBS의 실행은 교사들을 학생 관찰 기록함에 학생을 점검하고 의사결정을 내리는 데 도움이 된다고 보았다.

아이들을 계속 지속적으로 관찰할 수 있다는 게 큰 장점이 되기도 하는데.
정말 심각한 문제행동을 하는 학생이 있는 경우에는 초등학교 담임교사가
너무 힘들어지는 거죠…(이하 생략)
(초등학교 교사 A, 박상현·강영모(2024) p.92에서 재인용)

하루 종일 붙어 있지는 않지만 좀 다른 과목 선생님들과 협력하면 (관찰과 기록이)
충분히 가능하다는 생각이 들고…(이하 생략)
(중학교 교사 B, 박상현·강영모(2024) pp.92-93에서 재인용)

초등학교 교사와 중학교 교사가 PBS를 활용하는 정도의 차이는 있을 수 있으나, PBS를 실행함으로써 학생의 관찰과 기록이 교사의 개인 업무가 아닌 교사 간 협력을 이끌어 낼 수 있어 학교 차원으로 정서위기학생을 도울 기회가 될 수 있다.

서울시교육청(2024)은 교육현장 내 예방적인 시스템을 구현하여 학교현장 내 정서위기학생 지원을 위한 내실화를 위해 「교실 속 정서행동 위기학생 지원 방안」을 제안했다. 이는 교실 내 욕설, 신체적 공격 그리고 교실 이탈 같은 학생의 행동 문제로 생활지도에 어려움을 겪는 교사들을 위한 다층적 지원 방안으로, 궁극적으로 학생의 심리정서 및 행동영역을 아우르는 학생의 전인적 성장 발달을 촉진하는 방안이라 할 수 있다.

232쪽 도표와 같이 정서·행동위기 학생을 돕기 위한 추진 방향은 '예방적 지원', '전문적 지원', '집중적·개별적 지원'으로 구분되어 세부 사업과 연계되어 있으며, 추진 과제에 행위자의 접근으로 '학생', '교원'의 역할과 더불어 '학부모'의 역할을 제시한 것을 볼 수 있다.

이렇듯 이를 개인적인 교사의 역할과 업무로 보기보다 교육청 차원으로 확대하여 정서위기 학생 지원을 위한 추진 방향과 함께 다양한 사업이 구조화되어 제안된 것은 학생의 심리정서 이해와 돌발 행동에서 위기 상황을 적극적으로 예방하고자 하는 안전망의 초석을 다지는 모습으로 볼 수 있다. 또한, 위기학생 지원 역할 세분화는 기존 교사의 '생활지도' 영역으로 보았던 교실 내 학생 문제행동 교정을 교사가 감당하고 해결해야 할 업무로 보기보다 학생, 교원 그리고 행동중재전문가 같은 전문가가 함께 학교 현장에 깊숙이 개입하며 교육공동체의 모습으로 교육 환경을 개선하고자 하는 노력이 엿보인다.

더 나아가 정서위기 학생을 돕고자 노력의 대상을 학교 안팎으로 넓혀 학교 안 구성원의 노력뿐만 아니라 협력 주체로서 '학부모'를 주요 교육구성원으로 보며 정서행동위기학생의 효과적인 지원을 위한 노력으로 학교-가정 간 연계 문화를 정착하고자 노력함으로 볼 수 있다.

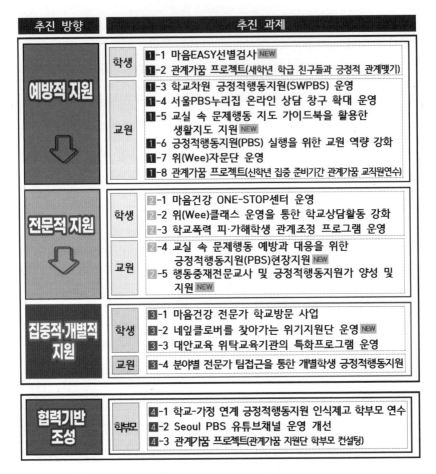

〈교실 속 정서행동 위기학생 지원 방안 추진 방향(서울시교육청, 2024)〉

3차원 접근: 구조, 문화, 구성원

정서적 위기에 처한 학생을 돕기 위해 다양한 지원 방안이 교육청 차원에서 학교 내에서 제공되고 실시되는 것은 매우 바람직한 일이다. 하지만 이런

모두 아픈 학교, 공동체로 회복 하기

역할을 교사의 개인 업무로 한정하고 그들이 해결해야 할 몫으로 두기에는 교사가 학교에서 감당해야 할 역할이 너무 많다. 따라서 교육청과 학교는 학교와 교실 상황의 맥락을 이해하고 학생들의 행동 변화나 정서적 문제를 조기 인식하며 개입하기 위한 적극적인 관심을 표해야 할 것이다. 이를 위해 학생들이 일과 중 가장 많은 시간을 보내는 학교를 안전하고 편안한 환경으로 조성하는 데 집중해야 하며, 구조적, 문화적, 구성원적 차원 등으로 환경 조성을 제안할 수 있다.

• 구조적 차원

구조적 차원에서는 정서적 위기학생을 지원하기 위한 체계적 시스템 구축이 필요하다. 앞서 살핀 서울특별시교육청의 '교실 속 정서행동 위기학생 지원 방안(서울시교육청, 2023)'은 교육행정기관을 중심으로 위기학생을 지원할 수 있는 종합적이고 체계적인 구조가 마련한 첫 번째 사례다. 교육청이 지속적으로 학교와 협력하여 위기학생 지원을 위한 예방적, 전문적, 개별적 지원 등을 마련하며 교사들이 이러한 지원을 잘 활용할 수 있게 함으로써 학교 현장에서 효과적으로 운영되는 것이 중요하다. 교육청 차원의 방안을 넘어 정서행동 위기학생 지원에 관한 법률도 필요하다.

• 문화적 차원

문화적 차원에서는 학교 내 긍정적이고 포용적인 분위기 조성이 중요하다. 이를 위해 우선적으로 정서위기학생 지원 방안 구조를 마련함으로써 교사는 교육청의 정책을 적극적으로 수용하고 이해도를 높여야 한다. 긍정적인 교실 분위기를 조성하려는 노력은 정서적 위기학생뿐만 아니라 일반 학생들의 학교생활 만족도를 높이는 데 충분히 기여할 수 있을 것이다. 이를 위해 학교 차원에서는 정서위기학생을 이해할 수 있는 정기적인 워크숍, 세미나 등을 실시함으로써 교사와 학생 간 소통을 넓히고 정서적 문제에 대한 인식을 높이는 활동을 할 필요가 있다.

● **구성원적 차원**

구성원적 차원에서는 교사와 부모, 학생 간 관계 구축과 학교 관리자의 역할이 중요하다. 우선, 교사와 부모는 학생에 대한 이해와 함께 충분한 관계를 맺는 것이 필요하다. 교사와 부모의 지속적이고 계획적인 만남을 통해 교사는 학생에 대한 이해도를 높이고 부모는 교사를 신뢰하여 학생이 학교에 잘 적응할 수 있도록 도와야 한다. 이러한 관계 맺음은 학생이 학교생활에서 안정감을 느끼게 할 것이다.

하지만 정서행동 위기학생 지원은 교사에게 또 다른 업무가 될 수 있다. 현재 교사들은 수업 외 행정업무로 부담을 받고 있기 때문이다. 따라서 교사의 적극적인 참여 동기를 유발할 수 있는 심리적 조건을 충족시키는 것은 학교 관리자의 역할이라 할 수 있다. 학교 관리자는 교사의 참여 동기를 유발하기 위해 그들의 '무관심 지대(zone of indifference)'를 이해하고 학교 내 '참여장치'를 마련해야 한다. 브리지스(Bridges, 1967)에 따르면 교사는 교실 내 수업과 관련된 교수법, 수업 내용 및 평가 방법 등을 제외한 사안을 무관심지대로 보았다.

이 때문에 학교 관리자는 교사의 무관심지대에 속하는 사안과 그렇지 않은 사안을 잘 구분하여 교사의 참여 정도나 범위를 잘 파악하고 그들이 적극적으로 업무에 참여할 수 있는 장치를 마련하는 것이 필요하다. 이를 통해 교사의 개인적 목표와 공식적인 목표가 일치하게 하고 궁극적으로 개인적 목표와 범위에서 공식 목표가 속하게 되는 재구조화의 변화를 일으키도록 노력해야 한다.

모두 아픈 학교, 공동체로 회복 하기

현재 서울시교육청을 시작으로 정서위기학생 지원 체제를 마련하여 운영하는 것은 정서행동 위기 학생을 돕는 것은 물론 그들의 미래와 학교 내 전반적인 환경의 투자가 될 수 있다. 학생의 정서적 안정은 학생이 학교에서 성공적으로 배우고 성장할 수 있는 기반을 제공할 수 있을 것이다. 이러한 노력이 지속될 때 모든 학생은 현재보다 안정감 있고 안전한 환경에서 학습하고 성장할 수 있을 것이다.

참고문헌

- 교육부(2023). 2023 학생정서·행동특성검사 및 관리 매뉴얼. 교육부.
- 김동일, 고은영, 고혜정, 김병석, 김은향, 김혜숙, 박춘성, 이명경, 이은아, 이제경, 정여주, 최수미, 최종근, 홍성두(2016). 특수아 상담. 서울: 학지사.
- 김수희, 김수연, 김혜랑, 김현령(2022). 긍정적행동지원, 학급긍정훈육법, 회복적생활교육에 대한 초등학교의 인식 비교. 통합교육연구, 17(1), 81-109.
- 박상현, 강영모(2024). 일반학교의 정서행동 위기학생을 위한 긍정적행동지원 참여자의 인식과 경험, 지원 요구: 포커스그룹인터뷰. 행동분석·지원연구, 11(1), 79-111.
- 서울시교육청(2024). 정서행동 위기학생 지원방안 보도자료. 서울시교육청.
- 한유경, 김성기, 박정희, 박주형, 선미숙, 오인수, 윤미선, 이언조, 이윤희, 이지은, 전수민, 정제영, 황혜영(2018). 학교폭력 예방 및 학생의 이해. 서울: 학지사.
- Dulcan, M. K. & Lake, M.(2011). Concise Guide to Child and Adolescent Psychiatry. 김정민 역(2013). 아동과 청소년을 위한 정신건강. 서울: 학지사.

모두 아픈 학교, 공동체로 회복 하기

상식과 소통의 학교공동체 만들기

서용선

1. 상식과 소통의 문제

교권과 학교공동체 회복 역시 교육과 교육 주체들의 문제이기에 교육적 성장은 물론 교육 주체들의 성장을 위한 토대에서 시작된다. 관련 법과 제도 또한 이와 무관할 수 없다. 여기서 눈여겨볼 관점이 '신제도주의(new institutionalism)'[1] 관점이다. 신제도주의는 사회 현상을 제도와 행위의 상호작용으로 설명한다. 이는 제도가 행위를 규정하지만, 행위가 제도를 변화시킬 수도 있다는 것이다.

그렇다면 교권 문제가 발생했을 때, 법과 제도만으로 해결할 수 있다고 보는 관점에서 벗어나 이로 인한 파장을 설명해내고, 교육 주체들의 상호작용을 통해 더 나은 법과 제도를 만들어가는 것이 필요하다. 교권 5법 같은 형식적 제도뿐만 아니라, 관행이나 문화도 제도에 포함시켜 변화시키는 일은 매우 중요하다. 교사와 학부모는 물론 학생들까지도 제도 행위자들이기에 기존 제도의 문제점을 인식하면서 제도 가운데 일부 구성 요소를 변화시키거나 제

---

1   구제도주의(old institutionalism)는 특정 정치체제를 기반으로 국가 기관의 공식적인 구조와 법체계에 대한 '기술'을 강조하는 반면, 신제도주의(new institutionalism)는 제도와 행위의 상호작용으로 보면서 사회현상을 '설명'하는 데 주안점을 둔다.

대로 된 운영을 통해 바꿀 수도 있기 때문이다.

이를 가능케 하는 데는 '상식(common sense)'과 '소통(communication)'이 근간에 자리 잡고 있다. 교육에서 상식과 소통의 중요성을 강조한 사람이 바로 듀이(John Dewey)인데, 그는 이렇게 말했다.

'공동(common)', '공동체(community)', '의사소통(communication)' 같은 단어는 글자가 유사한 것 이상의 연관성이 있다. 사람들이 '공동체'에서 살아가는 것은 그들이 무엇인가를 '공동'으로 갖고 있기 때문이며, '의사소통'은 그 '공동'의 것을 갖게 되는 과정이다. 사람들이 사회를 이룩하기 위해 공동으로 지니고 있어야 하는 것은 목적, 신념, 포부, 지식, 공동의 이해, 또는 사회학자들이 말하는 공동의 마음가짐(like-mindedness)이라는 것이다. 의사소통, 그리고 그것으로 인한 공동의 이해에 참여, 이것이야말로 사람들이 유사한 지적·정서적 성향을 갖게 하며, 기대와 요구조건에 유사한 방식으로 반응할 수 있게 해준다.(Dewey, 1916)

듀이에 따르면, 공동체에서 중요한 것은 '상식과 소통을 충분히 갖는 일'이다. 학교공동체를 만드는 데 교육 주체들의 풍부한 상식과 충분한 소통은 반드시 전제되어야 한다. 그래야만 공동체가 의미가 있고 오래가기 때문이다.

'상식'은 공동체가 지닌 '공동의 그 무엇'이다. 소통은 공동의 '그 무엇을 갖게 되는 과정'이다. 그 가운데 상식은 교육 주체가 교육적인 관심사와 흥미가 많고 다양해야 한다는 점을 말한다. 상식을 폭넓게 갖추려면 인간 본성에 있는 '충동'과 '습관'과 '지성'의 유기적인 흐름이 중요하다. 혁신학교를 예로 들면, 혁신학교는 학교라는 시간과 공간 속에서 교육 주체들의 욕망과 이해관계가 서로 다르지만 지성을 모아가면서 교육적인 상식을 넓혀 왔다고 볼 수 있다. 이렇게 되려면 '공통적인 것'을 최대한 확장하고 경험의 질을 높여가는 일에 최선을 다해야 한다.

'소통'은 상식을 기반으로 양자의 활동(action)과 상호작용(interaction)과 교섭작용(transaction)이 상시적으로 이뤄지는 과정을 말한다. 소통하려면 일단 교육 주체들이 평등하면서도 위아래가 쉽게 만나고 활동이 많아야 한다. 교사들은 만나서 많은 대화를 나눠야 하고, 수업에서도 대화와 작업과 표현이 활발하게 이뤄져야 소통이 가능해진다. 이를 제대로 주고받는다면 서로 변하는 교섭작용까지 나아갈 수 있다. 대화하고 배우면서 함께 성장한다는 말은 이럴 때 쓰는 것이다. 아래 그림은 이를 더 확장시켜 공동체로 가는 길을 보여준다.

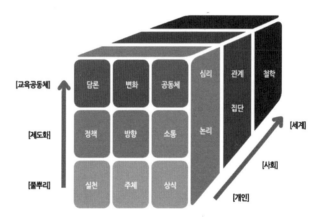

(서용선, 2014)

〈학교공동체 구축을 위한 프레임〉

이 그림은 교육공동체를 위한 새로운 프레임으로 '담론-정책-실천'과 '주체-방향-변화'와 '상식-소통-공동체'를 종횡으로 교차시켜 교육공동체로 가기 위한 큐브 프레임이다. 공동체는 상식과 소통을 기반으로 형성되고, 담론과 변화가 지속가능하면 형성된다. 공동체로서 학교는 각자의 색깔(담론)이 있고, 변화(성장과 재구성)가 있다. 혁신학교의 성공 척도가 공동체였음을 인식한다면, 다른 교육정책이나 활동도 이 지점까지 나아가야 한다. 사실 교사 공동체가 없으면 어떤 정책과 실천도 실패한다. 교사와 학생 공동체가 없으면 수업도 평가도 교육과정도 어려워진다. 교사와 교장(감) 공동체가 없으면 학교 조직과 문화 형성이 힘겹기 그지없다. 이 모든 것에 학부모의 결합과 참여는 매우 중요하다. 학교와 교육청도 공동체 관계가 형성되지 않으면 어려움에 부 딪힌다.

2. 학교공동체와 민주주의로 가는 길

듀이는 상식과 소통을 기반으로 한 교육공동체를 강조했다. 그는 교육을 어떤 외부적이고 인위적인 목적도 부과할 수 없는 '성장 그 자체'로 보면서 지 속적으로 '재구성'해 가야 한다고 주장했다. 그렇다면 학교는 사회와 동떨어 진 별개의 속성과 내용을 지닌 조직 체계가 아니라 하나의 작은 사회(micro-society)가 된다. 학교는 가장 인간적이면서 민주적이면 공동체다운 운영을 하 면서 교육적으로 이루어지는 조직체가 된다.

듀이의 공동체 논의에서 빠뜨릴 수 없는 부분이 '민주주의'이다. 잘 알려진 '생활양식으로서의 민주주의(democracy as a way of life)'는 공동체 형성의 근간 을 이룬다. 듀이는 생활양식으로서의 민주주의를 "단순한 정부 형태가 아닌 보다 근본적으로 공동생활(associated living)의 양식이고, 경험을 전달하고 공 유하는 방식(conjoint communicated experience)"이라고 말한다. 흔히 알고 있는 선거를 통한 정부 구성이나 법을 제정하고 정부가 행정을 집행하는 방식보다 민주주의가 훨씬 광범위하고 심오하다.

듀이는 '생활양식'을 말하면서 '공동생활'과 '경험의 전달과 공유'라는 말을 같이 사용한다. 상식적인 수준에서 인간의 삶이란 공동체에서 함께하는 삶 이고, 그 속에서 수많은 개인의 다양한 경험이 상호작용한다. 그는 '공동생활' 에 대해 "이것은 대체할 수 있는 하나의 대안이 아니라 더불어 함께하는 '사회 생활 그 자체'에 대한 관념"이라고 말한다. '경험에 대한 전달과 공유'에 대해서

모두 아픈 학교, 공동체로 회복 하기

는『경험과 교육』(1938)에서 제시된 계속성과 상호작용의 원리[2]와 연관해서 그 의미를 부여한다. 생활양식이 다른 대체물이 있는 것이 아니라 생활과 경험을 본위에 두고 있음을 강조한다.

두 가지 핵심 개념인 '흥미 혹은 관심(interest)'과 '상호작용(interaction)'은 생활양식과 민주주의의 방향을 말해준다. 관심은 '공동 관심사'여야 하고, 그 '양과 질'이 담보되어야 하며, '사회통제 방식'으로 더 많이 의존해야 민주적이다. 상호작용은 '집단 간에 자유'로우면서 '상호 변화'를 가져와야 민주적이다.

「생활양식으로서의 민주주의」라는 논문을 쓴 오코너(1999)는 듀이 민주주의 개념에 세 가지 원칙이 있다고 한다. 첫째, 민주주의에는 '인간 본성에 대한 신념'이 들어있다. 공동체 안의 인간 본성도 마찬가지다. 즉, 듀이는 전체주의만이 민주주의의 위협이 되는 것이 아니라 대중사회가 되면서 우리 안의 개별적인 태도나 외적으로 부가된 제도나 권위에 의해서도 언제든지 민주주의는 위협받을 수 있다고 한다. 그래서 모든 개별적인 일상인으로부터 진리가 아닌 신념으로서의 민주주의에 대한 희망을 찾아야 한다고 주장한다.

둘째, 민주주의에는 '개인이 누릴 자유의 가치'가 들어있다. 공동체 안의 개인도 마찬가지다. 물론 자유의 이념은 자유주의 전통에 있는 것이지만, 원리가 아닌 신념 속에서 소극적인 자유에서 벗어난 적극적인 자유를 강조한다. 지속적으로 변화하는 세계에서 진정한 자유는 인간의 잠재력을 실현하는 것이고, 이를 가능케 하기 위해서는 생활양식으로서의 민주주의가 요구된다.

셋째, 민주주의에는 '자치(self-rule)에 대한 인식'이 있다. 자치야말로 민주적인 공동체의 핵심 가치다. 한 사람 한 사람이 경험을 통해 스스로 통치에 참여하는 자치에 대해 인식하는 것은 민주주의에서 가장 중요한 일이다. 민주

---

2 계속성의 원리와 상호작용의 원리는『경험과 교육』(1938)에 등장한다. 이는 경험의 가치를 판단하고 경험을 설명하는 원리로서 어떤 경험이 교육적인 가치가 있는지 평가하는 척도가 된다. 계속성의 원리는 경험의 종적인 측면을, 상호작용의 원리는 횡적인 측면을 담당한다.

주의는 철학적인 정당화로 지지되는 것이 아니고, 설령 그렇게 된다 하더라도 파시즘이나 전체주의를 극복할 수 없다. 자치가 있어야 민주주의가 이루어지고 공동체가 형성된다.

공동체 논의의 또 하나의 축이 그 유명한 '경험의 재구성'이다. 듀이에 따르면, 경험의 재구성이야말로 너무나 친숙하고 배타적으로 붙어 있는 문제들로부터 철학을 해방시키는 시도이다. 그는 현재의 조건에 적합한 자기주장과 전통적인 주장을 대립시켜 공동체 속에서 경험의 재구성과 관련해 다섯 가지 내용을 제시한다.

첫째, 듀이는 경험을 '지식의 문제로서 경험'을 다루는 것과 달리 '경험과 환경의 교섭'을 강조한다. 경험과 환경의 끊임없는 교섭으로 보아야만 누군가의 경험이 역동적일 수 있다. 공동체도 마찬가지로 경험이 환경과 맞닿아 교감을 이루고 변화를 이뤄야만 진정한 공동체로 나아갈 수 있다. 경험과 환경의 교섭이야말로 역동적인 공동체로 가는 길인 것이다.

둘째, 흔히 '경험의 주관성'만 강조하지만, 듀이는 '경험의 객관성'도 강조한다. 듀이의 경험에는 '공통적이고 객관적인 세계'가 얽혀 있다. 공동체야말로 구성원이 경험의 객관성을 나누면서 경험의 폭과 깊이도 넓어지고 깊어지는 존재다.

셋째, 듀이는 '과거의 범주 안의 경험'이 아니라 '실험과 변화에 의한 미래지향적 경험'을 강조한다. 그는 "기대가 회상보다 더욱 근본적이고, 투사가 과거의 소환보다 더욱 근본적이며, 예견이 회고보다 더욱 근본적이다."라고 했다. 공동체는 과거 지향이나 낭만과 추억의 용어가 아니라 미래지향적이며 지속적인 실험과 변화가 있는 곳임을 적시한 것이다. 공동체 안에서의 기대, 투사, 예견은 공동체를 오랫동안 발전시키고 지속 가능하게 한다.

넷째, '개별주의와 일원론적인 경험'과 달리 듀이는 '질적이면서 역동적인 연관성과 연속성으로서의 경험'을 강조한다. 경험이란 일련의 상호 침투적인 상황으로 구성되어 있고, 이 모든 상황이 다른 상황들과 하나하나 역동적인 연관성을 지니는 것이다. 공동체야말로 서로 다른 상황 속에서 서로의 경험을 깊은 교감으로 나누면서 역동성의 고리를 이어나가는 존재임에 틀림없다.

다섯째, 듀이는 '경험과 사고의 대립'이 아닌 '경험에서 사고와 반성의 충만'을 강조한다. 그에 따르면, 경험은 사고나 이성이나 지성과 대립할 수 없는 개념이다. 의미 있는 경험은 불완전하더라도 사고가 반드시 개입되어 있다. 경험 속에는 추론이 충만하고 지성이 축적되어 있다. 좋은 공동체에서의 경험은 바로 이런 사고와 추론, 그리고 지성으로의 변화가 두드러진다.

생활양식으로서의 민주주의는 결국 공동체 속에서 생활 주체의 '참여'와 '의사소통'이 두드러지고 신념과 '지성'의 발달이 돋보인다. 경험의 재구성은 일상생활의 '계속성'과 역동적인 '교호작용' 및 '반성적 사고'가 드러난다. 이런 흐름을 정리하면 아래 표와 같다.

공동체의 기반

생활양식으로서의 민주주의		경험의 재구성	
참여	• 의사결정에 자발적 참여 • 구성원과 함께 가치 형성 • 다수의 가치 공유와 기회균등 • 다양한 활동과 경험에 참여	• 계속되는 학습자 일상생활의 경험 • 경험의 역동성과 연속성 • 경험이 갖는 과거-현재-미래의 연관성 • 이성과 지속적인 융합이 되는 경험 • 본질적 가치와 도구적 가치의 계속성	계속성
의사 소통	• 참여와 공유의 전제조건 • 자유롭고 개방적인 의사소통 (자유 모임, 의견교환, 대화 등) • 공동으로 갖는 것과 공동체를 형성하는 것	• 교수자와 학습자 사이, 학습자들 사이, 학습자와 학습자료 사이 등의 상호작용 • 외부 상황의 매개를 통한 활동이나 인간의 인식과정 자체 • 지적 방향성 • 시간적으로 연장되고 공간적으로 확대 된 광범위한 인식작용	교호 작용

지성	・지성적인 판단과 행동에 대한 신념 ・자유로운 의사소통의 결과로 지성에 기초한 자발적인 선택 ・구성원에게 부여된 지적인 기회 균등 ・가변적, 역동적, 미래지향적 역할 ・사회적 또는 공동체적인 사회적 지성	・경험에 내재된 사고로서 우발적인 사고로부터 계속적 사고와 탐구의 결과까지 ・추상적 추론 의식뿐만 아니라 삶 속의 구체적 문제해결 과정과 실천적 행위 ・탐구와 동일한 과학적·실험적인 사고와 방법 ・미래의 전망, 예측, 예견 또는 예언을 포함한 반성적 사고	반성적 사고

3. 공동재(common goods)로서의 학교를 위한 법과 제도는 불가능한가?

제21대 국회에 발의된 법안들 중에는 '공동체'라는 말을 공식적으로 쓴 몇 몇 법안들이 있다.

제21대 국회 발의 법안 중 '공동체' 용어 사용 법안

의안번호	의안명	제안자명	제안일자
2124807	골목상권 공동체 육성 및 활성화 지원을 위한 특별법안	이동주 의원 등 18인	23.09.27
2114088	농촌 지역 공동체 기반 경제·사회 서비스 활성화에 관한 법률안	서삼석 의원 등 10인	21.12.24
2113383	마을공동체 및 지역사회혁신 활성화 기본법안	서영교 의원 등 14인	21.11.18
2113133	마을교육공동체 활성화 및 지원에 관한 법률안	권인숙 의원 등 13인	21.11.04
2107496	마을공동체 기본법안	진선미 의원 등 10인	21.01.19
2104140	마을공동체 활성화 기본법안	이해식 의원 등 41인	20.09.23

이 같은 사실은 '학교공동체'를 지향하는 개별 법안 발의가 가능하다는 것을 말해준다. 신제도주의 관점에서 보면, 교권에 대한 목소리는 학교공동체에 대한 제도적 목소리를 크게 담고 있다.

우리가 알고 있는 학교는 근대 자유주의, 근대 민주주의, 근대 산업주의

모두 아픈 학교, 공동체로 회복 하기

시대라는 근대 모델이다. 19세기에 본격 시작되어 20세기를 거쳐 지금에 이르고 있다. 개인의 자유와 합리성을 성장시키는 곳으로 학교를 상정했고, 민주시민교육으로 대표되는 민주주의와 공화주의의 제도화된 곳으로 학교를 보았으며, 기계로 상품을 찍어내는 공장 같은 모습으로 학교를 바라보았다. 관점의 차이는 있지만 이런 모습에서 현재 우리나라 학교의 모습이 얼마나 바뀌었는지 성찰해야 한다. 서이초 사태로 인한 교권 문제는 이런 학교와 마주하고 있다. 어떤 학교공동체를 상상하고 만들어가야 할까?

공동체 담론은 오래된 이야기로, 정치학과 사회학에서는 아주 오래된 전통적인 주제다. 공동체 자체가 미래 대안으로 언급되지만, 반대로 '무비판적 공동체 지향'의 문제를 지적하는 사람도 있다. 도시를 언급하며 '공동체는 없다'거나 '공동체의 지향점이 설정되어 있지 않다'고 보기도 한다. 하지만 이는 공동체의 중첩성과 유연성을 간과한 것이고, 축적된 공동체 담론에 대한 역사·문화적 전개를 인정하지 못한 것이다. 학교마다 차이는 있지만, 교실공동체, 학년공동체, 동아리공동체, 학생공동체, 교사공동체, 학부모공동체, 마을교육공동체 등 중층의 공동체들이 있다.

'학교'와 '공동체'라는 양자의 개념이 결합된 근대 개념의 '학교공동체'도 충분히 갖춰지지 않았으며 단계별로 진화해야 한다는 주장은 필수적인 것은 아니다. 어느 단계의 공동체를 거쳐야 그다음 단계로 나아가는 것이 아니라는 말이다. 사회구성체로서 학교에 대한 상은 그 사회가 만들어가는 일이기 때문이다. 미래교육, 미래학교 등 기존 학교에 대한 변화를 촉구하는 수많은 담론, 이론, 정책들이 쏟아져 나오는 상황에서 학교공동체 또한 상상과 도전의 영역인 것이다.

교권에 대한 논의 안에서 학교공동체 구축은 공동체 개념에 있는 의미론적 혁신들을 요구한다. '공동체를 발견하는 것', 이것은 단순히 '모여 있다'는 차원의 사회 개념이 아닌 공동체 개념을 더 정확히 규명하기 위한 조건이다

(Rosa et al, 곽노완·한상원 역, 2017: 36). 새롭고 예리해진 공동체에 대한 사유가 지금 필요하다.

듀이(1927)는 "민주주의는 공통의 삶에 대한 다른 원칙들의 대안이 아니다. 그것은 오히려 공동체 자체의 이념이다."라고 했다(듀이, 정창호·이유선 역: 148). 민주주의, 삶, 공동체의 연관성과 가치를 강조한 것이다. 그가 강조한 실험학교의 모습도 민주주의학교, 공동체학교, 지역사회학교였다. 그러면서 듀이는 공동체를 이렇게 정의 내린다.

> 공동체에 참여하는 모든 개별 인격체들에 의해 좋은 것으로 간주되는 하나의 연합된 활동이 존재하는 곳에서, 그리고 만인에 의해 공유되는 선을 유지하기 위한 활력 있는 요구와 노력을 촉진하는 방식으로 선의 실현이 존재하는 곳에서 공동체는 존재한다.(듀이, 정창호·이유선 역: 148)

민주주의가 공동체이고, 누구나 선의만 있다면 공동체가 존재한다고 하면, 교권은 교사민주주의이고, 학교공동체는 학교민주주의의 다른 이름일 것이다. 그런 공동체에서 강조되어야 할 것은 '함께 어울림', '우리가 아닌 사람들과 경계 짓기', '함께 속해있다는 감정', '공유되는 관심', '상호주관적으로 인정되는 가치 형성' 그리고 '공통의 상호행위의 시공간'이다(Rosa et al, 곽노완·한상원 역, 2017: 59).

교권을 말하는 서이초 사태로부터 학교공동체를 연결하려는 시점에서 중요한 것은 전통적으로 제시되던 연관성에서 벗어나려는 새로운 방식의 공동체 사유다. 교권 확립이 목표였는데, 응집된 운동에너지가 학교공동체 논의와 맞닿아 있다면 새롭게 정리할 개념과 전략이 요구된다. 여기서는 '공동재(common goods)로서의 학교'를 학교공동체 논의의 출발점으로 삼고자 한다. 쉽게 말하면, 공동재는 버스 타고 학교 갈 때를 생각하면 쉽다. 버스가 지나

모두 아픈 학교, 공동체로 회복 하기

온 길, 버스가 도착한 학교, 심지어 버스 자체도 공동재다.

공동재는 사회 전체에 이익이 되는 모든 것으로, 공동재로서의 학교 또한 사회 전체에 이익이 되는 방향을 요청한다. 교권 확립이 사회 전체의 이익이 되는 길은 어떤 것인지, 교권 확립에서 시작되는 학교공동체는 어떤 것인지 밝혀내는 일이 공동재로서의 학교에서는 중요하다.

문화인류학자 하이드(Lewis Hyde)는 공동체의 어원을 다음과 같이 밝혔다. 'common'은 '함께'라는 의미의 'com'과 '의무를 진다'는 뜻의 'munis' 혹은 'munus'에서 온 'munia'가 어우러진 말이다(Hyde, 전병근 역, 2022). 앞서 데리다가 지적한 대로, '함께 의무를 지는 것'이다. 그래서 공동재는 배타적 경쟁과 불로소득의 승자 게임이 아닌 시민 협력과 공생 가치를 확대하는 실천적 상상력이 살아나는 장(場)이 된다. '미치광이 시장'과 '무능한 정부' 사이에서 이를 외면하지 않으면서도 상호부조의 시민력을 강화하는 가치다. 시민들 스스로의 협력 관계이자 공동 소유에 기초한 '반-인클로저'의 실천 운동에 가깝다(이광석, 2021: 106-107).

학교라는 공동재는 단순한 물리적 장소나 텅 빈 주인 없는 공간이 아닌 이미 그곳에 특정 구성원들의 사회적 관계가 존재하고, 이들 구성원 공동체의 규칙 개념이 굳게 터 잡고 있는 어떤 것이라고 볼 수 있다(이광석, 2021: 108). 여기서 교사는 일종의 커머너(commoner)가 되어 정서적·사회적 관계를 맺어주는 역할을 한다. 공동재로서 공동체(community)에서는 공통적인 것(the commons)을 호혜적인 방식으로 창출하기 위한 상호 공통감각(common sense)을 기르는 일이 중요해진다. 교사는 동료 교사와 공동 행위와 실천을 하면서 공동화 과정(commoning)을 함께하고, 공통의 의사결정, 네트워킹, 책임과 프로젝트 그리고 상호 의견 조정 등을 하게 된다. 이런 공동화 과정은 생태학적으로는 외부 침입자에 의한 충격을 예방하고, 공동체의 '지속가능성'과 '회복력'을 돕는다. 그렇다면 교권 확립의 궁극적인 방향도 '학교공동체를 해치는 외부 침입을 막는 동시에 학교공동체의 지속가능성과 회복을 위한 것이 된다.

공동재와 비교되는 개념은 '공공재(public goods)'와 '공유재(sharing goods)'다. 학교를 공동재로 인식할 때 강점은 공공성과 공유성을 함께 견인할 수 있다는 점이다. 반대로 공공재로 가면, 정부 중심의 경직된 관료화로 공동체 형성이 어렵고, 공유재로 가면 사유재와 밀접해져 공공성을 해치면서 모래알처럼 공동체가 사라질 수 있다. 공공재가 정부와 국가와 가깝다면, 공유재는 시장과 비교적 가깝다. 공동재는 '공동체 구성원들 공동의 것'이라는 의미를 함유하기에 시민사회에 가깝고, 국가와 시장을 무시하지 않는다(이동수 편, 2015).

앞서 푸코가 지적했듯이, 공동성을 통하면 시민참여가 활발해지고, 더 많은 논의를 통해 교육 주체들에게 더 가깝고 용이한 민주적인 학교를 지향할 수 있게 된다. 학생 참여, 교사 참여, 학부모 참여, 지역주민 참여가 상식이 된다. 여기서 중요한 것은 상식(common sense)이 소통(community)되어야 한다는 점이다. 서이초 사태는 '학교를 통한 학생의 사회적 성장'이라는 상식에 대한 공감이 부족했고, 소통은 더욱 미흡했음을 말해준다. 학교공동체로 가려면 공동재로서의 학교에서는 소통이 중요한 기제가 된다.

권력이 한 장면에서 다른 장면으로 저절로 옮겨가지 않는다는 것을 우리는 쉽게 잊는다. 물론 현실에서 우리 역할은 끊임없이 변하며, 그에 따라 권력관계에도 변화가 생긴다. 권력을 잘 사용하려면 각각의 새로운 역할을 진지하게 받아들여 어떻게 연기할지 정해야 한다(Gruenfeld, 2020; 김효정 역, 2023: 151).

이를 교육적으로 폭넓게 지적한 보고서가 'UNESCO 2050 미래교육보고서'다. 여기서 '공동재로서의 교육'에 대해 이렇게 말한다.

공동의 사회적 노력으로서 교육은 공동 목표를 세우고 개인과 공동체가 함께

모두 아픈 학교, 공동체로 회복 하기

발전할 수 있게 해준다. 교육을 위한 새로운 사회계약은 교육에 대한 공공자금의 투입을 보장하는 것에 그쳐서는 안 되며, 교육에 관한 공적 토론에 모두가 함께할 수 있도록 사회 전체적 참여를 보장해야 한다. 이렇게 참여를 강조함으로써 교육은 공동재(common good), 즉 함께 선택하고 성취하는 공유하는 웰빙(shared well-being)의 형태로서 의미가 더욱 커진다(UNESCO, 2021: 7).

공동재로서의 교육, 공동재로서의 학교에서 중요한 것은 공동지식관과 지식의 창조다. '지식은 공동의 것', '지식은 만드는 것'이라는 인식이 바탕에 깔려 있어야 하고, 수업과 교육과정 활동이 공동의 것으로 받아들여져야 한다. 지식 창조는 교과 체계 이상으로 다중적이고 횡단적이어야 하며, 지식과 역량이 서로 보완하면서 강력한 지식으로 형성되어야 한다고 지적한다. 이 지식을 학생들이 만들 수 있도록 교사의 변혁적 주체성을 강조한다. 이를 이한 교육 재건에 대해 다음과 같이 제안한다.

교육 방식은 협력과 공동 작업, 연대의 원칙을 기반으로 조직되어야 한다. 이를 통해 학생들이 함께 공부하며 공감과 연민을 가지고 세계를 변화시킬 수 있는 지적·사회적·도덕적 역량을 함양하게 해야 한다. 편향성과 편견, 구분(divisiveness)에 대한 탈학습(unlearning)도 필요하다. 평가는 모든 학생의 의미 있는 성장과 학습을 촉진하는 방식으로, 이런 교육학적 목표들을 반영해 이루어져야 한다(UNESCO, 2021: 9).

유네스코가 지향하는 방식은 '교육을 위한 새로운 사회계약'이다. 공동의 사회적 노력으로 교육의 공동목적을 구축하고, 개인과 공동체 모두 번영하며, 공공자금과 공개토론 모두를 포함시킬 수 있다는 사회 전반의 약속을 내건 것이다.

참고문헌

- 이광석(2021), 피지털 커먼즈, 갈무리.
- 이동수 편(2015), 정부의 재발견: 공공성과 공동성 사이에서, 인간사랑.
- Dewey, J. (1916). Democracy and Education. MW9: 1-370.
- Dewey, J. (1927). The Public and Its Problems, LW2: 235-372.
- Dewey, J. 홍남기 역(2010), 현대 민주주의와 정치 주체의 문제: 존 듀이의 민주주의론, 씨아이알.
- Rosa, H., et al. (2011), Theorien der Gemeinschaft, Zur Einfuhrung., 곽노완·한상원 역(2017), 공동체의 이론들, 라움.
- Hyde, L.(2019). The Gift: How the Creative Spirit Transforms the World., 전병근(2022), 선물: 대가 없이 주고받는 일은 왜 중요한가, 유유.
- Gruenfeld, D.(2020). Acting with Power., 김효정 역(2023), 수평적 권력, 센시오.
- UNESCO(2021), Reimaging our futures together: a new scial contract for education., 함께 그려보는 우리의 미래: 교육을 위한 새로운 사회계약, 유네스코 교육의 미래 보고서(요약본).

모두 아픈 학교, 공동체로 회복 하기

구조의 제약을 넘어 행위주체성 발현 공간으로

김성천

1. 구조와 인간의 관계를 설명하는 이론들

농산물을 보면 해마다 가격이 널뛰기하는 모습을 종종 볼 수 있다. 작년에는 수박이 비쌌는데 올해는 저렴하게 살 수 있다. 여러 이유가 있겠지만, 농부 입장에서는 '작년에 수박이 비쌌다고 하니 올해 수박을 심어야지' 하는 마음으로 농사를 짓는다. 하지만, 그런 판단을 내린 농부가 대다수라면 공급 과잉으로 수박값은 폭락할 수 있다. '올해 수박값이 떨어져서 손해를 봤으니 내년에는 심지 말아야지' 하는 마음으로 수박을 심지 않으면, 다시 이듬해에는 폭등할 수 있다. 이는 현상만 봐서는 곤란하고 전체적인 시스템, 인과 관계, 문제의 원인을 제대로 보고 통찰해야 한다는 점을 시사한다. 언론 기사를 보면 그런 경향이 있다. 예컨대, 수학능력시험이 쉬우면 '물수능'이라고 비판하고, 어려우면 '불수능'이라고 비판한다. 교사가 학생을 때리면 '학생인권이 중요하다'고 하고, 학생이 교사를 때리면 '교권이 중요하다'고 가변적으로 말하는 차원을 넘어서야 한다.

안토니오 그람시는 "이성으로 비관하되 의지로 낙관하라"는 명언을 남겼다. 일제강점기와 군부독재 시절을 생각해보면, 구조와 문화, 제도, 정치, 정책의 제약 속에서도 변화를 위해 몸부림쳤던 존재들이 있다. 상수리와 밤나

무가 베어져도 그루터기가 남아있는 것처럼, 구조의 제약에서도 균열과 변화를 위해 노력하는 사람들이 있다. 학교를 힘들게 하는 난점과 제약이 적지 않다. 강물이 바다로 향하는 여정을 포기하지 않듯이, 현장에서 해야 할 일을 해야 한다. 그러한 삶에 대한 의지와 태도, 행위를 행위주체성으로 규정할 수 있지 않을까?

사회과학을 관통하는 몇 가지 질문들은 다음과 같다.

① 미래사회는 주어진 것인가, 만들어가는 것인가(구성주의와 객관주의)

② 기술이 사회를 변화시키는가, 사회가 기술을 형성하는가(기술결정론과 사회형성론)

③ 구조가 인간의 삶을 정하는가, 인간이 구조를 만들어가는가(구조결정론과 인본주의론)

④ 정보사회는 산업화와 질적으로 다른 사회인가, 이윤 창출의 본질에서 동일한 사회인가(불 연속론과 연속론)

⑤ 미디어의 효과는 큰가, 작은가(대효과론과 소효과론)

⑥ 인간은 주도성을 지닌 존재인가, 주도성이 작은 존재인가(능동성과 수동성)

이러한 질문은 공통적으로 인간은 어떤 존재인가를 묻는다. 우리 주변을 보라. 한없이 무기력한 존재도 있고, 열정적인 존재도 있다. 입시와 학벌주의처럼 구조를 쉽게 바꿀 수 없으며 순응할 수밖에 없다고 하는 이들도 있고, 바꾸어야 하며 바꿀 수 있다고 하는 이들도 있다. 명문대를 과감하게 자퇴하거나, 남들이 선망하는 경로를 선택하지 않고, 내면의 목소리를 들으면서 대안적 삶을 당당하게 선택하는 이들도 종종 본다.

학교라는 공간도 행정상으로는 일종의 하급행정기관으로서 속성이 있기에 무수히 많은 법령과 상급기관의 방침으로부터 지배를 받는다. 이런 상황

모두 아픈 학교, 공동체로 회복 하기

에서 어떤 자율성을 어느 정도로 보장받을 수 있는가? 현재의 학교 상황에 위기가 찾아왔다면, 외부 요인과 내부 요인이 함께 작동했다고 봐야 한다. 우리나라는 어떤 사건이 터지면 부랴부랴 대책을 만든다. 그 과정에서 제도의 층이 하나하나 생기는데, 긍정적으로 보면 '신속 대응'이고, 부정적으로 보면 '땜질 처방'이다. 단적인 예가 학교폭력이나 체험학습 관련 매뉴얼이다. 사안 대응이나 업무 처리를 위해 단계와 절차를 나누어 체계적으로 안내한다. 이른바 업무 표준화를 만들어 효율적으로, 체계적으로 대응할 수 있게 한 장점도 있지만, 이 과정에서 교육의 가치는 점점 축소된다.

과거에는 교실에서 학교폭력이 터지면 심각하지 않은 경우라면 교사와 학생, 학부모 간 상담을 거쳐 화해하면서 마무리되었지만, 응보적 패러다임이 강화된 현 시점에서는 화해와 조정을 시도할 수 있는 교육적 공간은 매우 약화되었고, 행정과 사법 공간은 강화되어 있다. 앞선 글에서 일관되게 설명되는 문제의식이다. 교육청 행정심판위원회에 올라온 사안들을 보면 변호사를 대동하고 오는 가·피해 학부모들도 적지 않은데, 심각한 사안도 있지만 학내에서 충분히 소통으로 풀 수 있는 사안인데도 오해가 불신으로, 불신이 민원과 소송으로 이어지기도 한다.

결국 학교를 어떤 조직으로 바라볼 것인가의 문제로 귀결된다. 관료조직인가? 공동체인가? 물론 학교는 두 가지 속성을 함께 지닌다. 하지만 어디에 방점을 찍느냐는 학교의 풍토와 문화로 결정되며, 교육부나 교육청에서 학교 자치 공간을 어느 정도로 보장하는가에 따라 그 흐름이 달라질 것이다. 학교를 공동체로 규정한다면, 자치공동체나 차이공동체 속성을 지닐 것이다. 공동체는 이상적 지향점을 담고 있지만, 실재와는 간극이 존재한다.

공동체를 지향한다 해서 항상 긍정적 결과를 보장하지는 않는다. 공동체를 명분으로 학연, 혈연, 지연을 매개로 폐쇄성을 강화하면 '그들만의 리그'가 되기 쉽고, '우리'가 아닌 '그들'을 포용하지 못한다. 공동체라는 이름으로 배제의 논리가 작용하게 되면 부정적 의미의 '고인 물'이 되고, 시대 변화에 둔감하거나 부정부패를 묵인하는 상황으로 이어질 수 있다. 또한, 동질의 가치를 지나치게 강조하다 보면 다른 생각을 수용하지 못하게 되고, 오히려 혁신을 방해한다. 그런 점에서 폐쇄 공동체가 아니라 열린 공동체로, 차이와 다름을 부정하기보다는 차이를 이해하고 수용하기 위해 노력하는 '차이 공동체'를 지향해야 한다. 이 과정은 서로 '지지고 볶는' 지난한 상호작용과 관계의 축적, 세월의 힘, 비전과 문화의 지향과 공유 등이 결합할 때 가능해진다. 학교의 비전과 철학을 중심으로 강하게 뭉치는 학교가 있고, 그렇지 않은 느슨한 학교도 있다. 전자는 대안학교나 일부 혁신학교에서 그런 사례를 찾을 수 있다.

학교를 관료조직으로 보면, 정해진 절차와 규정대로 따라야 하고, 그 과정에서 자율성과 자치성을 온전히 보장받기는 어려워진다. 그럼에도 학교는 블랙박스로 취급받으면서, 자극과 반응의 공간으로 설정되어야 하는가? 탑-다운 방식으로 학교를 본다면, 정책을 기계적으로 집행(implementation)하는 기관으로 볼 수 있지만, 한편으로는 정책을 해석하고 번역하고 실행(enactment)하는 기관으로 볼 수 있다(ball 외, 2012). 물론 그 안에는 사람이 있다. 즉, 교육부와 교육청의 문서를 기계적으로 실행하는 존재가 아니라, 그 의미를 해석하고 번역하면서 학교의 상황과 맥락에 맞게 정책을 구성한다. 오순영(2020)은 학습공동체 정책이, 백용희(2022)는 고교학점제 정책이 학교에서 실행되는 과정을 분석했는데, 이 연구를 보면 학교 구성원들도 동일 집단으로 보기는 어렵다. 정책 해설자, 번역가, 실무자, 수용자, 비평가, 외부인 등 다양한 입장이 존재하며 상호작용과 조정의 역동적 과정을 거친다.

이런 관점에서 인간의 주체성과 주도성, 능동성에 주목할 필요가 있다. 정통 사회학에서 많이 논의했던 기능론이나 갈등론도 엄밀히 말하면 구조의 영향을 크게 보는 경향이 있다. 이에 대해 인간 스스로의 주체적 해석이나 상호작용을 강조하는 흐름이 미시 사회학 중심으로 나타났다. 마르크스의 영향으로 교육이 경제 구조의 영향을 받는다 해도, 교육이나 문화의 상대적 자율성에 주목했던 흐름도 존재한다. 그람시 역시 교육과 문화의 상대적 자율성을 강조했다.

근래 들어 행위자성이나 행위주체성(agency)을 강조하는 흐름이 나타나고 있다. 아래 그림은 비에스타가 강조한 행위주체성을 설명한다. 사람은 누구나 행위주체성이 있다. 그것을 발현할 수 있는 환경의 토대가 다를 뿐이다. 비에스타의 관점에 의하면, 교사들은 반복적 차원(개인의 인생 경험, 생애사)과 투영적 차원(단기적 지향, 장기적 지향)을 지니고, 학교 내에서 일종의 전략을 형성한다. 문화적·구조적·물리적 조건의 제약을 파악하면서 가능성을 모색한다. 이러한 토대를 바탕으로 행위주체성은 발현된다.

즉, 내가 평소 누구를 만났고, 어떤 상호작용을 하고 있느냐가 중요하다. 누군가가 어떤 아이디어를 내놓았을 때, "말을 꺼낸 당신이 하시오"와 "좋은 아이디어인데, 내가 무엇을 하면 좋을까?"는 이야기가 완전히 달라진다. 누군가가 "최대한 지원할 테니 맘껏 해보라"고 하는 것과 "그러다 잘못되면 누가 책임질 것인가"라고 하는 것은 전혀 다른 상황을 만든다. 성취 경험이 지속적으로 축적되는 직업적 경험을 우리는 얼마나 많이 갖고 있는가?

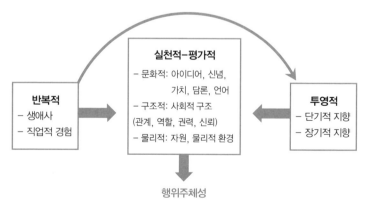

Figure 10.1 Teacher agency model.
(First published in Priestley, Biesta & Robinson, 2013)

2. 학교를 숨 막히게 하는 구조와 제도, 환경

학교공동체가 갈수록 어려워지는 이유는 무엇인가? 앞서 언급된 것처럼 김용(2017)은 교육과 사회의 영역에 법률이 침투하는 현상을 '법화' 혹은 '법화 사회'로 규정했다. 학교폭력 대응 등 매뉴얼과 지침이 교사를 보호하고 편리하게 일을 처리하게 하지만, 이 과정에서 교육의 가치가 침몰되기도 하며 자율성은 침식된다. 학교가 교육의 공간이 아닌 사법 공간으로 변질된다. 이런 현상을 조금 더 구체적으로 설명하면, 교육의 입법화, 행정화, 사법화의 경향성 강화다.

무수히 많은 법률, 시행령, 조례, 규칙, 지침, 공문 등이 생성된다. 규제가 많아지면 그만큼 자율성과 자치의 공간은 축소된다. 하버마스가 말한 대로, 행정체계가 생활세계를 침범하고 식민지화한다. 물론, 국회나 시도의회가 제정한 법률이나 조례가 무의미한 것은 아니고, 시대의 필요에 의해, 누군가의 요구에 의해, 어떤 문제와 사안에 대한 해결책을 위해 만들어진다. 그러나 애초에 기대했던 목표는 제대로 이루지 못한 채 엉뚱한 방향으로 이어지거나 예상치 못한 부작용이 발생한다. 목표와 현실의 괴리와 간극의 심화, 이를 정책 오차로 명명할 수 있다(송하진, 2010). 이는 모든 정책과 정치에 내재하는 일종의 '패러독스' 현상으로 볼 수 있다. 선한 목적과 취지로 시작된 제도와 정책이 오히려 현장을 더욱 왜곡시키고 악화시킨다.

법률이나 조례를 보면 ○○교육, ○○연수를 '하여야 한다' 등으로 규정하는데, 이런 식으로 생성된 교육과 연수가 너무 많아지기 시작했고, 교육과정의 자율 공간을 확보하기도 어려워졌다. 결국, 서류상으로만 근거를 남기거나, 형식적으로 교육을 받고 마는 사례도 적지 않다. 또한, 기존 법령과 조례가 없어지지 않은 상태에서 새로운 법률과 조항들이 신설되면서, 학교에서 감당할 수 있는 용량 초과 현상이 나타난다. 이렇게 되면 본질에 집중하지 못

모두 아픈 학교, 공동체로 회복 하기

한 채, 행정상 요식행위를 처리하는 데 급급한 상황에 이르게 된다. 교육청 차원에서도 그동안 행정업무 경감이나 교사업무 정상화 등을 추진했지만 별 효과를 보지 못한 이유 중 하나는 통제 범위를 벗어난 요구가 국회나 시도의회, 교육부 차원에서 끊이지 않기 때문이다. 갈수록 교사들이 바빠지고 힘들어지는 근본 원인이 여기 있다.

또 하나 우려되는 점은, 어떤 사안이 터질 때마다 법원 판결에 의존하는 경향성이 두드러진다는 점이다. 이는 우리나라의 모든 영역에서 나타나는 문제인데, 교육 분야도 예외는 아니다. 어떤 정책 결정을 교육부나 교육청이 내려도, 이에 저항하는 집단들이 소송을 걸어 정책이 무력화된 사례도 적지 않다. 교육의 특수성과 맥락을 이해하지 못하며 전문성이 취약한 판사들이 얼마나 제대로 된 판결을 내릴 수 있는지, 스스로 이해관계에 포획된 판결을 내리는 것은 아닌지 의심스럽다.

감사 제도는 어떠한가? 감사는 부정부패를 잡아내기도 하고, 어떤 문제를 예방하기도 한다. 청렴을 촉진하기도 하고, 비효율 문제를 지적하여 개선에 이르게 한다. 예전에는 교통 경찰들이 잘 보이지 않는 곳에 숨어 있다가 속도를 위반한 운전자를 잡아냈다. 그런데, 그렇게 위반한 사람들을 단속하는 것도 필요하지만 더욱 중요한 일은 사람들이 속도위반을 하지 않게 하는 장치를 마련하는 것이 아닐까? 교통 단속 구간임을 알리고, 몇백 미터 앞에 카메라가 있음을 알리는 것도 감사 정책의 일환이어야 한다. 매뉴얼과 지침이 많으면 많아질수록 감사로 살펴야 할 렌즈는 많아지고, 그 과정에서 누군가는 감사에 걸릴 가능성이 크다. 그런 문제를 미리 파악하고, 문제를 예방하고, 구조 개선을 위해 노력하는 예방 감사 또는 정책 감사가 더욱 중요하다. 하지만 지금은 꼬리가 몸통을 흔드는 격이다. 일을 하면 할수록 감사에 의해 다칠 수 있고, 일을 하지 않으면 감사에 다치지 않을 가능성이 크다. 물적 증거가 없기 때문이다.

얼마 전에 국민권익위원회에서 대학 교수들을 대상으로 조사를 했다. '국책연구기관에서 연구를 위해 자문하고, 원고료나 집필료를 받고 신고를 했느냐' 여부였다. 이를 위해 국책연구기관 및 공공기관에서 자문해주었던 이들의 명단을 파악했고, 대학에서 외부신고 내역을 받아서 일일이 확인하고, 신고하지 않은 경우 소명하라고 하고, 이후 징계 절차에 돌입했다. 원칙대로 신고하지 않은 부분에 대해서는 문제 제기가 가능하며, 타당한 과정이었다고 본다. 하지만, 이 자료 수집을 위해 엄청나게 많은 인력이 사실 파악 및 징계 절차를 위해 행정적인 노력을 기울였을 것이다. 국가기관이나 지자체의 경우 외부 신고 대상이 되지 않는 것처럼, 국책연구기관도 그런 기준에 포함시켜 볼 수는 없을까? 외부 신고를 하지 않은 대다수 교수에게 감사 불이익을 주는 것도 가능하지만, 제도 개선을 통해 적지 않은 사람들이 징계를 받지 않게 하는 접근도 가능할 것이다.

현장체험학습 매뉴얼은 복잡하기 이를 데 없다. 그 매뉴얼대로 하지 않으면 어떤 사안이 터질 때 누군가의 책임 문제로 이어진다. 단계별로 수십 번의 행정행위를 요구하면 이후 어떤 일이 생길까? 일하지 않는 것이 신상에 도움이 되겠다는 생각으로 이어진다. 이런 상황을 규제의 '역설' 혹은 '패러독스'라고 할 수 있다. 의도했던 목표와 본질은 사라지고 행정의 껍데기와 감사로 인한 징계 여부만 남게 된다.

교육청이나 학교에서 종종 무력한 이들을 만날 때가 있는데, 예전에는 그렇지 않았다고 한다. 어떤 사안이 발생했고, 그 계기로 인해 주체성을 스스로 거세했다. 열정적으로 무엇인가를 했는데, 결과적으로 조직과 동료들에게 보호받지 못한 채 오히려 상처받기도 한다. 열심히 일한 만큼 훗날 감사를 받았거나, 동료 교사나 교장과 교감으로부터 비난받는 경우, 있던 정마저 사라진다.

스스로 교훈을 말한다. '나서지 말자. 침묵하자. 입 다물자.'

모두 아픈 학교, 공동체로 회복 하기

3. 변화는 어떻게 만들어질 수 있는가

　유용모(2021)는 두 일반고에서 근무하는 교사들의 행위주체성이 저해 혹은 촉진되는 요인을 살펴보면서 교사행위주체성의 성취 양상을 유형화했다. 일반고는 입시 구조가 강한 힘으로 작용하기에 교사 스스로 혁신과 변화를 도모하기가 쉽지 않다. 이 연구에서도 교사의 행위주체성 성취를 저해하는 요인들로 생활기록부 기록에 대한 대학의 불신이라든지 학부모의 민원, 교육행정기관의 감사, 행정업무 부담, 교사에 대한 교장과 교감의 불신, 폐쇄적인 의사소통과 비민주적 의사결정 구조, 교원 수급의 어려움 등을 제시했다. 학교는 구조적 제약의 공간이면서 촉진 공간인, 이중적 양상을 보인다. 그럼에도 교사들은 스스로 학습 커뮤니티를 만들고, 학교의 철학을 공유하고 협의하는 과정을 거친다. 사안에 효과적으로 대처하기 위해 TF를 구성하며, 때로는 교육청의 정책과 사업을 적절하게 활용한다.

　유용모(2021)는 행위주체성 성취를 촉진하는 핵심 요인이자 원리를 관계성으로 제시했다. 그에 따르면 주체성을 보이는 교사들은 학교 안 공동체에만 머무르지 않고, 학교 밖 네트워크도 적절하게 활용하고 있었다. 물론, 교사들은 동일한 행태를 보이지 않는다. 상호작용 또는 관계성의 활성화 정도와 행위자성 성취수준에 따라 교사리더형(행위자성 성취수준 고, 상호작용 및 관계성 고), 선택적 수용형(행위자성 성취수준 저, 상호작용·관계성 고), 개별전문가형(행위자성 성취수준 고, 상호작용·관계성 저), 고립형(행위자성 성취수준 저, 상호작용·관계성 저)으로 나타났고, 그 외 아직 분명한 행위자성 성취를 보이지 않지만 관계성의 변화에 따라 향후 방향을 잡게 될 탐색형으로 분류했다. 유용모(2021)는 교사행위주체성은 내적 요인(과거 경험, 신념, 미래목표)과 외적 요인(문화, 구조, 물리적 환경)으로 구성되는데, 상호작용과 관계성을 통해 교사행위자성이 발현된다고 밝혔다.

〈교사 행위자성 성취수정 모델〉

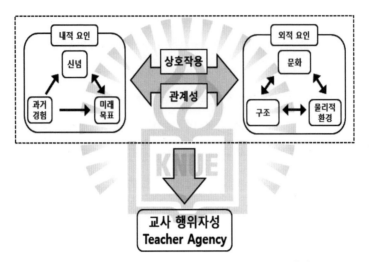

출처: 유용모(2021), P.178.

　교육을 바라보는 시선은 크게 두 가지다. "교육은 곧 사회화다"와 "교육은 사회화의 속성이 있지만, 그 이상을 담고 있다"로 나누어볼 수 있다. 전자는 인성교육을 강조하면서 기존 질서에 대한 전달과 유지, 순응을 강조한다. 보수적 관점을 갖게 된다. 후자는 비판성, 변혁성, 시민성을 강조한다. 교육을 통해 중장기적으로 사회를 바꿀 수 있다는 관점에 이른다. 영국의 사회학자 기든스는 구조의 이중성(duality of structuratrion)을 이야기했는데, 구조는 제약이면서도 성찰을 통한 행동 실천에 의해 변화를 도모할 수 있다는 관점을 지닌다. 기든스에 따르면 인간의 성찰이 관행과 관습, 관례에 종속되지 않게 하며, 사회적 행동과 담론화, 실천 과정을 통해 구조가 새롭게 만들어진다(앤서니 기든스, 2012).

　이러한 논의는 그 모든 것을 주어진 것으로, 당연한 것으로 인식하기보다는 낯설게 바라보고, 질문하려는 태도를 요구한다. 이러한 성찰과 담론과 실천의 과정은 구조적 제약 요인을 살펴보면서 전략을 만들게 한다. 구조와 제도를 유지하려는 기득권이 존재하지만, 문화의 변화와 같은 연성 접근을 확산하는 방법도 있고, 기득권에서도 위협을 느끼지 않을 정도의 제도적 실험을 할 수도 있다. 기존 질서와 구조의 틀에서 용인된 범위를 극대화하면서 성과를 만들어내고, 노출된 문제 개선을 위한 요구를 할 수도 있다. 모든 것을 요구할 수는 없지만, 할 수 있는 것부터 혹은 제도적 공간이 열린 공간에서 먼저 무엇인가를 도모할 수 있다. 학교 차원에서 교장인사 제도를 바꿀 수는 없지만, 교육과정, 수업, 평가 혁신, 수업 나눔의 문화 형성, 학교 자체 평가를 통한 거버넌스 구축 등은 현행 시스템에서도 가능하다. 기존 제도적 요구를 무비판적으로 받아들이기보다는 적극 수용, 소극 수용, 보류, 무관심, 형식 대응 등으로 차원을 나누어 대응할 수도 있다. 이 과정의 핵심에는 교육적 판단이 자리매김해야 한다.

김성천(2020)은 학교에서 유의미한 일을 도모할 때, 저항에 부딪히는 상황과 이를 극복하기 위한 리더 교사들의 실천 전략을 연구했다. 무엇인가를 도모할 때 일부 교사들은 ① 특정 정책과 사업에 동의하지 않기 때문에 ② 삶의 안위를 위하여 ③ 특정 주도 세력에 대한 반발감으로 ④ 하지 않는 것이 본인에게 이익이 된다는 판단 등으로 저항한다. 이때 저항 방식과 양상은 불만을 명분으로 포장하거나, 형식적으로 하지만 내실화하지 않는 방식으로 실천하거나, 누구 때문에 학교가 힘들어졌다는 식의 희생양을 찾는 등 다양하다. 이러한 저항에 맞서 혁신 리더 내지는 리더들은 사람들의 마음을 얻고, 학습공동체를 통해 추진 동력을 형성하고, 정책과 사업의 의미를 공유한다. 그리고 본인부터 솔선수범하면서 '입'이 아닌 '삶'으로 실천한다. 거창한 일이 아니라 할 수 있는 일부터 시작하며, 특정한 요구와 주장에 학생의 성장이 있는지 성찰하고 판단한다. 궁극적으로 사람의 열정과 헌신이 아닌 문화와 시스템으로 지속 가능성을 확보하기 위해 노력한다.

4. 학교자치의 정치적 공간 확보를 위하여

교육자치는 교육감 권한을 교육부 장관에게 더 많이 가져오는 차원으로 국한하지 않는다. 궁극적으로 학교자치를 향해 나아가야 한다. 즉, 학교 구성원 스스로 의사결정을 할 수 있는 권한과 자율성이 부여되어야 하며, 그것을 잘 감내할 수 있는 철학과 의지, 역량을 구성원들이 지녀야 한다. 우리나라의 교육구조를 보면, 교육부, 교육청, 교육지원청, 학교로 내려오는 수직 구조이고, 이 과정에서 무수히 많은 법령과 지침, 조례, 행정 등이 학교를 옥죈다. 이러한 촘촘한 구조에서는 결과적으로 'no brain'을 요구한다. 즉, 판단하지 말고, 위에서 하라는 대로 따라야 한다. "학교장이 자율적으로 판단해서 의사결정"하라는 사안이 있는데, 살펴보면 골치 아픈 내용이다. 이런 경우에는 학교자치의 철학을 기가 막히게 '재빠르게' 적용한다.

일부 교육청의 경우, 최근 학교에서 내부형 교장공모제를 신청해도 교육청에서 임의로 판단하여 지정하지 않는 사례가 늘고 있다. 판단 기준과 근거도 명확하지 않다. 기존 내부형을 실시했던 학교를 다시 지정하지 않겠다는 메시지를 간접적으로 확인할 뿐이다. 학교 구성원들이 어떤 유형의 교장 제도가 학교 발전에 도움이 되는지 숙의 과정을 거쳐 판단할 수 있어야 하고, 교육청은 그 판단을 존중해야 한다. 관료적 관점에서 보면, 그 판단은 교육감이 할 수 있다고 볼 수 있지만, 학교자치 관점에서 보면 학교 구성원들이 하는 것이 맞다. 제도적으로 5개만 신청해야 하는데 10개 학교가 신청했다고 하면 교육청은 합리적 기준을 제시하면 된다. 아니, 학교자치의 관점에서 보면 제도적으로 굳이 제약 요인을 둘 이유도 없다.

다만, 학교자치는 학교장 또는 교사의 자치를 의미하지 않는다. 공동체의 자치를 의미한다(김성천 외, 2018). 교원은 전문가로서 교육과정-수업-평가, 학교 운영에 관한 기획과 실행을 할 수 있는 권한이 충분히 부여되어야 하고,

모두 아픈 학교, 공동체로 회복 하기

학부모와 학생들은 이를 존중해야 한다. 하지만, 거버넌스의 관점에서 3주체가 협의하고 논의하면서 그 방향을 함께 잡아갈 수 있다. 교육부나 교육청을 향해 거버넌스와 협치를 강조하는 것만큼 학교 내에서 거버넌스와 협치를 구현하고 있는지 질문과 성찰이 필요하다.

학교자치는 교육부나 교육청이 일종의 시혜적 차원에서 베푸는 행정행위가 아니다. 우리 교육이 나아가야 할 방향이다. 학교자치가 만들어질 때, 학교의 역동성이 나타나고 3주체의 성장도 이루어질 수 있다. 민주시민교육도 촉진된다. 민주시민교육은 지식 전달 차원에 머무르지 않는 삶과 문화의 양식을 자연스럽게 익히면서 이루어진다. 민주시민교육은 3주체의 참여 공간 보장, 충분한 상호작용, 이견과 갈등의 조정, 비전과 행동 규범의 공동 수립, 견제와 균형, 자유주의와 공화주의의 균형의 과정을 거쳐 보장되는데, 이러한 과정을 보장하는 좋은 방법으로 학교자치가 존재한다. 어찌 보면 학교자치는 교육 목적이면서 과정이면서 결과인 셈이다. 이러한 학교자치의 철학, 구조와 문화, 상호작용, 관계성은 각 주체들의 행위자주체성을 발현시키는 핵심적인 환경이 아닐 수 없다.

다시 우리 학교에, 아니, 나 자신에게 질문해보자.

뭔가 해보고 싶은 꿈틀거림이 있을 때, 시도하려는 마음과 의지, 용기가 생기는가? 아니면, 말을 꺼낼 수 있는 상황도 안 되며, 차마 용기도 생기지 않는가? 학교에서 행위주체성 발현을 경험해보지 못한 아이들이 사회에 나아가서는 발현할 수 있을까? 교사들에게 무엇인가 시도해보라고 격려하는가 아니면 하지 말라고 하는가? 학부모들은 동원과 봉사의 대상인가? 학교를 함께 가꾸어가는 중요한 파트너이자 동료인가? 교육부와 교육청을 향한 비판의 칼날을 학교 교육과정이나 거버넌스 영역에도 적용하는가? 학생인권보장에는 반대하면서 교원의 정치기본권을 요구할 수 있는가? 지지 동력을 어디서 확보할 수 있는가? 내 아이가 당장 다녀도 좋을 만큼, 우리 학교를 좋은 학교로 만들어가고 있는가? 내가 힘들고 어려울 때 함께 상의할 수 있는 동료가 있는가? 교원의 주체성이 없는 상태에서 학생 주도성은 발현될 수 있는가?

이 질문에 답할 수 있는 학교와 교육청 모델이 지역마다 넘치기를 바란다.

학교가, 아니, 모두가 아프다. 그 원인은 어느 한 가지로 귀결되지 않는다. 코로나 사태의 후유증, 현장과 거리가 먼 법령과 지침의 작용, 교사와 학부모·학생 세대의 상호작용과 변화, 형식주의·고립주의·독박주의로 표현되는 부정적 교직문화, 리더십 부재, 우선순위와 과업의 불명확성, 공동체 소멸, 교원의 정치기본권 박탈, 학교자치의 제도와 문화의 취약성 등은 각 저자들이 밝힌 문제이며 원인이다. 그럼에도 희망은 있다.

우선 대립과 갈등의 프레임에서 벗어나자. 문제를 일으키는 존재는 있다. 그것이 사람 사는 세상이다. 문제를 일으키는 소수의 학생, 학부모, 교원의 존재를 부인하지 않는다. 그래서 법령과 규칙, 규율, 시스템이 존재한다. 극단적으로 문제를 일으키는 1~5%는 민원과 소송 등의 시스템으로 풀어간다 해도, 상식과 소통이 있는 대다수 존재의 경우 상호 연민과 이해, 공감이 가능하다. 어부들을 보면, 금어기에는 출항하지 않으며, 새끼를 밴 물고기나 작은 물고기를 놓아준다. 국가가 그 모든 것을 관리하지는 않지만, 지역 공동체에서 합의된 규칙과 감시망, 견제와 균형 등의 원리가 작용하며, 그런 과정이 더 큰 이익을 가져올 수 있다는 믿음이 있기 때문이다. 극단적인 일부는 공동체의 힘으로 억제해야 한다. 예컨대, 좋은 표현은 아니지만 '몬스터 페어런츠'가 존재할 수 있지만, 학부모 대다수 혹은 3주체의 공론장, 나아가 합의된 규칙, 학교의 비전과 철학, 학부모회의 자치 문화 등이 존재한다면, 범주에서 벗어난 이들을 충분히 통제할 수 있다. 그것이 곧 철학의 힘이요, 관계의 힘이요, 문화의 힘이다.

학교에는 서로를 이해하고 다가가기 위한 노력이 있었으며, 소통하고 참여하면서 그 차이를 좁히기 위한 실천이 존재한다. 불신과 대립의 악순환에서 벗어난 신뢰와 연대의 선순환 구조를 만들기 위한 개인 차원의, 주체 차원의, 학교 차원의 노력이 존재한다. 정책과 제도는 문제해결의 필요조건이지만 충분조건일 수는 없다. 그 충분조건은 성찰, 문화, 상식과 소통, 신뢰, 자치, 역량, 회복, 대화, 공감, 공동체가 아닐까 싶다. 그것은 어찌 보면 교육이 지닌 한계이면서도 가능성이자, 고유한 특성이자 매력이다. 그 끈을 여전히 놓지 않을 때, 학교는 사법기관이 아닌 교육기관으로 존재할 수 있다. 학교의 위치성, 교사의 정체성은 무엇인가? 학생과 학부모는 어떤 존재여야 하는가? 다행히, 그 가능성을 우리는 여전히 확인할 수 있다. 아직 희망은 있다.

참고문헌

- 김성천(2020). 학교혁신 리더 교원의 관점에서 본 저항 양상과 극복 전략, 한국교원교육연구 37(2), 107-136.
- 김성천, 김요섭, 박세진, 서지연, 임재일, 홍섭근, 황현정(2018). 학교자치. 테크빌교육.
- 김용(2017). 법화사회의 진전과 학교생활세계의 변용, 교육행정학연구 35(1), 87-112.
- 오순영(2020). 학교 안 전문적 학습공동체 학점화 정책 실행과정 연구. 서울대 대학원.
- 백용희(2022), 고교학점제 정책학교 실행과정 연구 - 중부권 특수목적고를 중심으로-, 한국교원대 교육정책전문대학원 석사학위 논문.
- 송하진(2010). 정책 성공과 실패의 대위법, 나남.
- 유용모(2021). 일반고 교육과정 운영에 나타난 교사행위자성 탐구, 한국교원대 교육정책전문대학원 박사학위 논문.
- 앤서니 기든스(2012). 황영주·정희태·권진현 역. 사회구성론, 간디서원.
- Ball, S. J., Maguire, M., & Braun, A. (2012). How schools do policy: Policy enactments in secondary schools. London: Routledge.
- Priestly, M., Biesta, G., & Robinson, S. (2015). Teacher agency: An ecological apporach. London: Bloomsbury.

모두 아픈 학교, 공동체로 회복하기

저자 소개 ──────

■ **김성천**

한국교원대 교육정책전문대학원 부교수. 교육정책디자인연구소장. 고등
학교 교사, 경기도교육청 기획관실 장학사와 교육부 장관보좌관실 교육
연구사로 근무했다. 교육과 연구, 운동, 정책의 연계와 통합을 꿈꾼다. 교
육정책, 혁신교육, 고교교육, 대학입시에 관심이 많다.

■ **공후재**

14년차 초등교사. 한국교원대 박사과정(교육정책 전공). 한국교원대 영
어교육학 석사. EBS 기자단이었으며, 한국교원대학교 제27대 대학원 총
학생회장을 역임했다. 해외교육정책과 지방 불균형 성장에 관심이 많으
며, 현장 교사가 교육정책의 주체가 되는 교실을 꿈꾼다.

■ **서용선**

국회 교육정책 보좌관. 교육의길연구소장. 중고등학교 교사 및 경기도교
육청 장학사(정책기획관, 마을교육공동체기획단)와 교육부 교육연구사
(지방교육자치추진단)로 근무했다. 교육과 철학과 민주주의를 함께 보면
서 창조적 민주주의 교육을 꿈꾼다. 민주시민교육, 교육입법, 교육정책,
혁신교육, 교육과정, 마을교육공동체에 관심이 있다.

■ **이슬아**

한남대 교직부 조교수. 한국교육개발원 연구원, 충북대 한국지방교육연
구소 전임연구원으로 근무했다. 교육정책의 이론과 실제, 교육조직, 지방
교육, 교사교육에 관심이 많다.

■ **이윤경**

사단법인 참교육을위한전국학부모회에서 상담실장, 서울지부장을 거쳐
회장을 맡고 있다. 사교육 업체 홍보팀 경력을 공교육 살리기에 역이용하
고 있다. 국가교육회의 위원, 서울시교육청 공익제보위원장, 학교폭력대
책자치위원, 학교폭력대책심의위원 등을 역임하고 학생인권위원회, 교권
보호위원회 위원으로 활동하고 있다. 교육의 공공성과 평등성을 지향한
다. 공저: 『학교, 회복을 담다』, 『대한민국 교육트렌드 2024』, 『한국교육의
오늘을 읽다』

■ **정유숙**

세종에서 초등교사로 근무하고 있다. 한국교원대 교육정책전문대학원 박
사과정. 교육과 사회와의 관계에서 공교육이 나아갈 방향과 역할을 고민
하며, 크고 작은 공동체에서의 실천 경험과 학문세계에서 답을 찾고 있
다. 민주주의, 시민교육, 공론장, 혁신교육, 학교자치에 관심이 있다.

■ **한수현**

경희대학교 대학원 교육학과 교육과정 전공 박사과정 수료. 초등교사 근무
경험이 있다. 교원교육, 공동체 시민성, 기초학력 교육 등에 관심이 있다.

삶의 행복을 꿈꾸는 교육은
어디에서 오는가? ....

미래 100년을 향한 새로운 교육

● **교육혁명을 앞당기는 배움책 이야기** 혁신교육의 철학과 잉걸진 미래를 만나다!

혁신학교	성열관·이순철 지음	224쪽	값 12,000원
행복한 혁신학교 만들기	초등교육과정연구모임 지음	264쪽	값 13,000원
서울형 혁신학교 이야기	이부영 지음	320쪽	값 15,000원
혁신교육, 철학을 만나다	브렌트 데이비스·데니스 수마라 지음	현인철·서용선 옮김	304쪽	값 15,000원
대한민국 교사, 어떻게 가르칠 것인가?	윤성관 지음	320쪽	값 15,000원
아이들을 어떻게 가르칠 것인가	사토 마나부 지음	박찬영 옮김	232쪽	값 13,000원
모두를 위한 국제이해교육	한국국제이해교육학회 지음	364쪽	값 16,000원
경쟁을 넘어 발달 교육으로	현광일 지음	288쪽	값 14,000원
혁신교육 존 듀이에게 묻다	서용선 지음	292쪽	값 16,000원
다시 읽는 조선 교육사	이만규 지음	750쪽	값 37,000원
교실 속으로 간 이해중심 교육과정	온정덕 외 지음	224쪽	값 13,000원
대한민국 교육혁명	교육혁명공동행동 연구위원회 지음	224쪽	값 12,000원
포스트 코로나 시대의 교육	성열관 외 지음	224쪽	값 15,000원
내일 수업 어떻게 하지?	아이함께 지음	300쪽	값 15,000원
핀란드 교육의 기적	한넬레 니에미 외 엮음	장수명 외 옮김	456쪽	값 23,000원
한국 교육의 현실과 전망	심성보 지음	724쪽	값 35,000원
독일의 학교교육	정기섭 지음	536쪽	값 29,000원
교실 속으로 간 이해중심 통합교육과정	온정덕 외 지음	224쪽	값 15,000원
초등 백워드 교육과정 설계와 실천 이야기	김병일 외 지음	352쪽	값 19,000원
학습격차 해소를 위한 새로운 도전 보편적 학습설계 수업	조윤정 외 지음	240쪽	값 15,000원

● **경쟁과 차별을 넘어 평등과 협력으로 미래를 열어가는 교육 대전환!** 혁신교육 현장 필독서

학교의 미래, 전문적 학습공동체로 열다	새로운학교네트워크·오윤주 외 지음	276쪽	값 16,000원
마을교육공동체 생태적 의미와 실천	김용련 지음	256쪽	값 15,000원
학교폭력, 멈춰!	문재현 외 지음	348쪽	값 15,000원
학교를 살리는 회복적 생활교육	김민자·이순영·정선영 지음	256쪽	값 15,000원
삶의 시간을 잇는 문화예술교육	고영직 지음	292쪽	값 16,000원
미래교육을 디자인하는 학교교육과정	박승열 외 지음	348쪽	값 18,000원
코로나 시대, 마을교육공동체운동과 생태적 교육학	심성보 지음	280쪽	값 17,000원

혐오, 교실에 들어오다	이혜정 외 지음 ǀ 232쪽 ǀ 값 15,000원
수업, 슬로리딩과 함께	박경숙 외 지음 ǀ 268쪽 ǀ 값 15,000원
물질과의 새로운 만남	베로니카 파치니-케처바우 외 지음 ǀ 이연선 외 옮김 ǀ 240쪽 ǀ 값 15,000원
그림책으로 만나는 인권교육	강진미 외 지음 ǀ 272쪽 ǀ 값 18,000원
수업 고수들 수업·교육과정·평가를 말하다	박현숙 외 지음 ǀ 368쪽 ǀ 값 17,000원
아이들의 배움은 어떻게 깊어지는가	이시이 쥰지 지음 ǀ 방지현·이창희 옮김 ǀ 200쪽 값 11,000원
미래, 공생교육	김환희 지음 ǀ 244쪽 ǀ 값 15,000원
들뢰즈와 가타리를 통해 유아교육 읽기	리세롯 마리엣 올슨 지음 ǀ 이연선 외 옮김 ǀ 328쪽 ǀ 값 17,000원
혁신고등학교, 무엇이 다른가?	김현자 외 지음 ǀ 344쪽 ǀ 값 18,000원
시민이 만드는 교육 대전환	심성보·김태정 지음 ǀ 248쪽 ǀ 값 15,000원
평화교육 과거, 현재 그리고 미래를 그리다	모니샤 바자즈 외 지음 ǀ 권순정 외 옮김 ǀ 268쪽 ǀ 값 18,000원
마을교육공동체란 무엇인가?	서용선 외 지음 ǀ 360쪽 ǀ 값 17,000원
강화도의 기억을 걷다	최보길 지음 ǀ 276쪽 ǀ 값 14,000원
체육 교사, 수업을 말하다	전용진 지음 ǀ 304쪽 ǀ 값 15,000원
평화의 교육과정 섬김의 리더십	이준원·이형빈 지음 ǀ 292쪽 ǀ 값 16,000원
마을로 걸어간 교사들, 마을교육과정을 그리다	백윤애 외 지음 ǀ 336쪽 ǀ 값 16,000원
혁신교육지구와 마을교육공동체는 어떻게 만들어지는가?	김태정 지음 ǀ 376쪽 ǀ 값 18,000원
서울대 10개 만들기	김종영 지음 ǀ 348쪽 ǀ 값 18,000원
선생님, 통일이 뭐예요?	정경호 지음 ǀ 252쪽 ǀ 값 13,000원
함께 배움 학생 주도 배움 중심 수업 이렇게 한다	니시카와 쥰 지음 ǀ 백경석 옮김 ǀ 280쪽 ǀ 값 15,000원
다정한 교실에서 20,000시간	강정희 지음 ǀ 296쪽 ǀ 값 16,000원
즐거운 세계사 수업	김은석 지음 ǀ 328쪽 ǀ 값 13,000원
학교를 개선하는 교장 지속가능한 학교 혁신을 위한 실천 전략	마이클 풀란 지음 ǀ 서동연·정효준 옮김 ǀ 216쪽 ǀ 값 13,000원
선생님, 민주시민교육이 뭐예요?	염경미 지음 ǀ 244쪽 ǀ 값 15,000원
교육혁신의 시대 배움의 공간을 상상하다	함영기 외 지음 ǀ 264쪽 ǀ 값 17,000원
도덕 수업, 책으로 묻고 윤리로 답하다	울산도덕교사모임 지음 ǀ 320쪽 ǀ 값 15,000원
교육과 민주주의	필라르 오카디즈 외 지음 ǀ 유성상 옮김 ǀ 420쪽 ǀ 값 25,000원
교육회복과 적극적 시민교육	강순원 지음 ǀ 228쪽 ǀ 값 15,000원
비판적 미디어 리터러시 가이드	더글러스 켈너·제프 셰어 지음 ǀ 여은호·원숙경 옮김 ǀ 252쪽 ǀ 값 18,000원
지속가능한 마을, 교육, 공동체를 위하여	강영택 지음 ǀ 328쪽 ǀ 값 18,000원

대전환 시대 변혁의 교육학	진보교육연구소 교육과정연구모임 지음 l 400쪽 l 값 23,000원
교육의 미래와 학교혁신	마크 터커 지음 l 전국교원양성대학교 총장협의회 옮김 l 336쪽 l 값 18,000원
남도 임진의병의 기억을 걷다	김남철 지음 l 288쪽 l 값 18,000원
프레이리에게 변혁의 길을 묻다	심성보 지음 l 672쪽 l 값 33,000원
다시, 혁신학교!	성기신 외 지음 l 300쪽 l 값 18,000원
백워드로 설계하고 피드백으로 완성하는 성장중심평가	이형빈·김성수 지음 l 356쪽 l 값 19,000원
우리 교육, 거장에게 묻다	표혜빈 외 지음 l 272쪽 l 값 17,000원
교사에게 강요된 침묵	설진성 지음 l 296쪽 l 값 18,000원
왜 체 게바라인가	송필경 지음 l 320쪽 l 값 19,000원
풀무의 삶과 배움	김현자 지음 l 352쪽 l 값 20,000원
비고츠키 아동학과 글쓰기 교육	한희정 지음 l 300쪽 l 값 18,000원
교사에게 강요된 침묵	설진성 지음 l 296쪽 l 값 18,000원
마을, 그 깊은 이야기 샘	문재현 외 지음 l 404쪽 l 값 23,000원
비난받는 교사	다이애나 폴레비치 지음 l 유성상 외 옮김 l 404쪽 l 값 23,000원
한국교육운동의 역사와 전망	하성환 지음 l 308쪽 l 값 18,000원
철학이 있는 교실살이	이성우 지음 l 272쪽 l 값 17,000원
왜 지속가능한 디지털 공동체인가	현광일 지음 l 280쪽 l 값 17,000원
선생님, 우리 영화로 세계시민 만나요!	변지윤 외 지음 l 328쪽 l 값 19,000원
아이를 함께 키울 온 마을은 어떻게 만들어야 할까?	차상진 지음 l 288쪽 l 값 17,000원
선생님, 제주 4·3이 뭐예요?	한강범 지음 l 308쪽 l 값 18,000원
마을배움길 학교 이야기	김명신, 김미자, 서영자, 윤재화, 이명순 지음 l 300쪽 l 값 18,000원
다시, 남도의 기억을 걷다	노성태 지음 l 332쪽 l 값 19,000원
세계의 혁신 대학을 찾아서	안문석 지음 l 284쪽 l 값 17,000원
소박한 자율의 사상가, 이반 일리치	박홍규 지음 l 328쪽 l 값 19,000원
선생님, 평가 어떻게 하세요?	성열관 외 지음 l 220쪽 l 값 15,000원
남도 한말의병의 기억을 걷다	김남철 지음 l 316쪽 l 값 19,000원
생태전환교육, 학교에서 어떻게 할까?	심지영 지음 l 236쪽 l 값 15,000원
어떻게 어린이를 사랑해야 하는가	야누쉬 코르착 지음 l 송순재, 안미현 옮김 l 396쪽 l 값 23,000원
북유럽의 교사와 교직	예스터 에크하트 라르센 외 엮음 l 유성상·김민조 옮김 l 412쪽 l 값 24,000원
산마을 너머 지금 뭐해?	최보길 외 지음 l 260쪽 l 값 17,000원
전문적 학습네트워크	크리스 브라운·신디 푸트먼 엮음 l 성기선·문은경 옮김 l 424쪽 l 값 24,000원

참된 삶과 교육에 관한
생각 줍기